2025
대한민국 재테크 트렌드

내우외환의 시기, 돈 되는 투자 전략

2025
대한민국
재테크 트렌드

조선일보 경제부 엮음

2025 KOREA
FINANCIAL PLANNING
TRENDS

일에일북스

PART 3
트럼프 2.0 시대, 금융 투자 전략

PART 4
다가올 미래를 위한 노후 준비와 절세

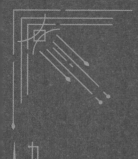

PART 1

혼돈의 2025년,
거시 투자 전략

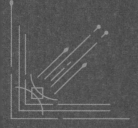
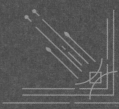

돌아온 트럼프 시대, 전략적 대응

한국경제산업연구원 실장

김광석

한국과 미국뿐만 아니라 세계적으로 기준금리 인하를 시작한 '피벗의 시대'다. 주식, 부동산 등 자산 시장의 변화가 뚜렷하게 전개될 것으로 보인다. 더욱이 트럼프 2.0 시대 거대한 소용돌이는 산업의 패러다임을 송두리째 변화시킬 것이다. 거시경제 환경 변화 속에서 대응책을 고민해보자.

'지금 어떻게 살아가야 하나.' '어떻게 대응해야 하나.' 이런 고민 하고 있지 않으신가요? 몇 가지 질문에 답하면서 시작하겠습니다.

"2024년 12월 19일 FOMC 발표에서 2025년에 두 번의 금리 인하를 예고하면서 시장 반응이 안 좋았는데요, 2025년 주식 시장은 어떻게 흘러갈까요?"

일단 주식은 원래 올랐다 떨어졌다 하는 겁니다. 그것 때문에 가슴 출렁이면 투자 의사 결정을 할 수가 없죠. 장기적인 관점에서 우상향할 거냐 우하향할 거냐 하는 큰 그림을 그리는 데 오늘 이야기가 충분히 답변이 될 듯합니다.

"제롬 파월 의장이 비트코인을 전략 비축자산으로 하는 것에 대해서 부정적으로 말했는데요. 트럼프 대통령은 반대로 생각하는 듯합니다. 그렇게 서로 충돌이 일어나면 어떤 일이 벌어지고, 어떤 준비를 해야 할까요?"

19일 FOMC 회의 결과가 나온 뒤 30분 후에 기자회견이 시작되었습니다. 기자회견이 보통 30분이거든요. 30분 끝자락의 마지막 질문이 그 질문이었어요. 연방준비제도(연준)는 비트코인을 전략적 비축자산으로 정말 갖춰 나갈 것이냐. 트럼프의 공약이었어요. 그런데 파월 입장에서는 법적 문제로 불가능하다라고 말했습니다.

무슨 의미냐면 '현재 법에 따르면 불가능하다'라는 겁니다. 예를 들어 연준의 외환 보유액을 보면 달러, 국채, 금 등 다양하게 갖고 있어요. 트럼프는 이제 금을 팔고 코인으로 갖겠다는 거잖아요.

그럼 트럼프의 의지는 뭘까요? 법 개정이겠죠. 연준법을 개정하기 위한 의지를 계속 표명해나갈 겁니다. 법을 개정하려면 의회를 통과해야 합니다. 미국의 의회가 상원, 하원 다 공화당이에요. 그러니까 법 개정이 상대적으로 유리해요. 트럼프가 법 개정하는 절차를 진행할 겁니다. 법 개정이 이루어진 다음, 2026년 5월 연준 의장 교체 시기가 오면 비트코인에 우호적인 인물로 영입한 다음에 실제 비축 자산으로서 보유해나갈 것이라고 그림을 그리면 좋겠습니다.

정리하자면 현재 법에 따르면 불가능하다는 정석적인 메시지를 준 겁니다. 트럼프는 아직 정권 시작도 안 됐고(2024년 12월 기준), 법 개정 절차도 있겠죠. 그럼 실제 법 개정이 되면, 즉 법 개정을 한다는 이슈가 있거나 법 개정이 통과한다는 이슈가 있거나 연준 의장을 새로 선임하거나 이런 이슈가 있으면 오히려 긍정적인 모멘텀이 있을 수 있을 겁니다.

"최근 환율이 계속 상승하며 1,500원에 육박하고 있습니다. 원화 가치가 떨어지면서 외국인 투자자들이 국내 주식을 매도하는 등 '셀 코리아(Sell Korea)' 현상이 이어지고 있습니다. 이와 같은 환경에서 환율과 국내 자산에 대한 전략은 어떻게 가져가야 할지 고민이 커지고 있습니다. 특히, 환율 상승이 국내 경제와 주식시장에 미치는 영향을 고려할 때 어떤 대응이 필요할까요? 또 환율은 언제쯤 안정화될 수 있을까요?"

이제 이 질문에 기초해서 경제 이야기를 해보도록 하겠습니다.

비상계엄사태, 탄핵 정국과 경제적 파장

환율에 대해 먼저 이야기하자면, 현재 우리나라의 상황 자체가 매우 어렵습니다. 탄핵 정국이라는 슬픈 상황이죠. 대통령 탄핵이 가결될지 부결될지, 헌재를 통과할지 말지에 대한 논의가 진행되고 있는 상황입니다.

그에 대한 정보는 한국의 5천만 국민만 공유하는 것이 아니라 전

세계 70억 인구가 모두 공유하고 있습니다. 이런 상황에서는 원화에 대한 신뢰가 떨어질 수밖에 없습니다. 그래서 사람들이 원화를 버리고 달러를 보유하려는 움직임이 크게 나타난 것입니다.

헌재의 결과가 어떻게 나올지는 아직 아무도 알 수 없습니다. 여전히 불확실성이 존재하죠. 그런데 외환시장, 주식시장 같은 자본시장에서 가장 싫어하는 것은 바로 불확실성입니다. 불확실성이 해소되지 않는 한 원화를 보유하려는 사람은 당분간 없을 가능성이 큽니다. 결국 불확실성이 사라질 때까지는 원화 가치가 하락한 상태로 유지될 가능성이 높다고 볼 수 있습니다.

다만 비상계엄 선언 즉시 상황과 지금을 비교했을 때, 비상계엄

ㅣ 최근 25년 동안의 원달러 환율 추이

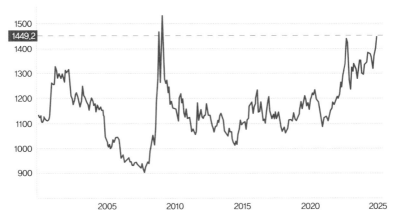

자료: ko.tradingeconomics.com/south-korea/currency

사태에 대해 자본시장이 선반영되어 있다고 가정한다면, 원화 가치가 더 하락하지는 않을 것입니다. 예를 들어 러시아가 2022년 초에 우크라이나를 침공했을 때 루블화 가치가 급락한 이후 다시 제자리를 찾은 흐름을 생각하시면 이해가 쉬울 겁니다.

한편 미국 경제 상황을 보면 매우 긍정적입니다. 최근 발표된 미국 GDP도 좋았고, 현재 미국 경제는 침체의 징후가 보이지 않을 정도로 탄탄합니다. 이른바 '골디락스' 상태라고 할 수 있죠. 이러한 상황에서 자금이 미국으로 몰리고 있고, 다른 나라 투자자들 역시 미국 시장에 투자하려는 경향이 강합니다. 한국 같은 경우는 그 움직임이 더욱 두드러질 가능성이 큽니다.

결과적으로 원화 가치는 더 하락하고 달러 가치는 더 높아지는 흐름이 이어질 것입니다.

또한 FOMC 결과와 관련해서 금리 인하 가능성이 낮다는 점도 중요합니다. 금리 인하가 없다는 건 미국 금리가 더 오랫동안 높은 수준을 유지할 것이며, 이는 곧 미국 돈의 가치가 지속적으로 강세를 보일 것이라는 뜻입니다.

따라서 환율 전망을 정리하자면, '강달러 뉴노멀'이라는 현상은 앞으로도 지속될 가능성이 매우 높다고 보시면 좋겠습니다.

그럼 강달러는 얼마일까요? 1,400원대 환율은 강달러이고, 1,300원대 환율도 강달러입니다. 심지어 1,200원대 환율도 강달러라고 볼 수 있습니다. 기준선을 1,100원으로 설정하면 이해하기 쉽습니다. 제가 말하는 강달러 뉴노멀은 1,400원대를 지속적으로 유지한다는 의미는 아닙니다.

강달러를 형성했던 요인들을 살펴보면 다음과 같습니다. 첫째, 미국 금리 인하가 없을 것이라는 우려입니다. 하지만 실제로는 연준이 2025년에 두 번 금리를 인하하겠다고 발표했습니다. 시장은 이를 과잉 반응하며 금리 인하 중단 가능성에 대한 공포감을 만들어냈지만, 이런 과잉 공포감은 오래가지 않을 겁니다.

둘째, 비상계엄 선언과 관련된 불안감은 이미 외환시장에 반영되었습니다. 추가적인 비상계엄 선언이 없는 한, 한국 원화에 대한 실망감이 더 커지지는 않을 겁니다. 이미 실망이 시장에 충분히 반영되었기 때문입니다.

ㅣ 원달러 환율 1,400원 돌파 시기

1997년 12월	IMF 외환 위기	1962.0원
2008년 3월	글로벌 금융 위기	1570.3원
2022년 11월	레고랜드 사태	1401.2원
2024년 12월	윤 대통령 비상계엄	1442.0원

자료: 각 사, SBS Biz.

셋째, 트럼프와 관련된 기대감도 강달러를 형성한 요인 중 하나였습니다. 하지만 트럼프가 정권을 시작하는 2025년 1월 20일 즈음에는 이미 강달러로 반영된 상황이기 때문에, 이후에는 1,300원에 가까운 수준으로 균형점을 찾아 안정화될 가능성이 높습니다. 이처럼 선반영이라는 개념이 중요합니다.

결론적으로, 강달러를 형성했던 세 가지 요인들이 이미 시장에 반영된 만큼, 추가 이슈가 없는 한 환율은 안정화될 것으로 보입니다. 그러나 안정화되더라도 1,300원대의 강달러 환경은 지속될 가능성이 높습니다.

1,400원대의 환율을 기록했던 과거 시점들을 살펴보면 주로 경제 위기 때 발생했습니다. 그러나 현재는 실질적인 경제 위기 상황이 아닙니다.

제가 강조하고 싶은 것은 경제 위기와 경기 침체는 완전히 다른 개념이라는 점입니다. 많은 전문가가 이 둘을 구분하지 않고 사용하는데, 저는 그 점을 직접적으로 비판하고 싶습니다.

경기 침체는 경제 사이클의 하강 국면을 뜻합니다. 경제 사이클이 올라갔다가 내려가는 흐름 속에서 지금은 하강 국면, 즉 다운 사이클에 놓여 있는 상태입니다. 따라서 "경기 침체가 온다"라는 표현은 이미 틀린 말입니다. 현재는 이미 경기 침체 국면에 들어와 있으며, 그 다운 사이클이 오랫동안 지속되고 있는 상황입니다.

반면 경제 위기는 사이클에 따른 흐름이 아니라 갑작스럽고 극단적인 경제 붕괴를 의미합니다. 팬데믹 경제 위기, 글로벌 금융 위기, IMF 외환 위기처럼 사이클을 무시하고 경제가 주저앉는 상황이 경제 위기입니다.

따라서 지금의 상황은 경기 침체이지 경제 위기가 아닙니다. 과거 1997년 IMF 외환 위기나 2008년 글로벌 금융 위기 때 강달러가 나타난 이유와는 다릅니다. 현재의 강달러는 앞서 언급했던 세 가지 요인이 선반영된 결과로 나타난 것입니다.

그렇다면 주가는 어떻게 될까요? 과거 사례를 통해 살펴보겠습니다. 2016년에 국정 개입이 보도되면서 주가가 급락했습니다. 하지만 이후 탄핵이 가결되자 주가는 상승 반전했죠. 중요한 것은 당시에도 헌재를 통과할지 안 통과할지에 대한 불확실성이 여전히 남아 있었다는 점입니다. 그 불확실성이 점차 해소되면서 주가는 상승했습니다.

| 2016년 탄핵 정국 당시 코스피 지수

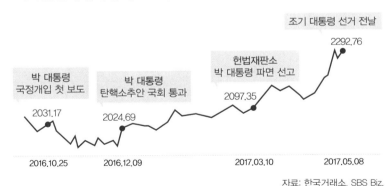

자료: 한국거래소, SBS Biz.

결국 헌재가 파면을 선고하면서 또 한 번 불확실성이 해소되었습니다. 이는 선고가 좋다 나쁘다를 판단하는 문제는 아니지만, 자본시장에서는 불확실성이 해소되었기 때문에 다시 한번 상승세를 보였다고 할 수 있습니다. 자본시장은 이러한 불확실성의 유무를 가장 중요하게 분석해야 합니다.

현재도 탄핵 정국이라는 비슷한 상황에 놓여 있습니다. 헌재의 최종 결정이 어떻게 나올지는 알 수 없지만, 그 불확실성이 해소되는 순간, 투자에 대한 심리적 장벽이 낮아지고 자금 유입이 일어날 가능성이 높다고 볼 수 있습니다.

이 비상계엄 선언 사태에서 제가 가장 우려하는 점은 투자자들의 신뢰가 급격히 떨어질 가능성입니다. 자산운용사나 금융사들은 비상계엄 선언 이전까지 외국인 투자자들을 설득하며 자금을 유치해왔습니다. 이 기업에 함께 투자해서 수익을 내보자는 제안으로 외국인 투자자 100명을 설득했다고 가정해보죠.

그런데 비상계엄 선언과 동시에 투자자들이 어떻게 반응했을까요? 대부분 투자를 철회합니다. 이는 한국에 자금 유입이 중단된다는 것을 의미하며, 한국에 대한 신뢰도가 이미 크게 훼손된 상태라는 것을 보여줍니다. 이후 설득 작업은 훨씬 더 어려워질 수밖에 없습니다.

그뿐만 아니라 K-방산 수출도 잘 진행되다가 문턱에 걸리는 상황이 발생하고, 자동차 수출 역시 "한국에 주문하면 안 되겠다"라는 판단으로 계약이 철회되기도 합니다. 이러한 상황은 실질적으로 실물 경제에 직접적인 영향을 미칩니다.

결국 이러한 흐름들이 어떻게 작용하느냐에 따라 한국 경제가 더 레벨 다운될 가능성도 충분히 존재한다고 볼 수 있습니다.

가장 걱정되는 점은 많은 기업이 "팔려야 만든다"고 말하는 상황에서 소비가 이루어지지 않는다는 것입니다. 소비 심리가 위축되면서 기업들은 제품을 생산하기조차 어려워지고, 결국 신규 투자가 이루어지지 않게 됩니다.

더군다나 이런 국면에서 유통 회사들이 바겐 세일 이벤트를 진행하거나 크리스마스 캐럴을 울리며 행사를 여는 것이 과연 가능할

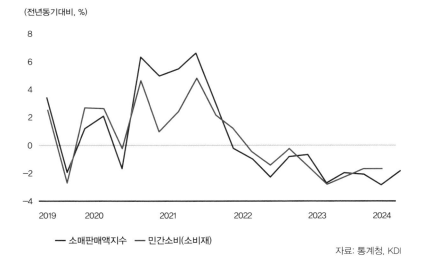

│ 소매판매액지수와 민간소비(소비재)

(전년동기대비, %)

자료: 통계청, KDI

2025 대한민국 재테크 트렌드

까요? 탄핵 정국이라는 분위기 속에서는 그런 것들조차 어렵습니다.

결국 소비가 줄어들고, 기업은 생산과 투자를 줄이며, 이런 악순환이 계속되면서 한국 경제가 더 어려운 상황에 빠지게 되는 것입니다.

중요한 점은 과거의 탄핵 정국과 현재의 상황이 동일하지 않다는 것입니다. 2004년 탄핵 정국 당시에는 중국의 경제 호조라는 호재가 있었고, 2016년 탄핵 정국 때는 반도체 수출 호황이 있었습니다. 하지만 지금의 경제는 그런 호조가 없는 상황입니다. 오히려 계속 냉각되는 국면에 있고, 2025년에는 한국 경제에 부담을 줄 수 있는 트럼프 2.0이라는 대형 악재까지 남아 있습니다.

이러한 차이로 인해 과거 탄핵 정국과 지금의 상황은 결이 다르다고 볼 수 있습니다. 이런 요소들이 한국 시장으로의 자금 유입을 막는 데 영향을 미치고 있습니다.

이와 함께 많은 투자 기관이 한국 경제 성장률 전망을 하향 조정하고 있습니다. 과거에는 그래도 2% 성장할 것으로 보았지만, 지금은 1.7%, 심지어 1.5%로 성장률을 낮추는 추세입니다.

다만 다시 한번 강조하자면, 아무리 비관적으로 보는 기관이라도 2025년 한국 경제 성장률을 1.5%로 전망하고 있습니다. 2023년 한국 경제가 1.4% 성장했는데, 이것은 경제 위기라고 할 수 없습니다. 분명히 어려운 경제이고, 나쁜 경제라는 것은 사실이지만, 경제 위기로 규명하려면 역성장이 전망되어야 합니다. 따라서 지금의 상황을 경제 위기로 단정 짓는 것은 적절하지 않으며, 어려운 국면이라는 점을 이해하는 것이 중요합니다.

저성장이 고착화된
세계 경제

현재 세계 경제는 경제 위기보다 '저성장 고착화'라고 표현하는 것이 더 정확하다고 봅니다. 저도 유튜브 채널을 운영하지만, 만약 "대공황 온다", "내일 모레 경제 붕괴한다" 같은 자극적인 제목을 달면 조회수가 500만을 넘길 겁니다. 반면 "저성장 고착화입니다"라고 하면 조회수가 1만도 안 나올 겁니다.

유튜버들은 당연히 "대공황 온다" 같은 표현을 쓰고 싶겠죠. 그러니 더 많은 사람이 이런 콘텐츠에 노출되면서, 자연스럽게 위기론에 빠져들 가능성이 높습니다. 그래서 제가 강조하는 것은 스스로 눈을 떠야 한다는 것입니다. 유튜버들의 생리를 이해해야 합니다. 자극적인 제목을 사용해야 조회수가 올라가기 때문에, 경제 위기를 강조할 수밖에 없습니다. 하지만 중요한 것은 누가 조회수를 목적으로 하는지, 누가 진실을 전달하려 하는지를 구분하는 것입니다.

실제로 경제 위기는 여러 번 있었습니다. 그러나 어떠한 국제기구(IMF, 월드뱅크, OECD, BIS, WTO)도, 국내 연구 기관(현대경제연구원, LG경제연구원, KDI, 한국은행)도 2025년 경제를 경제 위기로 전망하지 않습니다. 모두 저성장 고착화로 전망하고 있습니다.

실제로 중국도 저성장 고착화 상태에 있습니다. 유럽도 마찬가지입니다. 유럽의 맏형 격인 독일을 보면 2023년에 역성장했고, 2024년은 제로 성장, 2025년도 제로 성장으로 예상됩니다. 세계 주

┃ 국제기구의 2025년 세계 경제 전망

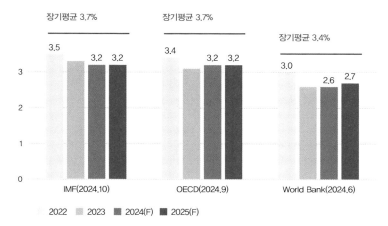

자료: IMF(2024.10) World Economic Outlook

┃ 세계 경제성장률 장기 추이 및 전망

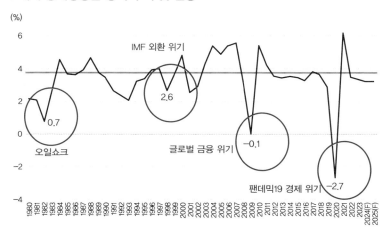

자료: IMF(2024.10) World Economic Outlook

요국들은 모두 저성장 고착화 상태에 있습니다.

그러나 미국은 예외입니다. 이를 '미국 예외주의(American Exceptionalism)'라고 표현합니다. 이 말은 미국을 제외한 대부분의 국가들은 저성장에 빠져 있지만, 미국만은 그렇지 않다는 뜻입니다. 저는 이를 '나 홀로 골디락스'라고 표현한 것입니다.

경제 위기라고 가정한다면, 절대 미국에 투자해서는 안 됩니다. 지금 당장 모든 자금을 빼야겠죠. 하지만 경제 위기가 아니라고 가정한다면, 오히려 미국 경제를 한 번 더 면밀히 들여다볼 필요가 있습니다.

나 홀로 골디락스,
미국 예외주의

미국 경제는 현재 매우 견조하게 성장하고 있습니다. 특히 3분기 성장률은 3.1%로 확정되면서 예상보다 더 높은 성장률을 기록했습니다. 미국 경제가 이렇게 강한 이유는 전 세계의 자금이 미국으로 쏠리고 있기 때문입니다.

현재 주식 펀드 자금이 미국으로 몰리고 있으며, 채권 펀드 자금 또한 미국으로 집중되고 있습니다. 이러한 자금 유입이 미국 경제를 선순환 구조로 이끌고 있습니다.

과거 미국의 주식 시가총액은 전 세계 시가총액의 33%를 차지

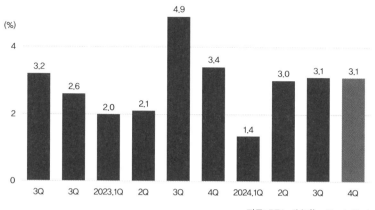

| 미국 분기별 경제성장률 추이

자료: BEA, 4분기는 Atlanta Fed.

했지만, 현재는 56%까지 증가했습니다. 즉 전 세계 주식 시가총액의 56%가 미국 시장에서 형성되고 있다는 의미입니다. 그렇다면 왜 이런 변화가 발생했을까요? 미국 주식 시장으로 막대한 자금이 유입되었기 때문입니다. 글로벌 자금이 지속적으로 미국으로 몰리면서, 미국 시장이 압도적인 비중을 차지하게 된 것입니다.

미국 시가총액이 전 세계의 56%를 차지한 지금, "이 정도면 정점을 찍었다. 이제 떨어질 때가 됐다"라고 말씀하시는 분들이 있습니다. 그런데 저는 묻고 싶습니다. 그렇다면 왜 40%일 때는 그런 얘기를 하지 않았나요? 45%일 때는 왜 말하지 않았나요? 50%일 때도 충분히 정점이라고 말할 수 있지 않았나요?

그렇다면 지금 55%에서 "정점이다"라고 말하는 근거는 무엇인

┃ 주식펀드 자금 누적 순유입

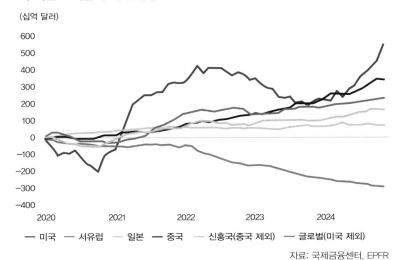

(십억 달러)

자료: 국제금융센터, EPFR

┃ 채권펀드 자금 누적 순유입

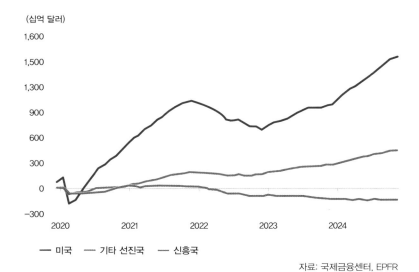

(십억 달러)

자료: 국제금융센터, EPFR

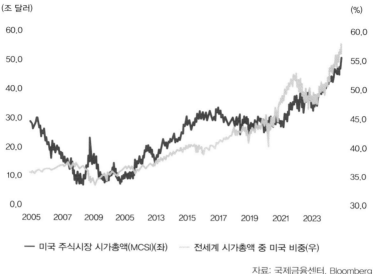

자료: 국제금융센터, Bloomberg

가요? 어떤 구체적인 이유나 데이터를 가지고 그렇게 판단하는지 설명해주시길 바랍니다. 단지 지금까지의 흐름을 보고 "정점을 찍었다, 이제 곤두박질칠 시점이다"라고 단정하는 것은 설득력이 부족합니다. 중요한 건 명확한 근거입니다.

미국 주식 시장이 강세를 보이는 이유 중 하나는 테크놀로지 기업들의 강한 선방입니다. 현재 미국 주식 시장에서 테크놀로지 기업들의 시가총액 비중이 40%에 달합니다. 반면 매출액 기준으로 보면 그 비중은 15%에 불과합니다.

이게 무슨 의미일까요? 간단한 퀴즈를 하나 내보겠습니다. 테슬라는 글로벌 자동차 회사 중 매출액 기준으로 몇 위일까요?

자동차 매출액 기준으로 1위는 도요타고, 테슬라는 10위 안에도 들지 못합니다. 대략 20위권에 있습니다. 하지만 시가총액으로 보면 테슬라의 시총이 자동차 매출 상위 10개 기업을 모두 합친 것보다도 큽니다.

이것이 의미하는 바는 명확합니다. 주식은 현재 가치에 투자하는 것이 아니라, 미래 가치에 투자하는 것이라는 점입니다. 현재 가치만 놓고 보면 도요타, GM, 폭스바겐이 테슬라보다 훨씬 커야 합니다. 현대, 기아도 마찬가지로 훨씬 더 높은 평가를 받아야 합니다. 하지만 주식 시장은 미래의 성장 가능성을 반영하기 때문에, 테슬라와 같은 기업의 시가총액이 높은 것입니다.

그렇다면 왜 테슬라의 시가총액이 자동차 매출 상위 10대 기업의 시가총액을 모두 합친 것보다도 클까요? 그 이유는 미래를 보여주는 기업에 시장이 베팅하고 있기 때문입니다.

미국의 소위 '맥7(Mag7)'이라 불리는 테슬라를 포함한 주요 테크 기업들은 지속적으로 R&D(연구개발) 지출을 늘리고 있습니다. 이미 미래를 그려 보여주고 있으면서도 R&D 지출은 점점 더 커지고 있습니다.

헛된 곳에 쓰는 게 아니라 미래 가치를 창출할 R&D에 투자한다는 것이 핵심입니다. 그래서 테슬라를 비롯한 테크 기업들은 계속해서 기술 격차를 벌려 나가고, 그 결과로 시가총액이 높게 평가받고 있는 것입니다. 미래 가치를 보여주고 그 미래에 투자하고 있는 기

I S&P500 내 테크 업종 비중 변화

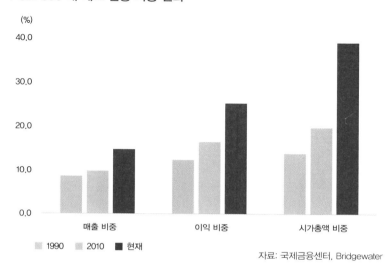

자료: 국제금융센터, Bridgewater

I Mag7 자본지출과 R&D 지출

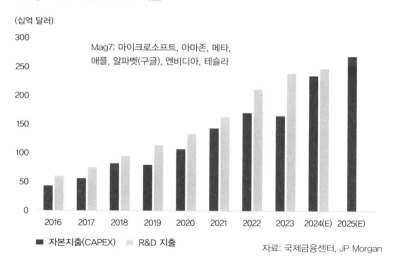

자료: 국제금융센터, JP Morgan

ㅣ 전세계 금융시장에서의 미국 비중

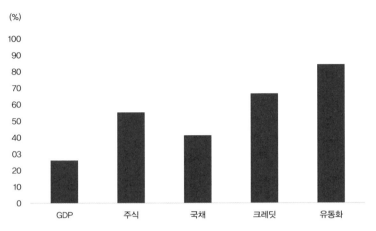

자료: 국제금융센터, JP Morgan

업들이기 때문에 시장에서 높은 평가를 받는 것이죠.

실제로 보시면, 미국 GDP는 세계 GDP의 25% 정도를 차지합니다. 그런데 시가총액에서는 56%를 차지하고 있습니다. 이것은 그만큼 전 세계 자금이 미국으로 쏠렸다는 것을 의미합니다. 특히 테크놀로지 기업들에 대한 기대가 집중되고 있는 것이 그 이유라고 볼수 있습니다. 이 점이 바로 미국 시가총액이 압도적으로 높은 비율을 차지하는 배경입니다.

제2의 '세계의 공장'은?
인도에 주목하라

세계 경제가 저성장 고착화되고 있는 것은 사실입니다. 그러나 그 안에서도 고성장하는 나라들이 있습니다. 미국이 대표적인 예외이고요. 그 외에도 어떤 나라들이 고성장하는지를 살펴보는 것은 매우 중요합니다.

2024년 가장 높은 성장률을 기록한 나라는 인도입니다. 그리고 2025년에도 가장 높은 성장률을 유지할 것으로 예상되는 나라가 인도입니다. 세계 경제가 전반적으로 저성장 고착화되는 흐름 속에서도, 인도는 오히려 더 빠른 속도로 성장하고 있습니다.

그렇다면 왜 인도가 이렇게 빠르게 성장할까요? 이 질문에 대한 답을 모두 설명하려면 시간이 너무 많이 걸리지만, 가장 중요한 이유 중 하나를 말씀드리겠습니다.

먼저 인구 증가입니다. 중국은 이제 인구가 감소하기 시작했지만, 인도는 여전히 인구가 증가하고 있습니다. 2024년부터 인도의 인구가 중국을 넘어섰고, 이제 세계 최대 인구 보유국이 중국이 아니라 인도가 되었습니다.

저는 이미 7~8년 전부터 한 가지 중요한 질문을 던져왔습니다. "제2의 중국은 누구인가?" "중국을 대체할 나라는 어디인가?" 이 질문에 대한 답을 찾는 것이 중요합니다. 그 답을 찾고, 그 방향으로 투자 의사결정을 해야 합니다.

❙ OECD의 세계 경제성장률 전망(2024년 9월 기준)

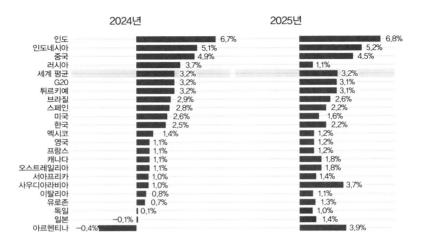

	2024년	2025년
인도	6.7%	6.8%
인도네시아	5.1%	5.2%
중국	4.9%	4.5%
러시아	3.7%	1.1%
세계 평균	3.2%	3.2%
G20	3.2%	3.1%
튀르키예	3.2%	3.1%
브라질	2.9%	2.6%
스페인	2.8%	2.2%
미국	2.6%	1.6%
한국	2.5%	2.2%
멕시코	1.4%	1.2%
영국	1.1%	1.2%
프랑스	1.1%	1.2%
캐나다	1.1%	1.8%
오스트레일리아	1.1%	1.8%
서아프리카	1.0%	1.4%
사우디아라비아	1.0%	3.7%
이탈리아	0.8%	1.1%
유로존	0.7%	1.3%
독일	0.1%	1.0%
일본	−0.1%	1.4%
아르헨티나	−0.4%	3.9%

기업들이 이미 중국을 떠나고 있으며, 2025년에는 이러한 흐름이 더욱 가속화될 것으로 보입니다. 그 과정에서 인도로 공장들이 더 많이 유입되고 있으며, 인도는 이로 인한 반사이익을 보고 있습니다.

인도를 다녀온 사람들 중에는 "아직 인도는 성장할 만한 나라가 아니다"라고 말하기도 합니다. 하지만 이것은 자신이 경험한 인도의 일부 모습만 보고 내린 판단입니다. 인도의 전체적인 성장 가능성을 보지 못한 시각에서 나온 이야기일 뿐입니다.

실제로 인도는 이미 세계 스마트폰 생산에서 두 번째로 많은 생산량을 기록하는 나라입니다. 현재 전 세계 스마트폰의 약 30%가 인도에서 생산되고 있습니다. 또한 인도는 세계 GDP 5위 국가로 올

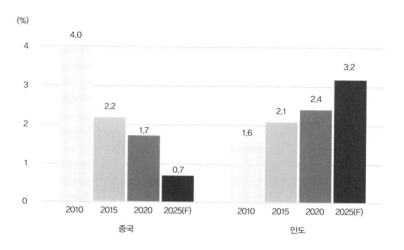

❙ GDP 대비 FDI 순 유입액 비율

(%)

중국: 2010년 4.0, 2015년 2.2, 2020년 1.7, 2025(F) 0.7

인도: 2010년 1.6, 2015년 2.1, 2020년 2.4, 2025(F) 3.2

라섰으며, 2027년이면 3위 국가로 도약할 것으로 전망합니다.

인도가 세계 3위 경제 대국으로 도약하는 과정에서 중요한 변화들이 나타나고 있습니다.

저는 일반 대중보다는 기업들을 자주 만나며, 그들과 경영 전략을 논의하는 일이 많습니다. 지난 12월에도 농심그룹을 만나 경영전략 회의를 진행했습니다.

개도국에서 중진국으로 도약하는 과정에서 항상 나타나는 현상이 있습니다. 극빈층이 줄어들고, 중산층이 확대된다는 것입니다. 중국도 마찬가지였습니다. 과거에는 극빈층이 많았지만, 시간이 지나면서 중산층이 두터워졌습니다.

그렇다면 이런 변화 속에서 가장 주목해야 할 식품 소비 트렌드는 무엇일까요? 바로 기호식품입니다. 역사적으로 보면 개도국이 중진국으로 성장할 때 커피, 초콜릿 같은 기호식품의 소비가 급격히 증가합니다.

그런데 농심그룹이 아직 인도 시장에 진출하지 않았다는 점을 알게 되었습니다. 그래서 저는 강하게 이야기했습니다. "2025년 트럼프 2.0 시대가 오면 미·중 갈등이 더욱 심화될 것입니다. 이 시기에 기업이 살아남을 방향은 무엇입니까? 바로 인도 시장에 진출하는 것, 신시장을 개척하는 것입니다. 그리고 우리 국가도 그런 방향으로 가야 합니다."

여러분도 각자의 의사결정을 하시겠지만, 개인적으로는 투자 계좌에서 인도 ETF 비중을 늘리는 등의 전략을 한 번쯤 고려해볼 것을 추천드립니다. 인도에 대한 공부는 꼭 해보시길 바랍니다. 직접 공부해 보시고 '인도 시장의 미래 성장성이 크다'라는 확신이 들면, 그때 비중을 늘리는 결정을 하셔도 됩니다. 기업은 경영 전략적으로, 국가는 국가 산업 전략적으로, 개인은 자산 배분과 재테크 전략적으로 이러한 글로벌 경제 변화에 맞춰 대응해야 합니다.

피봇의 시대,
점진적인 돈의 이동

마지막 주제, 피봇의 시대입니다.

2020년부터 2021년까지는 '완화의 시대'였습니다. 경제 위기가 찾아왔고, 이를 극복하기 위해 극단적인 제로 금리 정책이 도입되었습니다. 이 시기는 완화의 시대였고, 그 결과 전 세계 부동산 시장이 폭등했습니다. 우리나라만 집값이 오른 것이 아니라, 글로벌 부동산 시장이 모두 급등했습니다.

2022년부터 2024년 상반기까지는 '긴축의 시대'였습니다. 물가를 잡기 위해 대대적인 금리 인상이 이루어졌고, 각국은 긴축적인 통화 정책을 도입했습니다. 그러면 이 긴축의 시대 동안 집값은 어떻게 됐을까요? 조정 국면을 맞이했습니다. 그리고 이 집값 조정은 우리나라만의 현상이 아니었습니다. 전 세계적으로 부동산 시장이 조정을 받았습니다.

2024년 중반부터 2025년, 경제는 '피봇의 시대'로 접어듭니다. 2024년 중반부터는 우리나라만 금리 인하를 하는 것이 아닙니다. 미국만 금리 인하를 하는 것도 아닙니다. 세계 대부분의 국가들이 "물가가 어느 정도 목표치에 도달했다"라고 판단하면, 점진적으로 금리를 인하하며 중립 금리 수준을 찾아갑니다. 이 과정에서 자금 이동이 다시 발생하는데, 과거처럼 강하게 이동하는 것이 아니라 점진적으로 이동할 것입니다.

이런 흐름을 부동산 시장에서 본다면, 완만한 상승세를 예상할 수 있습니다. 강한 상승세가 아니라, 보합에 가까운 상승세입니다.

이 보합적 상승세는 다양한 요인에 영향을 받습니다.

❘ 세계 주요국 정책금리 추이

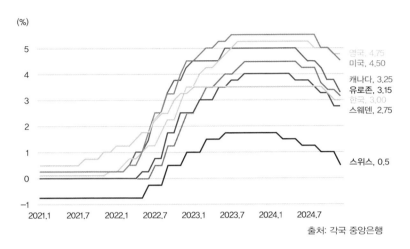

(%)

영국, 4.75
미국, 4.50
캐나다, 3.25
유로존, 3.15
한국, 3.00
스웨덴, 2.75

스위스, 0.5

2021.1 2021.7 2022.1 2022.7 2023.1 2023.7 2024.1 2024.7

출처: 각국 중앙은행

❘ 아파트 매매가격과 전세가격 증감률 추이

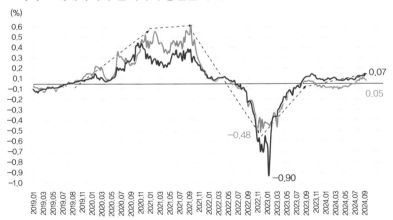

(%)

0.07
0.05

−0.48

−0.90

—— 아파트 매매가격 상승률   —— 아파트 전세가격 상승률

자료: KB국민은행, 주간KB주택가격동향(전주 대비 증감률 기준)

- 9월 스트레스 DSR 2단계 금융 규제 → 집값이 꺾일 가능성이 있음
- 비상계엄 사태 등 정치적 불확실성 → 시장이 위축될 가능성이 있음
- 금융 규제 완화 또는 추가 금리 인하가 이루어지면 → 다시 상승 가능성이 있음

즉 추가적인 하방 압력이 발생하면 조정되고, 반대로 상방 압력이 가해지면 다시 상승하는 '제로에 가까운 움직임'을 보일 가능성이 큽니다. 이것이 피봇의 시대에 어울리는 부동산 시장의 모습입니다.

시대를 이해하고
시대에 맞는 의사결정을 내려라

그래프를 보면 이것이 경제 위기입니다. 팬데믹 경제 위기, 이것이 진짜 경제 위기입니다. 그리고 이쪽을 보면, 이것이 경기 사이클상 하강 국면에 있는 경기 침체입니다.

현재 세계 경제는 이미 2023년부터 경기 침체 국면에 진입해 있습니다. 여기서 다시 한번 강조합니다. 경기 침체와 경제 위기는 완전히 다른 개념입니다. 이 둘을 꼭 구분하시길 바랍니다.

1968년 멕시코시티 올림픽에서 있었던 일입니다. 당시 높이뛰기 선수들은 모두 배를 땅 쪽으로 향하게 하며 넘는 '벨리 롤 오버'

| IMF의 2025년 세계 경제 전망

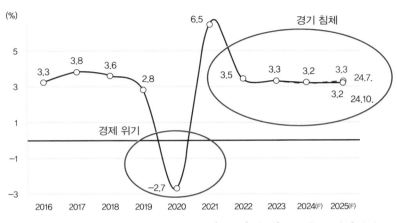

자료: IMF(2024.10) World Economic Outlook

기술을 사용했습니다. 즉 앞으로 굴러 넘는 방식이 일반적이었습니다.

그런데 역사상 최초로 등 뒤로 뛰는 선수가 등장합니다. 딕 포스베리 선수가 최초로 등을 젖히며 바를 넘는 새로운 방식을 선보였고, 이를 본 관중들은 깜짝 놀라 모두 자리에서 일어났습니다. 그는 세계 신기록을 경신하며 금메달을 차지했습니다. 그렇다면 왜 포스베리 선수만 등 뒤로 뛰었을까요?

그전까지의 높이뛰기 경기는 맨바닥에서 진행되었습니다. 선수들이 2.5m 이상을 뛰어넘는데, 그 높이에서 등 뒤로 떨어진다면 큰 부상을 입을 수밖에 없었기 때문에 누구도 시도하지 않았던 것입니

2025 대한민국 재테크 트렌드

멕시코시티 올림픽에서의 포스베리 선수

다. 그런데 1968년 멕시코시티 올림픽에서 환경이 바뀌었습니다. 높이뛰기 경기에 매트가 도입된 것입니다. 이제 등 뒤로 뛰어도 안전한 환경이 만들어진 것이죠.

하지만 모든 선수들에게 똑같은 환경 변화가 주어졌음에도 불구하고, 오직 포스베리 선수만 새로운 기술을 시도했습니다. 그 결과 그는 기존 방식과 완전히 차별화된 도약을 통해 역사적인 금메달을 거머쥘 수 있었습니다.

여러분께도 2025년 경제 환경에서 어떤 변화가 찾아올 것인지 충분히 살펴보는 계기가 되었길 바랍니다. 그리고 그 변화 속에서 나는 어떤 방식으로 높이뛰기를 시도할 것인가 스스로 고민하는 데 오늘의 내용이 도움이 되었길 바랍니다.

트럼프 시대의 경제 정책과 자산 배분 전략

프리즘투자자문 대표

홍춘욱

트럼프 행정부의 관세 인상 및 감세 정책으로 스태그플레이션 위험이 크다. 인플레이션 상승으로 연준의 금리 인하 기대는 낮아지고 있다. 이 같은 경제 환경에서는 채권과 주식 등 전통 자산의 비중을 낮추고 금과 부동산 등의 대체 자산의 비중을 높이는 게 바람직하다. 안정적인 성과를 위해 현명한 자산 배분 전략을 알아보자.

32년 동안 이코노미스트로, 경제 분석가로 살아오면서 요즘처럼 시장 예측이 어려운 적이 없는 것 같습니다. 나름 열심히 공부하는 사람이고, 매년 책을 한두 권씩 쓰고, 회사에서 뉴스레터도 발간하면서 많은 글을 쓰고 연구하지만, 2024년 8월부터 시작된 우리나라 시장의 변화는 저도 정말 낯설었습니다. 도대체 왜 이렇게까지 빠지는지 이해하기 어려운 부분이 많았습니다.

그러던 중 한 가지 힌트를 발견했는데, 그게 바로 트럼프였습니다. 트럼프가 하는 이야기를 쭉 찾아보다 보니 알게 된 점이 있습니다. 이 사람과 일을 하려면, 즉 딜을 하려면 상대방이 실질적인 권한을 가지고 있어야 한다는 것입니다. 다시 말해 그 자리에서 즉각적으로 "예, 하겠습니다" 또는 "아닙니다"라고 결정할 수 있는 사람이 있어야 한다는 것이죠.

대표적인 사례가 최근 캐나다의 대응입니다. 트럼프가 캐나다에 대한 관세 부과를 언급하자마자 캐나다 총리가 즉시 문제 해결에 나섰습니다. 물론 완전한 해결은 아니었지만, 어느 정도 문제를 풀어가는 모습을 보였습니다.

그런데 우리는 상황이 다릅니다. 지금 트럼프와 맞서서 협상을 주도할 수 있는 사람이 없고, 그 역할을 누가 맡을지도 불확실합니다. 이 때문에 우리나라 시장이 가장 어려운 상황에 놓인 것입니다. 트럼프 같은 승부사와 협상하려면 "내가 책임지고 결정하겠다", "이 일에 내 직을 걸겠다"라고 말할 수 있는 지도자가 필요한데, 지금은 그런 사람이 보이지 않습니다.

이런 점에서 2016년 당시 일본의 총리였던 아베 신조가 우리에게 시사하는 바가 큽니다. 아베는 트럼프의 비위를 맞추기 위해 골프장에서 직접 카트를 끌며 친밀한 관계를 구축했습니다. 최근에도 트럼프가 아베의 부인과 만나는 등 여전히 그의 존재를 기억하는 모습을 보였습니다. 트럼프는 자신과 맞서 협상하면서도 여유를 갖춘, 배포 있는 정치인을 선호하는 것 같습니다. 그게 미국의 국익에 반드시 도움이 되는 것은 아니더라도 말이죠. 그 덕에 일본은 2016년부터 2020년까지 경제적으로 선방할 수 있었고, 결국 금리를 인상하며 '아베노믹스'를 종식했습니다. 물론 아베는 세상을 떠났지만, 그가 보여준 전략을 우리나라 정치인들이 잘 활용한다면 트럼프 시대에도 우리에게 유리한 협상을 이끌어낼 수 있을 것입니다.

하지만 현재 상황에서는 그러한 기대를 하기 어렵습니다. 불확실성이 커지면서 우리나라 주식시장과 자산시장은 최악의 상황을 가정하며 계속 흔들리고 있습니다. 그렇다면 불확실성이 지배하는 시대에서 우리는 어떻게 돈을 벌 수 있을까요?

트럼프가 바꿀
세계 경제의 미래

일단 현재 시장의 흐름을 보면, 가장 두드러지는 점은 달러 강세라는 것입니다.

| 미국 신규 주택 착공(검정,천호) vs. 주택가격(보라, 좌축)

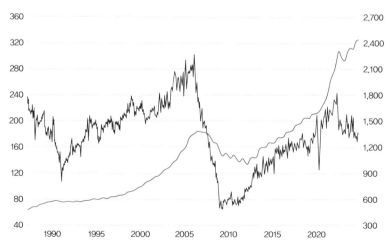

자료: https://fred.stlouisfed.org/graph/?g=1rjEX

차트에서 핵심적으로 봐야 할 것은 보라선입니다. 이 보라선은 미국의 주택 가격입니다. 지금 미국의 주택 가격 지수는 역사상 최고치를 기록하고 있습니다. 벌써 제가 무엇을 추천하는지 느낌이 오시죠? 네, 저는 미국 리츠를 선호합니다.

왜 미국 리츠를 좋아하느냐 하면, 우선 집값이 오르고 있기 때문입니다. 그리고 두 번째 이유는 부동산 개발업자가 대통령이 되었다는 점입니다. 우리나라에도 여의도의 트럼프월드라든가 해운대의 트럼프월드 같은 주상복합 건물이 있을 정도로, 트럼프는 부동산 개발과 밀접한 관계가 있는 인물입니다. 과거에 그가 대우건설을 좋아했다는 이야기도 있는데, 지금은 대우건설이 없어졌으니 더 이상 언급할 필요는 없겠죠.

제가 강조하고 싶은 부분은, 미국 대통령이 디벨로퍼 출신이라는 점과 미국 주택 가격 지수가 역사상 최고치를 기록하고 있다는 점입니다. 앞으로 금리는 한두 번 정도 인하될 가능성이 있습니다. 그렇다면 부동산 시장에 악영향을 줄까요?

그런데 한 가지 이상한 점이 있습니다. 이렇게 주택 가격이 사상 최고치를 기록할 정도로 경제가 좋다면, 왜 금리를 인하해야 할까요? 미국 경제가 이렇게 탄탄한데도 금리를 내릴 필요가 있을까요?

이제 감이 오죠. 미국의 금리 인하 사이클이 거의 끝나가고 있으며, 어쩌면 2025년에 금리를 인하하지 않을 가능성도 있다는 점입니다. 이런 전망이 투자자들 사이에서 확산되면서 어떤 결과가 나타날까요? 미국의 금리 인하 기대감이 낮아지면, 미국 달러의 가치가

자료: https://yardeni.com/charts/stock-market-p-e-ratios/

상승합니다. 달러가 강세를 보이면 우리나라의 환율은 안정되기가 어려워집니다.

여기에 더해, 트럼프가 미국 연방준비제도 파월 의장에게 금리 인하를 요구할 가능성이 큽니다. "금리를 내려라, 부동산을 살려야 한다"는 압박이 이어질 것입니다. 물론 파월 의장이 한두 번 정도는 들어줄 수 있겠지만, 계속해서 트럼프의 요구를 수용하지는 않을 가능성이 높습니다.

따라서 2025년에는 미국 중앙은행과 트럼프 사이의 갈등이 상당히 심해질 것으로 보입니다. 이 차트를 보면, 미국 중앙은행이 9월에 금리를 0.5%p씩 인하했던 것이 얼마나 큰 실책이었는지를 알 수 있습니다. 그 당시 성급한 금리 인하로 인해 부동산 가격이 폭발적으로 상승했고, 더 큰 문제도 일으켰습니다.

미국의 PER 차트를 보겠습니다. PER(Price-to-Earnings Ratio, 주가수익비율)은 기업 주식의 현재 가격을 기반으로 한 이익에 대한 평가 지표입니다. 한 기업이 1년에 주당 1만 원을 벌고 있을 때, 그 기업의 주가가 10만 원이라면 PER이 10배라는 의미입니다.

현재 미국의 PER은 몇 배일까요? 차트의 끝부분을 보면, 2024년 11월 기준으로 23배까지 올라왔습니다. 다시 말해 주당 순이익이 1만 원이라면 지금 주가는 23만 원이라는 뜻입니다.

역사적으로 볼 때 미국의 PER이 23배를 넘었던 적은 단 한 번뿐입니다. 언제였을까요? 1999년 정보통신(IT) 거품 당시입니다. 그때 PER이 약 26배까지 상승했었습니다. 현재 미국의 PER은 역사상 두 번째로 높은 수준입니다. 결국 주식 시장이 부담스러운 수준이라는 이야기입니다.

미국 중앙은행이 바이든을 당선시키기 위해 금리를 내린 것인지, 아니면 정말 경제가 너무 나빠서 금리를 인하한 것인지 우리는 정확히 알 수 없습니다. 하지만 2024년 9월에 갑자기 금리를 0.5%p나 인하한 결정, 특히 미국 대선을 앞두고 나온 이 조치는 단순한 경제 논리만으로는 설명하기 어려운 부분이 있습니다.

그러나 트럼프 입장에서는 이러한 상황이 굉장히 불쾌할 것입니다. 대선을 앞두고 선거가 한창 진행 중인데, 중앙은행이 갑자기 금리를 대폭 인하하면서 주가가 급등하고, 부동산 가격도 오르는 상황이 벌어졌습니다. 트럼프가 이를 보면서 기분이 좋을 리가 없겠죠.

특히 트럼프가 당선되자마자 미국 중앙은행이 금리를 인하해주지 않았다는 점을 생각해보면, 상황은 더욱 불만스러울 것입니다.

트럼프가 달러 약세를 유도하려고 하는지 아닌지는 그리 중요하지 않습니다. 대통령의 생각보다 그의 행동을 보아야 합니다. 트럼프가 2025년에 가장 먼저 할 일은 무엇일까요? 아마도 파월 의장을 몰아내려고 시도할 가능성이 큽니다.

그렇다고 파월 의장이 순순히 물러날까요? 트럼프가 파월을 압박하고 갈등이 생기는 과정이 2025년의 큰 이슈가 될 것으로 보입니다. 중요한 것은 트럼프가 어떤 '액션'을 취할 것인가, 그리고 그 '액션'이 시장에 어떻게 영향을 미칠 것인가 하는 것입니다.

이런 이슈들이 2025년 상반기 시장을 흔들 때, 우리 입장에서 가장 안전하고 괜찮아 보이는 투자처는 어디일까요? 주식도 좋은 선택이 될 수 있지만, 저는 미국 부동산이 상당히 매력적으로 보입니다.

그 이유는 배당 수익률이 너무 높기 때문입니다. 현재 배당 수익률이 약 5% 수준입니다. 게다가 트럼프가 대통령이 되면, 파월을 교체한 이후 부동산 경기 부양 정책을 강하게 펼칠 가능성이 높습니다. 물론 그 정책이 어떤 형태로 진행될지는 알 수 없으니 시장 전체를 매수하는 전략이 유효해 보입니다. 그래서 미국 리츠(REITs)를 이야기하는 것입니다. 대표적인 상품으로는 VNQ(뱅가드 리츠 ETF)나 SCHH(찰스 슈왑 리츠 ETF) 같은 것들이 있습니다.

미국 리츠를 추천하는 이유는 명확합니다. 2025년 한 해, 특히 상반기 동안 파월과 트럼프가 강하게 대립할 가능성이 크며, 이 과정에서 금융 시장이 출렁일 수 있습니다. 당연히 우리나라 시장에도 좋은 소식은 아닐 것이고, 미국 시장에도 불안 요소로 작용할 것입니다. 이런 불확실한 상황에서 우리가 할 수 있는 최선의 선택은 무엇일까요? 트럼프와 파월이 싸우는 모습을 귤 까먹으면서 지켜볼 수 있는 자산을 찾는 것입니다. 그 첫 번째 후보가 바로 리츠라는 점을 강조하고 싶습니다.

그렇다면 왜 파월은 트럼프를 싫어할까요? 트럼프 1기(2016~2020년) 때 트럼프가 파월을 탄핵하려고 했던 사건이 있습니다. 트럼프가 했던 막말들이 다시 떠오를 겁니다. 정말 별의별 이야기를 다 했습니다. 트럼프는 파월을 '배신자'라고까지 불렀습니다. 자신이 직접 임명한 연준 의장이 자신의 말을 듣지 않는다는 이유로 "배신자"라고 했고, 심지어 "우리의 스파이 같은 존재"라는 말까지 했습니다.

하지만 생각해보면, 정책 파트너를 '스파이'라고 부르는 건 굉장히 나쁜 표현입니다. 상대국을 위해 일하는 자라는 의미인데, 이런 표현은 공식적인 자리에서는 잘 쓰지 않는 게 보통입니다. 그런데도 트럼프는 과감히 사용했습니다.

그렇다면 트럼프는 왜 파월을 싫어하고, 또 파월은 왜 트럼프를 싫어할까? 그 이유가 바로 다음 차트에 나와 있습니다. 왼쪽에는 GDP(국내총생산), 오른쪽에는 CPI(소비자물가지수) 상승률이 표시된 차트입니다.

먼저 왼쪽의 GDP 차트를 보겠습니다. 차트에서 '트레이드 워

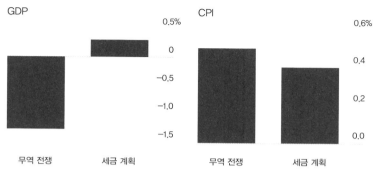

Ⅰ 트럼프의 무역 및 세금 계획이 미국 GDP와 CPI에 미치는 영향

GDP

0.5%
0
−0.5
−1.0
−1.5

무역 전쟁 · 세금 계획

CPI

0.6%
0.4
0.2
0.0

무역 전쟁 · 세금 계획

자료: Bloomberg Economics

(Trade War)', 즉 무역 전쟁이라는 표현이 보입니다. 무역 전쟁의 핵심 요인은 두 가지입니다.

첫 번째, 전 세계에서 미국으로 수입되는 상품에 대해 10% 관세를 부과하는 것입니다. 현재 미국의 평균 관세율이 약 2.6%인데, 이를 8%p 인상하겠다는 것이 핵심입니다.

두 번째, 미국과 적대적인 국가에 대해 추가적으로 더 높은 관세를 부과하는 것입니다. 대표적인 사례가 중국(60%), 캐나다 및 멕시코(25%)에 대한 관세입니다. 최근 캐나다 주식 시장이 어려움을 겪고 있는 것도 이런 이유 때문입니다.

우리나라는 현재 10% 관세만 부과되면 다행이지만, 솔직히 말해서 2025년에 더 높은 관세가 부과될 가능성도 있습니다. 왜냐하면 우리나라가 대미 무역 흑자가 매우 크기 때문입니다.

"한국 경제가 망한다"는 이야기를 하는 사람들을 종종 볼 수 있습니다. 하지만 그런 이야기를 하는 분들에게 한 번 물어보십시오. "올해 우리나라 무역 흑자가 얼마인지 아세요?" 2024년 우리나라의 무역 흑자는 1천억 달러(GDP 대비 5%)입니다. 그리고 우리 국민들이 해외에서 운영하는 자산 규모는 1조 달러에 달합니다. 우리나라의 연간 GDP가 2조 달러도 안 되는데, 그 절반에 해당하는 1조 달러를 해외에서 굴리고 있는 나라가 어떻게 망할 수 있겠습니까?

물론 우리나라 경제가 어렵다는 점은 인정합니다. 트럼프와 갈등을 빚을 가능성이 높고, 차기 대통령이 누가 될지, 혹은 현직 대통령이 임기를 이어갈지 아무도 모르는 불확실한 상황입니다. 하지만 그것이 나라가 망하는 것과는 전혀 다른 이야기입니다.

무역 전쟁 속
트럼프가 믿는 것은?

다만 트레이드 워(무역 전쟁)와 관세 부과 문제는 미국 경제에도 상당한 악영향을 미친다는 점을 기억해야 합니다.

앞 페이지 왼쪽 차트를 보면 GDP 성장률이 1.3% 하락하는 것으로 나옵니다. 굉장한 타격입니다. 그리고 물가는 0.6% 상승합니다. 한마디로 성장률은 낮추면서도 물가는 끌어올리는 정책입니다.

그럼에도 불구하고 트럼프는 이 정책을 밀어붙일 가능성이 큽니다. 왜냐하면 그는 단순한 미치광이가 아니라 미치광이처럼 보이는 협상가이기 때문입니다. 처음에는 강하게 압박을 가한 뒤, 이후 감세를 해주거나 뒷거래를 유도하는 방식으로 조정해나갈 것입니다.

또한 트럼프는 개인 소득세와 법인세를 인하하는 감세 정책도 추진할 것입니다. 세금 부담이 줄어들면 기업들의 성장률이 올라가지만, 동시에 경기가 과열되면서 물가도 상승하게 됩니다. 결국 트럼프의 정책은 성장률을 1% 낮추고, 물가는 0.9% 올리는 결과를 초래할 것입니다.

이런 상황에서 파월은 가만히 있을 수 없습니다. 경제가 불안정해지면 중앙은행이라도 균형을 잡아야 한다는 생각을 하게 될 것이고, 그 결과 금리를 인상하거나 최소한 동결하려고 할 가능성이 큽니다.

그렇다면 트럼프는 정말 무모한 것일까요? 그렇지 않습니다. 그역시 철저한 계산을 하고 있습니다.

최근 날씨가 굉장히 춥습니다. 라니냐(La Niña) 현상 때문이라고 하죠. 라니냐가 발생하면 북반구는 따뜻하고 비가 많이 내리며, 열대 지방은 고온 건조한 날씨가 이어집니다. 이 때문에 2023년 말과 2024년 초에 커피원두 가격이 급등했습니다. 농사가 잘되지 않으면서 공급이 줄어든 것이죠. 특히 인도에서는 쌀 폭동이 일어나기도 하며, 이러한 뉴스가 보도된 것을 보셨을 겁니다.

그런데 2024년에는 기온이 바뀌면서 날씨가 달라지고 있습니다. 북반구는 매우 춥고 비가 적게 내리며, 반대로 열대 지방은 다시 습해지는 경향을 보입니다. 만약 제가 트레이더였다면 커피 원두와

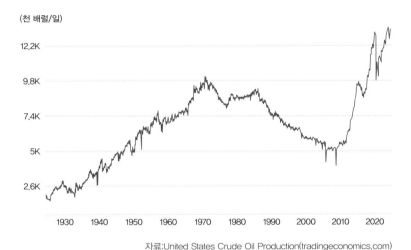

(천 배럴/일)

자료:United States Crude Oil Production(tradingeconomics.com)

카카오 선물 시장에서 매도 포지션을 취했을 것입니다. 그러나 선물 시장은 변동성이 커서 일반 투자자들에게 추천하기는 어렵습니다.

제가 이 말을 하는 이유는 간단합니다. 올겨울은 매우 추울 것입니다. 특히 1월 1일부터 우크라이나를 통과해 서유럽으로 가던 천연가스 파이프라인이 완전히 봉쇄됩니다. 이것이 마지막으로 남아 있던 러시아산 천연가스의 유럽 공급 경로였기 때문에, 천연가스 가격이 급등하고 있습니다.

하지만 유가는 어떤가요? 최근 주유소에 가보면 휘발유 가격이 1,600원대를 유지하고 있습니다. 제가 사는 지역 기준으로도 1,600원에 세차까지 해주는 주유소가 있을 정도입니다. 즉 언젠가

부터 기름값이 더 이상 오르지 않고 있습니다.

왜 그럴까요? 미국의 셰일오일 생산량이 폭발적으로 증가하고 있기 때문입니다. 트럼프는 셰일오일 생산을 규제 없이 풀겠다고 선언했습니다. 즉 트럼프도 나름의 계획을 가지고 있는 것입니다.

이게 정말 유가 하락으로 이어질까요? 솔직히 저도 모릅니다. 왜냐하면 중동에서 전쟁이 다시 발생하면 언제든지 유가는 급등할 수 있기 때문입니다. 하지만 트럼프의 계획은 단순합니다. 우크라이나 전쟁을 중재하고, 미국 내 셰일오일 생산량을 늘리면 기름값이 하락할 것이라는 거죠. 기름값이 내려가면 물가가 안정될 것이므로, 자신이 추진하는 감세 정책은 문제가 없으리라 믿는 것입니다.

그렇다면 과연 누가 맞을까요? 그건 아무도 예측할 수 없습니다. 하지만 여기서 한 가지 투자 아이디어가 떠오릅니다. "기름값이 크게 급등하기는 어려울 것이다." 즉 원자재 가격이 크게 상승하기는 쉽지 않을 것이며, 당분간 물가가 급등할 가능성은 낮아 보입니다.

트럼프가 감세와 관세 인상을 통해 세계 경제를 혼란스럽게 만들겠지만, 그 영향이 본격적으로 나타나는 것은 몇 달 뒤의 일입니다. 하지만 당장 이렇게 추운 날씨에도 불구하고 유가가 오르지 않는다는 점을 주목해야 합니다.

그렇다면 우리는 어떤 자산에 투자해야 할까요? 미국 달러는 여전히 강세를 유지하고 있기 때문에 적극적으로 투자하라는 말을 하기는 어렵습니다. 하지만 한국 국채는 괜찮아 보이지 않나요? 우리나라 물가가 급등할 가능성이 낮다는 점을 고려하면 2025년에는 금리가 내려갈 가능성이 큽니다. 지금처럼 환율이 높은 상황에서도 유가가 오르지 않고 내수 부진이 계속된다면, 결국 한국은행은 금리 인하를 단행할 수밖에 없습니다.

하반기는 어떻게 될까요? 안타깝게도 모릅니다. 저 같은 경제 분석가조차 최대 예측할 수 있는 기간이 6개월입니다. 그 이상은 변수가 너무 많아서 장담할 수 없습니다. 그래서 앞으로 6개월 동안의 투자 전략을 다시 정리해보겠습니다.

첫 번째, 미국 부동산이 좋아 보입니다. 기름값이 내려가고, 연준이 당장은 금리를 인하한 상태입니다. 그리고 트럼프가 취임하면 정책 변화에 대한 기대감이 생길 것입니다.

두 번째, 우리나라 물가는 하락할 가능성이 큽니다. 고유가 시대가 일단락된 것으로 보이기 때문입니다. 물론 전쟁 같은 변수를 예측할 수는 없습니다. 그러나 최근의 중동 정세를 보면, 시리아 내전이 종식되었고, 이스라엘을 견제할 수 있는 세력이 사라지면서 중동 지역의 힘의 균형이 바뀌고 있습니다. 특히 러시아의 영향력이 중동에서 급격히 약화되고 있습니다. 아사드가 14년간 이어진 내전을 결국 포기하고 러시아로 망명한 것을 보면, 러시아의 입지가 크게 축소되었다는 것을 알 수 있습니다.

이런 점을 고려하면, 당장은 유가가 급등하기 어려운 구조가 형성되었다고 볼 수 있습니다. 따라서 국내 물가 하락 → 금리 인하 가능성으로 이어질 가능성이 높아 보입니다. 이러한 흐름을 염두에 두고 투자 전략을 세우는 것이 중요하겠습니다.

5분기 연속 마이너스,
중국 경제 전망

중국 상황이 심각합니다. 최근 나온 〈파이낸셜 타임즈〉의 기사 제목이 굉장히 도발적입니다. "딤섬은 식었고, 이제 교자가 뜨겁다(Dim Sum is Cold, Gyoza Now)", 즉 중국이 일본처럼 되고 있다는 의미입니다. 〈파이낸셜 타임즈〉는 원래 영국 매체이지만, 일본 〈니혼게이자이신문〉이 소유하고 있습니다. 일본이 중국을 얼마나 자신만만하게 바라보고 있는지를 이 기사 제목 하나로도 알 수 있습니다.

왜 이런 이야기가 나올까요? 중국이 디플레이션 국면에 들어섰기 때문입니다. 중국의 디플레이션이 발생한 핵심 이유는 미국이 금리를 인상하는 현실에서 중국이 금리를 인하하지 못하는 상황 때문입니다. 이 과정에서 부동산 시장이 붕괴되기 시작했습니다.

중국의 주택 가격 상승률 차트를 보겠습니다. 검정색 선은 신축 판매 가격, 보라색 선은 기존 주택 판매 가격입니다. 지금 2020년부터 시작된 중국 부동산 가격 하락세가 누적으로 -30%에 도달했습니다. 4년째 지속적으로 하락하고 있으며, 중국의 부동산 시장은 정말 큰 위기를 맞이하고 있습니다.

이를 더욱 확실하게 보여주는 차트가 있습니다. M1(본원통화, 협의통화) 공급량이 마이너스로 전환되었습니다. 즉 중국 내에서 돈이 사라지고 있다는 뜻입니다. 왜 그럴까요? 중국 자본이 해외로 빠져나가고 있기 때문입니다.

❙ 중국의 주택 가격 상승률

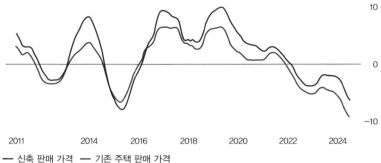

2011   2014   2016   2018   2020   2022   2024

━ 신축 판매 가격 ━ 기존 주택 판매 가격

자료: National Bureau of Statistics

❙ 중국 통화 증가율

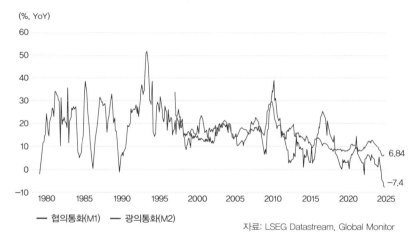

(%, YoY)

━ 협의통화(M1) ━ 광의통화(M2)

자료: LSEG Datastream, Global Monitor

　　과거 중국 부자들은 홍콩 부동산을 선호했습니다. 그러나 2020년 홍콩 민주화 시위와 국가보안법 개정 이후, 홍콩의 정치적 리스크가 커지면서 자본이 대거 유출되었습니다. 그렇다면 중국 자본은 어디로 이동하고 있을까요? 일본 도쿄와 영국 런던입니다. 이 때문에 최근 일본과 영국의 부동산 가격이 급등하고 있습니다.

많은 분이 "요즘 일본 집값이 왜 이렇게 오르나요?"라고 궁금해하는데, 그 핵심 이유가 바로 중국 자본의 유입입니다. 저 역시 일본 교토와 도쿄에서 부동산을 몇 군데 보러 다녔는데, 집주인들이 전부 중국인이라는 점이 인상적이었습니다. 더욱 놀라운 점은 집이 사람 한 명 살지 않은 상태로 관리되고 있었다는 것입니다.

그래서 중개인에게 물었습니다. "에어비앤비로 운영하는 집인가요?" 그랬더니 전혀 아니었습니다. 홍콩과 중국의 부자들이 1년에 몇 번 방문할 뿐, 집을 비워두고 관리만 하고 있는 것이라고 했습니다. 그리고 최근 집값이 많이 올라서 매각을 고려 중이라는 이야기도 들었습니다.

다시 말해 중국의 부자들은 발 빠르게 해외로 자산을 옮기고 있으며, 일본 부동산 시장이 그 주요 목적지가 되고 있습니다. 최근에는 중국의 중산층들마저 중국을 떠나고 있습니다. 중산층들이 해외로 이주하기 위해 돈을 챙겨서 나가면서, 중국 금융시장에서는 심각한 현상이 발생하고 있습니다.

- 집을 판 돈을 외환시장에서 달러로 바꾼다 → 셀 위안, 바이 달러(Sell Yuan, Buy Dollar)
- 달러를 사기 위해 중앙은행이 위안을 회수
- 시중에 풀린 위안화가 중앙은행으로 들어가면서 시장에서 돈이 사라짐

이러한 과정으로 디플레이션이 발생합니다. 시중에 돈이 줄어들기 때문입니다. 돈이 귀해지면 가치가 올라갑니다. 즉 돈의 가치가 상승하고, 자산(집값)과 노동의 가치(사람의 몸값)는 하락하게 됩니다. 결국 중국이 지금 겪고 있는 문제는 디플레이션으로 인한 경제 위기입니다.

중국 경제가 망조가 들었을까요? 그렇다면 중국이 선택할 수 있는 답은 이미 정해져 있습니다. 바로 '아베노믹스'입니다. 일본은 집값 붕괴와 디플레이션을 겪었지만, 아베가 무제한 돈을 풀면서 경제를 살렸습니다. 중국도 2025년에 같은 길을 가려 하고 있습니다. 2024년 12월에 열린 중앙경제공작회의에서 내년도 경기 부양을 위해 적극적인 재정정책과 완화적인 통화정책을 펼치겠다고 공식적으로 발표했습니다. 이는 4년 만에 처음 나온 발언입니다.

그렇다면 중국은 어떤 정책을 펼칠까요? 제로 금리 수준까지 금리를 인하할 가능성이 높습니다. 또한 중앙은행이 무제한으로 시장에 채권을 매입할 것입니다. 이미 중국의 채권 금리는 2% 밑으로 내려갔고, 지금은 1.8%도 깨지고 있습니다.

이런 상황에서 투자자들이 할 수 있는 최선의 선택은 중국 채권을 매수하는 것입니다. 하지만 한국에는 중국 채권을 쉽게 거래할 수 있는 시장이 없어 접근이 어렵습니다. 그러니 세상이 이렇게 바뀌고 있다는 신호로 받아들이는 것만으로도 충분합니다.

그렇다면 중국 경제가 살아날까요? 이건 또 다른 문제입니다. 과거 일본이 아베노믹스를 밀어붙일 수 있었던 이유는 아베와 트럼프의 관계가 좋았기 때문입니다. 트럼프는 아베의 정책을 묵인하고, 일본이 돈을 푸는 것을 허용했습니다. 하지만 시진핑과 트럼프의 관계는 다릅니다. 트럼프가 중국의 경제 부양을 그대로 두고 보지 않을 가능성이 큽니다.

따라서 2025년 상반기까지는 중국이 강력한 경기 부양책을 추진하면서 시장이 반등할 가능성이 큽니다. 그러나 트럼프가 시진핑에게 어떤 요구를 할지 모르는 상황에서, 장기적인 전망은 불확실합니다. 결국 트럼프가 시진핑과 어떤 거래를 할지에 따라 중국 경제의 방향성이 결정될 것입니다. 만약 트럼프가 시진핑으로부터 얻어낼 것이 있다면, 중국의 부양책을 묵인할 수도 있습니다. 하지만 그렇지 않다면 중국의 돈 풀기 정책을 견제할 가능성도 있습니다.

이런 상황을 고려하면 2025년 상반기까지는 중국 시장에서 단기적인 반등이 나올 가능성이 높습니다.

좋아지는 교역 조건 속
어두운 내수 경제

이제 우리나라를 보겠습니다. 다음 차트에서 보라색 선이 굉장히 중요합니다. 저 보라색 선이 의미하는 것은 교역 조건입니다. 교역 조건이란 쉽게 말해 우리가 반도체 한 박스를 팔아서 해외에서 원유 한 드럼을 사오는 상황을 가정하는 것입니다. 그런데 만약 국제 유가가 폭락해서 반도체 한 박스를 팔고 원유 두 드럼을 가져올 수 있다면, 우리는 같은 노력으로 두 배 더 잘살게 되는 것입니다. 즉 보라색 선이 플러스 방향으로 가면 나라가 좋아집니다.

실제로 과거 사례를 보면, 2009년 이후 보라색 선이 급격히 상승하면서 우리 경제가 매우 좋아졌습니다. 2020년 코로나19 팬데믹 이후에도 교역 조건이 크게 개선되면서 주가지수가 3,300포인트까지 올랐습니다. 이 패턴을 봤을 때 교역 조건이 좋아진다는 것은 1년 후 우리 경제가 크게 개선될 가능성이 높다는 신호입니다.

지금 우리 경제에 '신삼저(新三低)' 시대가 도래했습니다. 1985년 이후 40년 만에 찾아온 최고의 호기입니다.

- 저환율: 1달러 = 1,450원
- 저유가: WTI 기준 1배럴 = 67~68달러
- 저금리: 한국은행의 정책금리가 곧 2%대로 진입

이렇게 경제 여건이 좋은데도 우리 경제는 박살나고 있습니다. 차트를 보면 검정색 선(성장률)이 급격히 하락하고 있습니다. 기업들이 역사상 최대의 이익을 내고 있음에도 불구하고 돈을 쓰지 않기 때문입니다. 왜? 불안해서입니다. 이 불안함 때문에 기업들은 내년 사업 계획을 취소하고 투자 규모를 줄입니다. 공장 증설을 늦추고, 신규 고용까지 줄입니다.

미래가 불확실하면 기업들은 투자를 보류하고, 인력 채용을 줄입

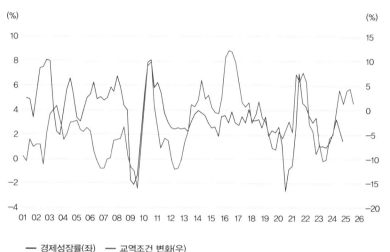

━ 경제성장률(좌)　━ 교역조건 변화(우)

니다. 기업의 투자는 우리 경제의 매출이며, 기업의 고용은 가정의 소득입니다. 이 모든 것이 위축되면서 경제가 얼어붙고 있는 것입니다.

그렇다면 언제쯤 좋아질까요? 이 차트만 놓고 보면 2025년에는 경제가 개선될 가능성이 높습니다. 하지만 정부가 돈을 쓰지 않고, 기업이 돈을 쓰지 않는다면 상반기는 어려울 것입니다. 그러나 그 시점에서 정치적 불안이 해소된다면 하반기는 개선될 가능성이 큽니다.

40년 만에 가장 좋은
한국 경제 펀더멘털

그렇다면 어떻게 해야 할까요? 폭락할 때 사야 합니다. 무엇을 사야 할까요? 한국 주식. 아무리 불안하고 넌덜머리가 나더라도 지금은 한국 주식을 사야 하는 시점입니다.

한국 주식을 사야 하는 이유는 두 가지입니다. 첫째, 너무 쌉니다. 둘째, 2025년 경제 전망만 놓고 보면 나쁘지 않습니다. 다만 트럼프와 협상에서 뒤를 봐줄 사람이 없다는 것이 문제입니다.

2025년에 우리나라가 미국으로부터 관세 폭탄을 맞거나, 환율 조작국 지정 등의 압박을 받을 가능성이 높습니다. 이 때문에 시장이 불안해하고 있지만, 기업들의 수익성만 놓고 보면 상황이 꽤 좋습니다.

- 원가는 하락 중(국제 유가 하락 → 제조 원가 절감)
- 수출 가격 경쟁력은 사상 최고 수준(저환율 효과)
- 금리마저 낮아질 가능성 높음

그럼에도 불구하고 왜 경기가 안 좋을까요? 재정 긴축 정책 때문입니다. 우리나라 정부는 과거 수출이 둔화될 때마다 정부 소비와 재정 지출을 늘리는 방식으로 경기 부양을 해왔습니다.

그런데 이번에는 유독 긴축을 하고 있습니다. 이해되지 않는 정

수출 증가율과 정부소비 증가율

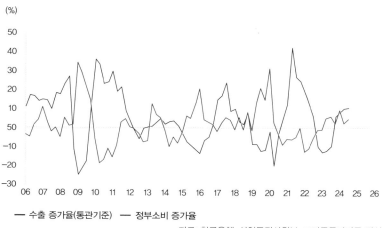

자료: 한국은행, 산업통장사원부, 프리즘투자자문 작성

책입니다. 솔직히 정부가 모든 걸 잘못한 것은 아니지만, 정책적 오류가 많았습니다. 물론 잘한 점도 있습니다. 바로 가계부채 문제를 해결한 것입니다.

그렇다면 불황이란 무엇일까요? 불황이란 기업과 가계가 돈을 쓰지 않고 저축만 하려고 들 때 발생하는 현상입니다. 우리나라 가계 빚은 이번 정부 들어 계속 줄었습니다. 이 점은 잘한 일입니다. 그러나 그 대가는 내수 불황입니다.

- 내가 소비를 줄이면, 다른 사람의 매출이 줄어든다.
- 가계가 저축을 늘리고, 빚을 갚으면, 경제는 위축된다.

여기까지는 예상된 흐름이지만, 문제는 정부가 이에 대응하지 않았다는 점입니다. 정부가 해야 할 일은 경기가 나쁠 때 돈을 푸는 것인데, 오히려 긴축을 했습니다. 즉 수출이 살아나고 교역 조건이 좋아졌는데도 내수 경기가 극도로 악화된 이유는 재정 정책의 오류 때문입니다.

그럼 어떻게 해야 할까요? 해결책은 두 가지가 있습니다.

첫 번째는 추경(추가경정예산) 편성입니다. 2025년 예산안은 2024년보다도 더 긴축적으로 설계되었습니다. 경기가 위축된 상황에서 긴축을 지속하면 내수 경기가 더욱 얼어붙을 가능성이 큽니다. 정부가 나서서 재정 지출을 확대하고 소비와 투자를 촉진하는 역할을 해야 하지만, 오히려 반대 방향으로 가고 있어 문제입니다.

두 번째는 금리 인하입니다. 정부가 돈을 풀지 않는다면, 한국은행이 대응할 수 있는 유일한 방법은 금리를 인하하는 것입니다. 현재 우리나라 물가는 하락세이고, 2025년에도 물가가 오를 가능성은 낮습니다. 유가와 원자재 가격이 하락하고 있고, 내수 부진이 지속되고 있어 중앙은행이 금리를 인하할 가능성이 큽니다.

문제는 미국이 금리를 인하하지 않고 한국만 금리를 내릴 경우 환율이 쉽게 떨어지지 않을 가능성이 높습니다.

그래서 사야 할 자산의 순위를 정리하자면 다음과 같습니다.

- 미국 리츠(REITs): 금리 인하와 맞물려 가장 유망한 투자처
- 한국 국채: 금리 하락을 예상할 때 가장 안정적인 투자

- 중국 및 한국 주식: 저가 매수 기회, 장기적 리스크는 존재하지만 가격이 워낙 저렴
- 부동산: 금리 인하 효과를 볼 수 있으나, 정책 리스크가 있음

부동산이 기대만큼 강하게 반등하지 못할 가능성이 있는 이유는 정책 지속성이 불확실하기 때문입니다. 예를 들어 최근 분당, 일산 등 신도시를 선도지구로 지정하고, 용산역 기지창 부지를 개발한다는 발표가 있었습니다. 그러나 이 정책들이 얼마나 일관되게 추진될지는 미지수입니다. 정책이 불확실할 때 시장은 불안정해집니다.

불확실성의 시대, 대응하는 바벨 전략

트럼프는 아시아의 동맹국들을 보호하거나 안정적으로 관리할 의사가 없습니다. 한국도 예외가 아닙니다. 그는 한국에서 얻어낼 것이 있다면 강하게 압박할 것이고, 보호는 최소한으로 할 것입니다.

그렇다면 환율은 어떻게 될까요? 트럼프가 동아시아 국가들에 대한 보호 의지를 보이지 않는다면, 한국 시장은 불안해질 수밖에 없습니다. 특히 미군 철수를 협박 카드로 활용할 가능성이 있습니다.

저는 2025년에 한국이 환율 조작국으로 지정될 가능성이 크다고 봅니다. 왜냐하면 한국의 무역 흑자가 너무 크기 때문입니다. 만

약 한국이 환율 조작국으로 지정된다면, 1988년 이후 35~36년 만에 처음 있는 일이 될 것입니다.

그렇다면 어떤 자산에 투자해야 할까요? 정답은 금(Gold)입니다. 전쟁의 공포가 커질 때, 가장 안전한 자산은 금과 미국 부동산입니다. 제가 투자 순위를 정하면서 가장 먼저 '미국 부동산'을 추천했는지 이해되시죠? 대만과 한국의 부자들이 이러한 지정학적 리스크를 감당하면서 4년을 버틸 수 있을까요? 가능하다면 해외로 자산을 이동시키려 할 것입니다. 저는 앞으로 4년 동안 해외 투자 이민이 엄청나게 증가할 것이라고 예상합니다.

지금까지 제가 제시한 전략을 보셨을 겁니다. 결국 금과 미국 부동산이 핵심 투자 대상입니다. 다만 트럼프가 한국과 대만을 압박한 후 태도를 바꿀 가능성도 있습니다. 트럼프가 원하는 모든 걸 뜯어내고 나면, 오히려 잘해줄 수도 있습니다. 이런 가능성을 대비해서 중국과 한국 주식에도 일부 관심을 가져야 합니다. 그리고 포트폴리오의 균형을 맞추기 위해 한국 국채도 일정 부분 보유할 필요가 있습니다.

이러한 투자 전략을 '바벨 전략(Barbell Strategy)'이라고 부릅니다. 바벨이란 헬스장에서 사용하는 운동 기구를 떠올리면 됩니다. 양쪽 끝에 무거운 추를 달고, 가운데는 상대적으로 가볍게 비워두는 형태입니다. 이 전략에서 한쪽 끝에는 안전 자산(미국 부동산, 금)을 배치하고, 다른 한쪽 끝에는 위험 자산(한국 주식, 중국 주식)을 일부 편입합니다. 그리고 바벨의 균형을 잡기 위해 한국 국채를 포트폴리오에 추가합니다. 이 전략을 따르면 2025년에 큰 손실을 피할 수 있을 뿐만 아니라, 변동성이 커지는 시장에서도 기회를 잡을 수 있을 것입니다.

Q. 트럼프 시대의 경제 정책을 고려할 때 금융자산과 실물 자산의 배분 비율은 어떻게 조정해야 할까요?

저는 보통 8 대 2의 비율로 자산을 배분해왔습니다. 즉 자산의 80%를 금융자산에, 20%를 실물자산에 투자하는 전략을 지난 몇 년간 유지해왔습니다. 그런데 2025년에는 이 비율을 6 대 4로 조정하고 싶습니다. 여기서 실물자산은 바로 금과 부동산입니다. 결국 제가 앞서 이야기했던 내용과 일맥상통합니다. 미국 주식과 중국 주식도 좋아 보이지만, 2025년에는 특히 봄철에 시장이 큰 변동성을 겪을 가능성이 크다고 생각하고 있습니다. 그 이유는 우리나라의 정치 일정과 트럼프 당선 이후 정책 발표 시점 때문입니다. 이 시기에 시장이 크게 흔들릴 수 있으므로 그때 실물자산으로 안전하게 대피해 있다가 하반기로 넘어가는 전략이 중요합니다.

하반기에 우리나라 교역 조건이 더욱 개선되거나, 트럼프의 강경한 태도가 누그러지는 시점이 온다면 시장이 다시 반등할 가능성도 있습니다. 하지만 그것은 아직 너무 먼 미래의 이야기이기 때문에, 일단 당장은 실물자산의 비중을 늘리는 것이 더 유리해 보입니다.

PART 2

공급 부족의 시대,
부동산 투자 전략

2025 KOREA
FINANCIAL PLANNING
TRENDS

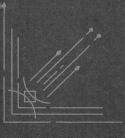
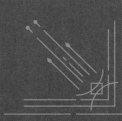

투자가 아닌 생존,
살아남는 부동산을 찾아라

투미부동산컨설팅 소장
김제경

구독자 15만 명의 재개발·재건축 전문 유튜브 채널 '투미TV'를 통해
정비사업에 대한 다양한 정보를 전달하고 있다. 실전 부동산 투자자가
바라보는 2025년 시장을 엿볼 수 있을 것이다.

부동산 분위기가 정말 안 좋은가요? 솔직히 말하면, 이렇게까지 될 줄은 예상하지 못했습니다. 저도 원래 2025년 전망을 먼저 준비했었지만, 2024년 12월에 예상치 못했던 계엄 이슈가 터지면서 전망을 빠르게 수정해 이 자리에 서게 되었습니다.

정치적인 이야기를 떠나, 여러분은 각자의 재산을 어떻게 지킬 것인지, 내 부동산은 어떻게 될 것인지가 가장 궁금하실 것입니다. 주제는 '투자가 아니라 생존이다. 살아남는 부동산을 찾아라'입니다.

부동산을 이야기할 때 사람들의 반응은 크게 두 가지로 나뉩니다. 어떤 분들은 "이렇게 해야겠구나" 하고 받아들이지만, 또 어떤 분들은 "지금 시국이 어떤데 부동산 이야기냐"라고 반문하기도 합니다. 하지만 부동산은 단순한 투자 대상이 아니라 의식주 중 하나입니다. 부동산을 투자로 접근하지 않더라도 결국 내가 어디에서 살아남을 것인지, 즉 거주지는 필수입니다. 내 집 마련을 할지 말지의 문제를 떠나 전·월세 시장은 어떻게 될지, 주거 안정성을 어떻게 확보할 것인지가 곧 생존과 연결된 문제라는 점을 강조하면서 강의를 시작하겠습니다.

대출 규제로 흔들린 2024년 부동산 시장

사실 2024년 12월 계엄 사태가 터지기 전에도 부동산 경기는 썩 좋지 않았습니다. 그 이유는 바로 대출 규제 때문이었죠. 이복형 금감원장이 은행들에게 "알아서 적절히 대출 총량을 조절하라"라고 지시하면서, 은행들이 각자 나름대로 대출 정책을 조정했습니다.

여기서 혼란스러워하는 분들이 많은데, 이것은 정부의 공식적인 부동산 대책이 아니었습니다. 정부가 '다주택자에게 대출 금지'라고 명확히 못 박은 것이 아니라, 은행들이 알아서 조절하도록 맡긴 것이죠.

그 결과 은행마다 정책이 제각각이었습니다. 어떤 은행은 다주택자에게도 대출이 가능했고, 어떤 은행은 다주택자 대출은 금지했지만 조건부 전세자금 대출은 허용, 또 다른 은행은 조건부 대출은 막았지만 다주택자 대출은 가능한 경우도 있었습니다. 이런 식으로 은행별로 서로 다른 대출 기준이 적용되는 혼란스러운 상황이 벌어졌

대출 가계 총량 관련 기사

자료: 〈조선일보〉 2024년 9월 5일

습니다.

게다가 시중 금리도 급등했습니다. 기준금리는 낮아졌음에도 불구하고 주택담보대출 금리는 4~5%대까지 다시 상승하면서, 결국 거래량이 위축되었습니다.

저는 당시 이런 현상이 일시적인 조정이라고 봤습니다. 2025년이 되면 금리가 조정되고, 빠르면 상반기부터 시장이 회복될 것으로 예상했었죠. 여기서 끝났다면 큰 문제가 없었을 텐데 그렇지 않았다는 것입니다.

미국이 기준금리를 인하하고 한국은행도 기준금리를 낮추면서 시장에서는 자연스럽게 부동산 가격이 상승할 것이라는 기대감이 있었습니다. 하지만 이제는 과거형이 되어버렸습니다. 사실 요즘 이 이야기를 하지 않을 수 없습니다. 바로 비상계엄 사태입니다.

이런 사태가 왜 터졌을까 싶긴 하지만, 이미 벌어진 일입니다. 그렇다면 이제 우리는 어떻게 해야 할까요? 우리는 투자자입니다. 정치적으로 옳고 그름을 따지는 것은 개인의 판단에 맡기더라도, 부동산 시장이 앞으로 어떻게 움직일지를 분석하는 것은 투자자로서 필수적인 일입니다. 2024년 12월 계엄 사태가 터졌고, 야당은 탄핵 소추안을 발의했으며, 12월 16일 탄핵 소추안이 가결되면서 대통령 권한이 정지되었습니다. 2025년 상반기는 탄핵 정국이 될 것이 확정되었죠.

지금 상황에서 가장 먼저 예상할 수 있는 것은 정부가 추진해왔던 정책들이 모두 올스톱될 가능성이 높다는 점입니다. 공급 정책이나 재개발·재건축, 각종 규제 완화 및 세제 혜택 등이 그대로 추진될 수 있을까요? 정치 지형도가 바뀌게 되면 부동산 규제도 변화할 것입니다. 투자자로서는 이런 변화를 예측하고 대비하는 것이 필요합니다.

하지만 가장 큰 문제는 공급 부족입니다. 2026년부터 서울을 중심으로 공급량이 급감하는데, 현재 정부가 정상적으로 운영되지 않는다면 앞으로의 공급 대책이 제대로 추진될 수 있을까요? 시장에서는 이미 공급 대책이 무력화될 것이라는 우려가 나오고 있습니다. 만약 2026년에 공급 절벽이 온다면, 단순히 집값만이 아니라 전월세 가격까지 급등할 가능성이 커집니다. 무주택자라고 해서 상황이 나아질 것이라고 보기도 어렵습니다.

2025년 상반기에는 부동산 가격이 하락할 가능성이 큽니다. 정치적 혼란 속에서 대중의 관심이 부동산이 아니라 탄핵 정국과 정치 싸움에 집중될 것이고, 시장에서는 급매물이 나오면서 매수 심리가 위축될 것입니다. 언론에서도 "집값이 빠진다, 급매물이 나온다"라는 보도를 쏟아낼 것이고, 이런 뉴스에 흔들리는 투자자들도 많아질 것입니다. 하지만 이런 분위기에서 기회를 찾는 것이 중요합니다. 위기를 기회로 활용할 수 있는 전략을 세우고, 하락장에서 나오는 좋은 매물을 잡을 준비를 해야 합니다.

하락장에서의 위기를
기회로 살려라

부동산 시장에서 가격이 결정되는 기본 원리는 수요와 공급입니다. 부동산은 재고 주택이 워낙 많기 때문에, 여기서 말하는 수요와 공급은 매수자와 매도자의 움직임으로 볼 수 있습니다.

가격이 상승하는 이유는 크게 두 가지입니다. 수요가 증가하거나 공급이 감소할 때 가격이 오릅니다. 따라서 단순히 거래량이 증가하느냐 감소하느냐만 보고 집값을 논하는 것은 잘못된 접근입니다. 거래량보다 중요한 것은 수요와 공급의 이동 방향입니다. 반대로 가격

| 수요 공급 곡선 & 부동산 수요 공급 곡선

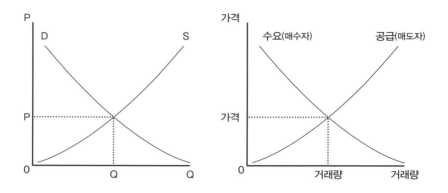

이 하락하는 경우는 수요가 감소하거나 공급이 증가할 때입니다.

　상식선에서 2025년 상반기를 예상해봅시다. 매수자들은 지금 굳이 집을 사야 할까요? 애초에 부동산 투자를 고려하지 않는 사람이 많아질 것입니다. 지금 이 글을 읽고 있는 여러분들은 적극적으로 내 재산을 지키는 방법을 고민하는 분들이고, 2025년 시장이 궁금해서 찾아오신 분들입니다. 하지만 일반인들은 이런 이야기 자체에 관심을 두지 않을 가능성이 큽니다. 정치적 이슈에 관심이 집중된 상황에서 부동산 매수를 적극적으로 고려할 사람이 많지 않을 것입니다.

　매도자들 역시 정치적 변화를 지켜보면서 고민할 것입니다. 과거에는 매수자가 가격을 깎아달라고 하면 매도자들이 단호하게 거절했지만, 지금처럼 시장이 불안한 시기에는 다릅니다. 매수자가 가격을 조금이라도 조정해달라고 하면 천만 원, 2천만 원 정도는 깎아줄 가능성이 높습니다. 몇백만 원이라도 조정되는 분위기가 만들어질 가능성이 크죠. 이런 상황에서 적절한 매물을 잡는 것도 하나의 전략이 될 수 있습니다.

하지만 이런 이야기가 나오면 당연히 반론이 있을 것입니다. "2025년 상반기에 하락한다면, 그 이후에도 계속 떨어질 텐데 지금 사라는 거냐?"라고 말하는 사람도 있을 것입니다. 그래서 이제 본론으로 들어가겠습니다.

2026년부터 아주 큰 문제가 발생합니다. 바로 공급이 급격하게 감소하는 것입니다.

2024년과 2025년까지는 그래도 서울·수도권의 입주 물량이 어느 정도 유지됩니다. 서울만 해도 연간 3만~4만 세대가 입주하는 수준이죠. 하지만 2026년이 되면 상황이 완전히 달라집니다. 입주자 모집 공고 기준으로 보면 이제 나올 물량이 거의 다 나왔기 때문에, 2026년 서울의 입주 물량은 잘해야 1만 세대 전후에 불과할 것으로 보입니다. 공급량이 반토막 나는 수준을 넘어 1/3 수준으로 줄어들 가능성이 큽니다.

그런데 한 번 생각해보세요. 2024년과 2025년의 공급량이 충분했다고 하지만, 여러분들은 실제로 체감하셨나요? 2024년의 입주 물량이 많았다고 하지만, 실제로 체감되는 공급 과잉이나 입주 폭탄이 있었는지 떠올려 보면 그리 크지 않았을 것입니다. 둔촌주공만 해도 1만 2천 세대였고, 이를 제외하더라도 2만~3만 세대가 서울에

| 2024~2026년 지역별 아파트 입주물량

	2024년	2025년	2026년		2024년	2025년	2026년
전국	379,861	254,791	159,771	강원도	11,127	8,307	7,855
서울특별시	39,414	32,296	8,631	경상남도	22,035	19,909	5,173
경기도	115,283	68,192	51,602	경상북도	23,010	12,340	3,986
부산광역시	17,953	10,549	11,381	전라남도	12,641	7,627	3,615
대구광역시	30,147	11,604	8,427	전라북도	8,319	10,069	5,864
인천광역시	31,994	25,118	14,742	충청남도	18,436	13,627	9,712
광주광역시	9,467	5,036	10,918	충청북도	17,843	13,156	7,710
대전광역시	12,760	11,047	6,388	제주도	777	1,309	204
울산광역시	4,431	3,570	3,262	세종특별시	4,224	1,035	301

자료: 부동산지인

입주했지만, 막상 2024년이 지나가고 나니 입주가 그렇게 많았나 싶을 정도로 시장이 크게 흔들리지 않았습니다.

그렇다면 2025년은 어떨까요? 공급량이 많다고 하지만, 어디에 몰려 있는지를 보면 상황이 다릅니다. 2025년의 주요 입주 지역은 이문동, 장위동을 중심으로 형성되어 있고, 신천동, 잠원동 등에서도 입주가 예정되어 있습니다. 하지만 대규모 단지가 많지는 않으며, 역세권 신축 아파트로 수요자들이 선호할 만한 물량도 그리 풍부하 지 않습니다. 수도권으로 범위를 넓혀 보면, 2025년에 물량이 많은 대표적 지역은 광명시입니다. 즉 일부 지역에 입주 물량이 몰려 있 는 것은 사실이지만, 서울 전역을 놓고 봤을 때 공급이 풍부하다고 보기는 어렵습니다.

그러면 2026년에는 입주할 곳이 어디일까요? 2026년에 서울에서 입주할 대표적인 대단지 신축을 찾는다면, 방배 5구역 재건축(약 3천 세대) 정도가 눈에 띕니다. 나머지는 대부분 1천 세대 미만의 중소 규모 단지들이고, 대규모 단지는 찾아보기 어려운 상황입니다. 결국 2026년 이후에는 대규모 신규 입주 물량이 줄어들면서, 공급 부족 현상이 점점 심화될 것입니다.

그런데 문제는 이게 끝이 아니라는 것입니다. 이제부터가 시작이라는 점이 더 큰 문제죠. 현재 인허가 물량을 보면 급격하게 줄어들고 있습니다. 2022년과 2023년에 경기가 좋지 않다고는 했지만, 인허가 물량이 그렇게까지 급감하지 않았습니다. 2024년에는 확실히 감소했지만, 그래도 아직까지 견딜 만한 수준으로 보일 수도 있습니다. 하지만 지금의 흐름이 단순한 조정이 아니라 구조적인 문제로 인

Ⅰ 아파트 인허가실적

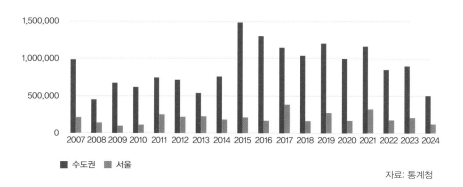

자료: 통계청

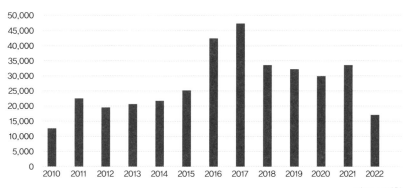

Ⅰ 서울 주택 멸실 현황

자료: 통계청

해 공급 자체가 제대로 진행되지 않는 상황이라는 점이 문제입니다.

우선 첫 번째 문제는 서울의 신규 공급이 많아 보이지만 실질적인 공급 증가로 이어지지 않는다는 점입니다. 2024년에 입주 물량이 꽤 많았다고 했는데, 왜 우리는 그걸 체감하지 못했을까요? 통계청 자료를 보면 서울의 평균 멸실 물량이 연간 2만~3만 세대 수준입니다. 즉 신규 아파트가 공급된다고 해도 그만큼 기존 주택이 멸실되면서 실질적으로 아파트 숫자가 순증하지 않는 상황이 발생하고 있는 것입니다. 둔촌주공이 1만 2천 세대였다고 해도, 멸실되는 기존 주택을 고려하면 실질적으로 서울의 주택 공급이 크게 늘어난 것이 아니라는 의미입니다. 그렇기 때문에 2024년 입주 물량이 많았음에도 전세 가격이 안정되지 않았던 것입니다. 결국 2026년 이후에는 서울의 주택 공급이 순증이 아니라 순감하는 시대가 올 가능

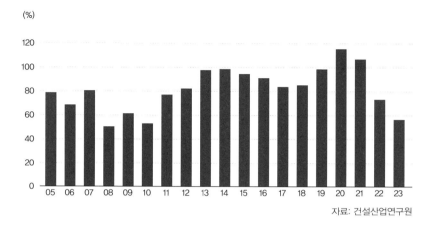

자료: 건설산업연구원

성이 높아졌습니다.

여기에 조합원 물량 문제도 고려해야 합니다. 헬리오시티의 경우 총 9,510세대였지만, 일반 분양 세대는 고작 1,500세대밖에 되지 않았습니다. 즉 전체적인 입주 물량이 많아 보이더라도 일반 시장에 실제로 풀리는 물량은 극히 제한적입니다. 서울 같은 구도심 지역은 빈 땅에서 아파트를 짓는 것이 아니라 재개발·재건축 중심의 정비사업을 통해 공급이 이루어지다 보니, 향후 공급량이 더욱 한정될 수밖에 없습니다.

두 번째 문제는 인허가를 받은 물량이 실제 착공으로 이어지지 않고 있다는 점입니다. 2022년과 2023년에도 인허가 물량이 있었다고 하지만, 과거에는 인허가를 받으면 소송 등의 특별한 문제가 없는 한 90% 이상이 실제 착공으로 이어졌습니다. 그런데 2023년을 보면, 착공으로 이어지는 비율이 60% 미만, 50%대로 떨어졌습니다. 사업성이 악화되고 공사비가 급등하는 상황에서 시행사들이 착공을 주저하고 있기 때문입니다.

공사 기간도 계속 길어지고 있습니다. 과거에는 착공 후 30개월, 즉 2년 반이면 준공이 가능했지만, 지금은 기본적으로 3년 이상을 잡아야 하고, 일부 사업장은 4년을 넘기는 경우도 많아지고 있습니다. 주 52시간 근무제 등 건설업을 옥죄는 규제들이 많아지면서 공정 기간이 길어지고, 이에 따라 건설사들이 동시에 수주할 수 있는 물량도 줄어들고 있습니다. 결과적으로 이 모든 것이 비용으로 전가되면서, 공사비 부담이 커지고 공급은 더욱 위축될 수밖에 없습니다.

양극화를 넘어서
초양극화

저는 2024년을 전망할 때도 양극화를 넘어서 초양극화가 올 것이라고 예상했는데, 2025년은 그보다 더 심각해질 것으로 보고 있습니다. 이유를 하나씩 살펴보겠습니다.

솔직히 말하면 2024년에도 초양극화가 올 거라고 봤지만, 이렇게까지 일부 지역만 폭등할 줄은 예상하지 못했습니다. 대표적인 사례가 반포 래미안 원베일리입니다. 33평형(전용 84m²)이 60억 원에

국민평형 최고가 기록 기사

자료: 〈조선일보〉 2024년 9월 10일

거래되었습니다. 그런데 50억 원 돌파 기사 나온 지 얼마나 됐다고 55억 원이 되었고, 55억 원 거래 기사 본 지 얼마 되지도 않아 바로 60억 원까지 오른 것입니다. 불과 한두 달 사이에 이런 일이 벌어졌습니다.

그렇다면 반포가 이렇게 폭등하는 동안 다른 지역들도 따라 올랐을까요? 전혀 아닙니다. 당장 마포·성동구만 해도 반포와 같은 상승 흐름을 보이지 못했습니다. 심지어 강남에 있는 아파트를 보유한 사람들조차 상대적 박탈감을 느끼고 있는 상황입니다. 개포, 대치, 잠실 같은 전통적인 인기 지역조차도 반포만큼 오르지 못했기 때문입니다. 몇 년 전만 해도 반포와 다른 강남 지역 간 가격 차이가 크지 않았는데, 이제는 10억~20억 원 이상 격차가 벌어지면서, "왜 우리는 이렇게 못 오르는 거지?"라는 생각을 하게 되는 것입니다.

지금 부동산 시장에서는 아무도 웃지 못하는 상황입니다. 올라가는 곳만 오르고 그렇지 않은 곳은 여전히 정체 상태를 보이고 있기 때문입니다. 내 집값은 왜 안 오르는지 답답함을 느끼는 사람들이 많아지고 있습니다.

다른 기사들도 한 번 살펴보겠습니다. 지금 부동산 시장에서는 '양극화', '똘똘한 한 채' 같은 표현이 계속 등장하고 있습니다. 중저가 주택과 고가 주택 간의 가격 격차가 역대급으로 벌어지고 있다는 보도가 이어지고 있죠. 또 다른 기사를 보면, 서울 아파트 가격이 미친 듯이 오르는 이유는 공급 부족 우려 때문이라는 분석도 나옵니다.

이쯤 되면 "이게 나라냐?"라고 말하는 분들도 있겠습니다만, 미리 말씀드리자면 서울의 부동산은 결코 비싼 것이 아닙니다. 이 말을 하면 "무슨 소리냐? 서울이 세계적으로도 비싼 곳 아니냐?"라고 반문합니다. 하지만 이 문제를 논의할 때 가장 중요한 것은 정확한 타깃팅입니다.

서울이 비싼 것은 '서울 아파트'가 비싸기 때문입니다. 이 핵심을 부정하는 순간, 아무런 논의도 성립할 수 없습니다.

KB 통계를 한 번 보겠습니다. 현재 서울특별시 평균 아파트 가격은 12억 원입니다. 그렇다면 다가구, 다세대, 연립주택, 즉 우리가 흔히 말하는 빌라의 평균 가격은 얼마일까요? 연립주택 평균 가격은 3억 3천만 원입니다. 하지만 평균값에는 함정이 있을 수 있기 때

서울 아파트값 양극화 관련 기사

| 부동산 중위·평균가격

평균 주택 가격 (단위: 만 원)

	전국			서울특별시		
아파트	단독	연립	아파트	단독	연립
50,920	45,966	21,730	124,378	113,047	33,706

중위 주택 가격 (단위: 만 원)

	전국			서울특별시		
아파트	단독	연립	아파트	단독	연립
36,500	30,000	16,500	97,500	80,000	28,000

문에 중위가격을 살펴보면 더 정확한 흐름을 볼 수 있습니다. 서울 아파트의 중위가격은 9억 7천만 원, 빌라는 2억 8천만 원입니다.

이 수치를 보면, 서울의 빌라가 비싼가요? 전혀 아닙니다. 현재 빌라 시장은 사실상 초토화된 상태입니다. 전세 사기 이슈가 터지면서 국토부가 사실상 빌라 시장을 방치했다고 해도 과언이 아닙니다. 빌라 시장이 무너지면서 정부는 서민을 위해 서울 아파트 시장만 바라보는 모습을 보였습니다. 서울 빌라는 여전히 저렴하고 서민들이 충분히 감당할 수 있는 가격이지만, 정책적으로 빌라 시장이 철저히 외면받고 있습니다.

빌라 시장이 무너지면서 어떤 현상이 벌어지고 있을까요? 사람들이 빌라를 외면하고 더더욱 아파트를 찾기 시작했습니다. 빌라 전세 시장이 붕괴되면서 전세 매물이 사라지고, 전세를 찾는 수요가 아파트로 몰리게 됩니다. 그러면 아파트 전세 가격이 다시 오르게 됩니다. 결국 서민들의 주거 공간이었던 빌라 시장이 무너지면서 선택지는 두 가지뿐입니다. 전세를 들어가려 해도 보증금이 떼일까 봐 불안하고, 임대인들은 전세를 놓을 메리트가 없어 월세로 돌려버립니다. 그 결과 서민들은 월세만 열심히 내게 되는 구조가 만들어졌고, 주거비 부담은 더욱 커졌습니다.

우리는 같은 실수를 반복하지 않을 수 있을까요? 분명히 정부와 전문가들은 "주택 공급은 충분하다"라고 말할 것입니다. 2026년부터 공급 절벽이 온다고 하면, "기존 재고 주택을 생각해야 한다"라고 반박하는 사람들도 있을 것입니다. 하지만 여기서 중요한 것은 주택의 수량이 아니라 내가 원하는 주택이 존재하는가입니다.

과거를 되돌아보면, 김현미 전 국토교통부 장관이 "주택 공급은 충분하다. 다주택자 때문에 내 집이 없는 것이다"라고 말하며 다주택자 규제를 강화했습니다. 하지만 그 결과는 어땠나요? 집값은 더 올랐습니다. 그리고 올라간 집값이 어디였나요? 바로 서울의 신축 아파트였습니다.

통계를 잘못 해석하면 이런 실수를 반복하게 됩니다. 대한민국의 주택 보급률은 이미 100%를 넘었습니다. 현재 전국의 주택 수는 약 2천만 호에 달합니다. 이렇게 많은 주택이 있는데도 왜 내 집이 없는 걸까요? 다주택자가 모든 문제의 원인일까요? 감정적으로 접근하면 그렇게 보일 수도 있지만, 실제 문제는 내가 원하는 주택이 얼마나 있느냐입니다.

당장 지방을 보면 미분양이 넘쳐납니다. 지방의 신축 아파트는 원하는 동·호수를 지정해서 가져갈 수도 있고, 각종 특혜와 무이자 혜택, 계약금 5% 납부 등의 조건까지 내걸고 있습니다. 지방에서는 내 집 마련이 어려운 것이 아닙니다. 그런데도 사람들의 관심은 여전히 서울에 있습니다. 그것도 서울 빌라조차 아닌 서울 아파트, 그중에서도 신축 아파트에만 쏠려 있습니다.

결국 서울 아파트 시장으로의 쏠림 현상이 양극화를 더욱 심화시키고 있습니다. 주택 수 자체는 충분할지 몰라도 실제로 사람들이 원하는 주택이 충분하지 않다면, 집값은 계속해서 특정 지역과 특정 상품에 집중되어 오를 수밖에 없습니다.

서울의 주택 보급률을 보면 어떻게 될까요? 100%도 되지 않습니다. 우리가 흔히 주택이라고 생각하지 않는 반지하, 옥탑방 같은 형태까지 포함해도 100%를 넘지 못합니다. 애초에 서울은 만성적

| 주택보급률

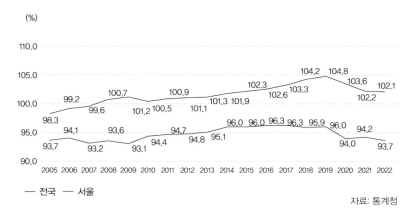

(%)

─ 전국 ─ 서울

인 주택 부족 상태입니다. 그런데도 사람들이 빌라는 거부하고 모두 아파트만 찾기 시작하면 어떻게 될까요? 이미 결과는 보입니다.

해결책은
지속적인 주택 공급

앞으로 이 문제가 해결될 수 있을까요? 저는 그렇게 보지 않습니다. 이런 상황을 타개하기 위해서는 지속적인 주택 공급이 필요합니다. 그런데 현재의 계엄 정국, 탄핵 정국으로 넘어가면서 가장 안타까운 부분이 바로 정비사업의 위축입니다.

저는 재개발·재건축이 핵심 분야입니다. 앞서 정비사업을 주제로 강연한 바가 있는데, 핵심만 요약하자면 정비사업 규제 완화는 어려우리라는 것입니다. 그중에서도 가장 큰 걸림돌은 바로 '재건축 초과이익 환수제'(재초환)입니다.

재초환 폐지에 대한 이야기는 이미 2024년 8월 8일 부동산 대책에서 나왔습니다. 당시 정부는 각종 재개발·재건축 규제 완화안 중 하나로 재초환 폐지를 검토하겠다고 발표했죠. 재초환이 얼마나 문제가 있는지는 이미 여러 차례 이야기되었기 때문에 여기서는 자세히 다루지는 않겠습니다. 하지만 이 제도의 본질을 한마디로 정리하면 "재건축하지 마라"라는 법입니다.

그런데 현실적으로 재초환이 폐지될 것이라고 기대한 사람이 많았을까요? 솔직히 말해서 그렇지 않았습니다. 여소야대 국회 상황에서는 국회의 동의 없이 재초환을 폐지하는 것이 사실상 불가능했기 때문입니다.

문제는 재초환이 폐지되지 않는다는 점이 아니라, 현 정권이 유지되었더라면 재초환의 부담을 완화하려는 시도라도 가능했을 것이라는 점입니다. 국토교통부 장관을 비롯해 정부 관계자들이 재초환의 문제점을 인정하고, 부담금을 최소화하는 방향으로 갈 것이라는 기대감이 있었죠. 그런데 지금처럼 정치적 불확실성이 커지고, 탄핵 정국이 이어지면 이러한 정책적 유연성조차 기대하기 어렵습니다.

문재인 정부 시절인 2018년에 시행된 재초환 시뮬레이션 결과를 보겠습니다. 당시 가장 높은 부담금을 내야 하는 단지가 8억 4천만 원이라는 결과가 나왔습니다. 그런데 중요한 것은 당시인

ㅣ재건축 초과이익환수제

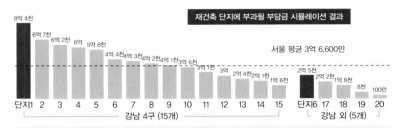

재건축부담급급계산식 [종료 시점 주택가액 − (개시 시점 주택가액 + 정상 주택가격 상승분 총액 + 개발비용)] × 부
과율
· 정상 주택가격 상승분: 개시 시점 주택가액에 정기예금 이자율 또는 평균 주택가격 상승률 중 높은 비
  율을 곱하여 산정한 금액
· 부과율: 조합원 평균 이익에 따라 0~50%까지 누진 적용(조합원 1인당 300만 원까지 면제)
· 개시시점: 조합설립추진위원회 설립 승인일
· 종료시점 − 재건축 준공인가일

2018년 아크로리버파크(33평형)가 30억 원을 돌파하느냐 마느냐를
두고 논의되던 시점이었습니다. 그런데 지금 이 단지가 50억~60억
원에 거래되고 있습니다.

　이 말은 곧 재초환 부담금이 단순히 8억 원대가 아니라, 10억 원
이상으로 늘어날 가능성도 크다는 것입니다. 이런 상황에서 재건축
은 어떻게 될까요? 진퇴양난의 상황에 빠질 수밖에 없습니다.

　사업성이 없는 지역들은 아예 추진이 어렵습니다. 왜냐하면 분담
금 폭탄을 감당하기 어려우니까요. 그런데 역설적으로 사업성이 높
은 지역들도 쉽게 추진할 수 없습니다. 재건축 부담금이 너무 커서
오히려 경제성이 악화되기 때문입니다. 한마디로 이래도 못 가고 저

래도 못 가는 상황이 만들어졌습니다.

그래서 지금 재건축은 가장 애매한 위치에 놓이게 됐습니다. 그나마 입지가 좋은 지역들은 어떻게든 진행되겠지만, 재개발로 대체할 수 있는 지역들은 차라리 재개발이 더 낫다는 판단이 내려지고 있습니다. 그렇다면 재개발이 반사이익을 얻을까요? 그렇지도 않습니다.

재개발은 쉽게 진행되지 않습니다. 재개발 역시 최소 15~20년이 걸리는 사업입니다. 조합 설립이 된다고 해서 바로 착공이 들어가는 것도 아닙니다. 오히려 재개발은 인허가 리스크가 매우 크기 때문에, 진행 속도가 더욱 지연될 가능성이 높습니다.

예전에는 정비사업 초보자들에게 "조합 설립 인가 이후 투자하는 것이 안전하다"라고 조언했었습니다. 왜냐하면 조합 설립을 위해서는 75% 이상의 동의율이 필요하기 때문이죠. 하지만 문제는 조합이 설립되었다고 해도, 그 이후로도 최소 10년이 걸린다는 점입니다. 보통은 평균 15~20년이 소요됩니다. 그래서 최근에는 재개발 투자 시점도 바뀌었습니다. 단순히 조합 설립 인가가 아니라 사업시행 인가 전후에 접근해야 리스크를 줄일 수 있습니다. 하지만 재개발 사업도 이제는 쉽지 않습니다.

2024년 8월 8일 부동산 대책에서는 재개발·재건축 활성화를 위한 규제 완화안이 포함되어 있었습니다. 여기에는 동의율 완화, 인센티브 지원 등의 내용도 있었습니다. 일부 내용은 법사위와 소위원회를 통과하기도 했습니다. 하지만 지금 국회 본회의에서 통과될 가능성은 얼마나 될까요?

더욱이 정비사업 규제 완화를 민생 정책으로 바라보지 않는 시각도 존재합니다. 과거부터 재개발·재건축을 반대해온 정치 세력들은 "정비사업은 서민을 위한 것이 아니라 기존 집주인들만 이익을 보는 사업"이라는 시각을 가지고 있습니다. 이들에게는 도시재생이 더 적절한 대안으로 보일 수도 있습니다. 결국 정비사업 완화가 지금의 정치적 분위기에서 가능할 것인지 냉정하게 봐야 합니다.

그렇다면 가장 큰 타격을 받는 곳은 어디일까요? 바로 1기 신도시입니다.

2024년 11월 말에 1기 신도시 선도지구 지정 발표가 있었습니다. 그런데 그로부터 일주일 만에 계엄 사태가 터졌습니다. 모든 이슈가 탄핵 정국으로 넘어가면서 1기 신도시 개발 계획은 관심 밖으로 밀려나 버렸습니다.

1기 신도시 중에서도 사업성이 좋은 곳들은 상대적으로 유리할 수 있습니다. 일부 지역은 조합을 잘 구성해서 빠르게 추진할 수도 있습니다. 하지만 반대로 조합 구성이 어려운 곳들은 재개발·재건축이 장기화될 가능성이 높습니다.

주택 공급 문제를 논할 때는 항상 세 가지 핵심 키워드를 기억해야 합니다.

- 어디에서 공급할 것인가?
- 언제 공급할 것인가?

• 얼마나 공급할 것인가?

이 세 가지를 생각하면서 현재 정부가 강조하는 3기 신도시를 살펴보겠습니다.

정부는 공급 절벽을 지적하면 항상 "아니다, 3기 신도시가 있다"라고 이야기합니다. 하지만 과연 3기 신도시가 원활하게 추진될 수 있을지 의문입니다. 이미 진행 속도가 지연되고 있고, 사업성 문제와 정치적 변수가 얽히면서 앞으로 전망도 불투명한 상황입니다. 3기 신도시는 정말 공급 절벽을 해결할 수 있는 해법이 될 수 있을까요? 지금까지의 흐름을 보면, 쉽지 않아 보입니다.

그렇다면 먼저 3기 신도시는 언제 입주할까요? 그리고 어디에 입주할까요? 3기 신도시에 관심 있는 사람들은 주로 과천, 하남 교산, 최근 발표된 서초 서리풀 같은 입지를 떠올릴 것입니다. 하지만

Ⅰ 3기 신도시

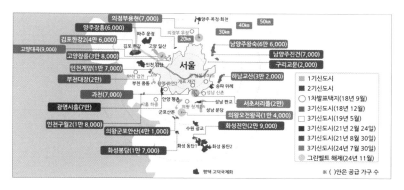

과천의 경우 세대 수가 고작 7천 세대에 불과합니다. 하남 교산이나 서초 서리풀이 주목을 받긴 하지만, 실제로 3기 신도시 대부분의 입지는 사람들이 크게 관심을 두지 않는 지역이 많습니다. 결국 중요한 것은 이 물량이 어디에 공급되는지, 그리고 그것이 서울 집값과 어떤 연관이 있는지입니다.

이제 한 가지 질문을 던져야 합니다. 3기 신도시는 서울 집값을 잡기 위한 정책인가요, 경기도 집값을 잡기 위한 정책인가요?

공급을 생각해보면, 3기 신도시가 경기도의 집값 안정에 기여할 수도 있지만, 서울 집값을 직접적으로 잡기는 어렵습니다. 왜냐하면 서울에서 공급되는 재건축·재개발 물량은 조합원 몫이 있기 때문에, 실제로 시장에 풀리는 일반 분양 물량이 제한적입니다. 반면 3기 신도시는 논밭을 수용해서 조성하는 신도시이기 때문에, 공급되는 세대 수가 전부 신규 물량입니다. 즉 3만 세대, 6만 세대가 입주한다고 하면, 실제로 시장에 나오는 물량이 그만큼 크다는 뜻입니다.

그렇다면 그 주변 지역의 집값에 어떤 영향을 미칠까요? 전세 가격이 무너지고, 매매 가격도 흔들릴 가능성이 커집니다.

그런데 중요한 것은 서울 사람들은 3기 신도시에 관심이 없다는 점입니다. 애초에 3기 신도시 발표에 반대한 지역은 어디였나요? 서울이 아니라 경기도에서 반대가 거셌습니다. 당시 2기 신도시 주민들은 "우리는 버려진 카드냐?"라는 반발을 했고, 결국 3기 신도시 역시 주로 경기도의 빈 택지를 활용한 개발로 진행되고 있습니다.

여기서 다시 한 가지 의문을 가질 필요가 있습니다. 3기 신도시는 언제 입주하게 될까요? 국토교통부가 발표할 때 "5년 만에 분양을 완료하고, 빠르면 입주까지 진행할 것"이라고 말했습니다. 하지만 계속해서 지연되고 있는 것이 현실입니다.

사람들은 요즘 '얼죽신'(얼어 죽어도 신축)이라는 표현을 씁니다. 신축 아파트가 좋은 건 누구나 알고 있습니다. 하지만 신축이 비싸서 못 사는 것이지, 선호하지 않아서 안 사는 것이 아닙니다. 그래도 과거에는 "구축이라도 입지가 괜찮으니, 언젠가는 재건축될 것이다"라는 기대감이 있었습니다. 하지만 이제 그 기대감도 사라지고 있습니다.

왜일까요? 분담금이 과도하게 높아졌고, 재건축 사업이 하나둘씩 무산되고 있습니다. 또 조합이 추진하더라도 사업성이 불확실합니다. 지금도 재건축이 진행 중인 단지들을 보면, 사업성이 있는 곳과 없는 곳이 극명하게 나뉩니다. 1980년대 아파트들조차도 재건축 여부를 두고 고민하는 상황입니다. 1990년대 대표적인 아파트인 1기 신도시는 아예 특별법까지 만들어야 할 정도로 어려움을 겪고 있습니다. 그렇다면 2000년대 이후에 지어진 아파트들은 어떨까요? 재건축 사업성이 거의 없습니다. 2000년대 아파트들은 이미 용적률이 꽉 차 있어서 추가 개발이 불가능한 구조입니다.

결국 재건축을 기대하는 것은 현실적으로 어렵고, 신축 아파트를 직접 매수하는 것이 가장 확실한 방법입니다. 지금 신축이 비싸 보이더라도, 장기적으로 신축 아파트를 매수하는 것이 가장 안정적인 선택이라는 점을 강조하고 싶습니다.

우리나라의 집값은
비정상적일까?

KB부동산에는 공식적인 PIR(Price-to-Income Ratio) 통계가 있습니다. KB 홈페이지에서 직접 확인할 수 있습니다. 그런데 이 수치를 보면 어떤 경우는 20배, 어떤 경우는 18배, 16배로 왔다 갔다 합니다. 왜 이렇게 차이가 날까요?

PIR을 계산할 때 분자(집값)와 분모(소득) 값이 중요합니다. 여기서 저는 전제 조건이 흔들리면 아무런 논의도 성립할 수 없다고 말했습니다.

집값 중에서도 서울의 빌라가 아니라 아파트가 비쌉니다. 그런데 서울 아파트 가격을 기준으로 PIR을 계산하면서, 전국 중위 소득을 대입하면 당연히 PIR 값이 높게 나옵니다. 즉 중위 소득을 기준으로 계산할 거라면 전국 중위 주택 가격으로 계산해야 합니다.

그런데 왜 PIR을 계산할 때 서울 아파트를 기준으로 전국 소득을 대입할까요? 당연히 소득 대비 집값이 터무니없이 높아 보이게 만들려는 효과가 있습니다. 예를 들어 월 소득이 200만~300만 원인 사람이 서울에서 50억 원짜리 아파트를 보면, 당연히 말도 안 되는 가격이라고 생각할 것입니다. 하지만 서울의 고가 아파트를 매수하는 사람들은 소득 수준이 완전히 다른 계층입니다.

KB에서 제공하는 PIR 수치를 다시 보겠습니다. 실제 주택을 구매하는 사람들의 PIR은 11~12배 수준입니다. 즉 현재 서울에서 집

| 소득 대비 주택가격(PIR)

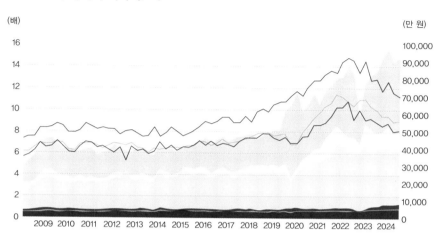

연도	서울			경기			인천		
	가구 소득	주택 가격	KB아파트 담보대출 PIR	가구 소득	주택 가격	KB아파트 담보대출 PIR	가구 소득	주택 가격	KB아파트 담보대출 PIR
24.3Q	8,236	92,500	11.2	5,539	50,000	9	5,145	41,900	8.1
24.2Q	7,812	90,000	11.5	5,392	48,500	8.9	4,962	40,000	8
24.1Q	7,719	97,500	12.6	5,618	53,000	9.4	4,800	42,500	8.8

을 매수하는 사람들은 무리하게 '영끌'해서 집을 사는 것이 아니라, 감당할 수 있는 수준에서 매수하고 있다는 뜻입니다. 더욱이 요즘은 영끌을 하고 싶어도 DSR(총부채원리금상환비율) 규제 때문에 영끌 자체가 불가능합니다.

그럼 PIR을 어떻게 해석해야 할까요? 현재 경제 상황을 보면, 경기가 어렵고, 자영업 폐업률이 높아지고, 소득이 감소하고 있습니다. 그럼 소득이 줄어든 계층이 원하는 주택 가격은 내려가야 합니다.

그러나 반대로 소득이 높은 계층은 여전히 돈을 잘 벌고 있습니다. 이 사람들은 원하는 주택을 계속해서 매수할 것이고, 따라서 고가 아파트 가격은 계속 올라가겠죠.

결론적으로 지금 집값이 비싼 것이 아닙니다. 원하는 집값이 비싼 것입니다. PIR을 이용한 논리는 정치적인 목적에 따라 해석될 가능성이 크고, 실제로 매수하는 계층과 그들의 소득 수준을 고려하지 않은 수치가 많습니다. 따라서 시장을 바라볼 때 '전제 조건'을 분명히 해야 합니다.

부동산 가격이 높다는 이야기는 자주 나오지만, 절대 말하지 않는 진실이 하나 있습니다. 바로 OECD 통계 자료입니다. 이 통계를 보면 가처분 소득 대비 주거비 비율에서 대한민국이 압도적으로

l 가처분소득 대비 주거비

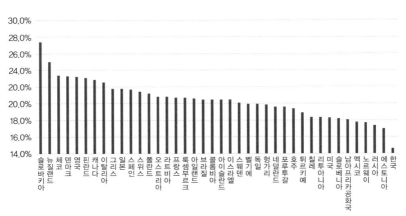

자료: OECD Better Life index

1등입니다. 대한민국은 주거비 부담이 가장 낮은 나라입니다. 그냥 낮은 수준이 아니라 비교 자체가 안 될 정도로 낮습니다.

외국을 보면 급여의 절반 이상을 임대료로 내는 경우가 흔합니다. 뉴욕, 런던, 파리 같은 도시는 소득의 50% 이상을 월세로 내는 사람들이 많습니다. 집을 사는 것은 더 어려운 일이죠.

그런데 대한민국에는 '전세'라는 훌륭한 제도가 있습니다. 전세는 월세의 경쟁자 역할을 하기 때문에, 월세가 쉽게 오르지 않습니다. 이런 이유로 대한민국의 임대료는 다른 나라와 비교했을 때 상대적으로 매우 안정적입니다.

사이클을 이해하고
나의 기준점을 잡아라

"지옥으로 가는 길은 선의로 포장되어 있다." 이 말이 의미하는 바를 정확히 이해해야 합니다. 정책을 바라볼 때 이것이 옳은지 그른지를 따지는 것이 아니라 그 결과가 무엇을 초래하는지를 냉정하게 봐야 합니다.

다주택자가 나쁘다고 생각하는 것은 감정적으로 당위성이 있어 보일 수도 있습니다. 하지만 다주택자를 또다시 규제하면 지방 부동산 시장이 무너지고, 빌라 가격이 하락하며, 서울의 아파트, 특히 신축 아파트 가격이 폭등할 가능성이 높습니다. 무주택자가 이러한 흐

Ⅰ 실질적 경기순환주기

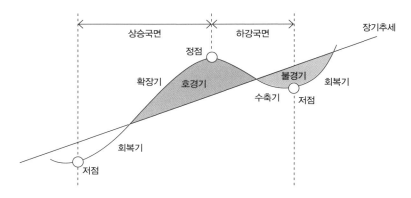

름을 반길 수 있을까요? 전·월세 가격이 상승하면 자신이 원하는 지역에서의 주거 안정성까지 흔들릴 것입니다.

2025년 상반기는 탄핵 정국으로 인해 부동산 시장이 흔들릴 가능성이 큽니다. 이때가 바로 기회가 될 수 있습니다. 많은 사람이 부동산 사이클을 단순하게 이해하고 있지만, 시장은 그렇게 단순하지 않습니다. 통화량은 계속 증가하며, 화폐 가치는 시간이 갈수록 하락합니다. 현재 10억 원의 가치는 10년 전, 20년 전의 10억 원과 다릅니다. 경제 성장률 역시 장기적으로 상승하는 흐름을 보입니다. 결국 실질적인 경기 순환 주기를 보면 부동산 시장은 장기적으로 우상향해왔습니다.

이제는 부동산 시장이 중장기적으로 우상향한다는 사실을 인정해야 합니다. 다만 부동산 시장은 더 이상 단순하지 않습니다. 지역별로 차별화되며, 원하는 지역이 다수의 선택을 받는 곳이라면

2025년 상반기의 기회를 놓쳐서는 안 됩니다.

이제 중요한 것은 단순히 아파트를 사는 것이 아니라, 신축 아파트를 확보하는 것입니다. 구축 아파트의 비율이 점점 높아지고, 재건축이 어려워지는 현실 속에서 신축 아파트의 희소성은 더욱 커지고 있습니다. 부동산 시장을 바라볼 때 희소성의 개념을 중심에 두고 생각해야 합니다. 우리나라의 국토는 임야가 63%를 차지하고 있으며, 대지가 차지하는 비율은 3.4%에 불과합니다. 이를 서울과 지방으로 나누어 보면 차이가 더욱 뚜렷합니다. 경기도의 대지 비율은 10.2%, 인천은 1.1%, 서울은 0.6%에 불과합니다. 게다가 서울의 0.6% 중에서도 1/3은 산지이므로, 실제 건축 가능한 면적은 0.2%에 불과합니다. 서울에서 건축할 수 있는 땅이 극히 제한적인 상황에서 서울 아파트의 희소성은 더욱 높아질 수밖에 없습니다.

서울 전체 주택에서 신축 아파트가 차지하는 비율을 보면, 그 희소성이 더욱 분명해집니다. 5년 이내 신축 기준으로 보면 전체 주택의 1.1%, 10년 이내로 확장해도 2%밖에 되지 않습니다. 서울 신축 아파트는 단순한 거주 공간이 아니라 상위 1.1%의 희소성을 지닌 자산입니다. 강남뿐만 아니라 노원·도봉·강북 같은 지역에서도 신축 아파트는 매우 귀한 존재가 되고 있습니다.

부동산 시장에서 원하는 주택이 신축 아파트라면, 2025년 상반기의 기회를 놓쳐서는 안 됩니다. 신축 아파트의 희소성은 앞으로 더욱 커질 것이며, 시장의 흐름을 정확히 이해하고 투자하는 것이 무엇보다 중요합니다.

2025년에도
부동산으로 돈 버는 법

인베이드투자자문 대표

이상우

2025년에는 양극화 확대라는 피할 수 없는 상황을 경험할 것이다. 이런 상황에서 어떻게 돈을 벌어야 할까? 능력이 출중해도 그렇지 못해도 돈을 벌어야 하는 상황을 어떻게 받아들여야 하는 것일까? 말 그대로 현명하게 대응해야 한다. 현명함이란 제대로 매수하는 것이다. 언제나 그랬지만, 2025년은 더욱 그래야 한다.

일주일, 길게는 2주 전까지만 해도 2025년에 뭘 해야 할지 몰라서 우왕좌왕하던 분들이 많았습니다. 그냥 우왕좌왕 정도가 아니라 아예 마음을 안드로메다로 보내놓은 상태였죠. 그런데 지금은 다 돌아왔습니다. 대기권을 뚫고 내려와서 이제 머릿속에 들어올락 말락 하는 상태까지 와 있어요. 다행히도 이제는 "2025년에도 돈을 벌어야겠다"는 생각으로 귀결이 되신 것 같습니다.

오늘 주제는 '2025년에도 부동산으로 돈 버는 법'이죠. 돈을 잘 버는 방법이 뭘까요? 사실 정답은 간단합니다. "일하세요." 특히 2025년에는 이 생각을 절대 놓치지 않으셨으면 좋겠습니다. 절대 회사를 그만두지 마십시오. 2025년에 무작정 사표 내시면 다시 취업하기가 쉽지 않을 수 있습니다.

저는 2025년의 경제 상황이 크게 재미있지는 않을 거라고 봅니다. 따라서 가장 중요한 것은 현금 흐름을 안정적으로 확보하는 것입니다. 본업에서 들어오는 수입을 유지하면서 추가적으로 부동산 투자를 고민하는 것이 훨씬 현명한 선택이 될 것입니다. 결론은 명확합니다. 2025년에도 부동산으로 돈을 벌고 싶다면, 기본적인 현금 흐름을 확보하는 것부터 시작하십시오. 안정적인 수입 없이 무리하게 투자하는 것은 위험합니다. 현금을 지키면서도 수익을 낼 수 있는 전략을 함께 고민해보겠습니다.

요즘 뉴스를 틀어보면 이런저런 이야기들이 나오지만, 정작 말을 하는 사람은 없습니다. 왜냐하면 모르겠거든요. 아무것도 모르기 때문에 가만히 있는 거죠. 그리고 이런 분위기가 2025년 5~6월까지 이어질 거라는 게 많은 전문가의 의견입니다.

사람들이 과거를 이야기하면서 "2016년에는 오래 쉬었다"라고들 하는데, 그게 사실일까요? 거짓말입니다. 2016년에도 탄핵 이슈가 있었고 여러 가지 변수가 많았지만, 부동산 시장은 계속 올랐습니다. 탄핵이 부동산 시장에 영향을 줄 수도 있고 안 줄 수도 있지만, 역사를 보면 꼭 그런 건 아니라는 거죠. 2004년은 노무현 대통령 탄핵 소추안이 통과됐지만, 결국 헌법재판소에서 기각됐던 해입니다. 그때 부동산 시장이 잠깐 멈칫했다가 다시 상승세를 탔습니다.

이런 과거 사례들을 보면 2025년에도 '오래 쉬는 장'이 될 거라고 단정할 수는 없습니다. 다만 경제 상황이 썩 여의찮을 가능성이 크니 너무 긍정적으로만 보지는 마시되, 그렇다고 '망했다, 이민 가야 한다' 같은 극단적인 반응도 자제하는 게 좋습니다.

그럼 2025년에도
돈을 버는 법은?

우리나라 부동산 정책을 보면, 일시적으로 다주택자를 허용한 경우는 있었지만 기본적으로 1주택자는 늘 유리한 구조였습니다. 따라서 "나는 무조건 상급지, 중대형 평수로 갈 거야"라고 생각하는 분들은 지금처럼 시장이 흔들릴 때도 비교적 담담할 수 있습니다. 주변 환경 변화에 크게 신경 쓰지 않고, "난 하던 대로 하면 돼. 다만 돈이 없을 뿐이야"라고 생각하는 거죠.

그리고 언론에서 맨날 떠드는 "대출이 안 된다"라는 말도 사실과 다릅니다. 2024년 하반기에도 대출이 막혔다고 했지만, 실제로는 대출이 다 됐습니다. 대출이 안 된 게 아니라, 금리가 좋지 않았을 뿐이죠. 3% 중반 금리로 대출받은 사람도 있었고, 금리가 오르면서 4.78%까지 갔다가 최근에는 4.34% 정도로 내려왔습니다. 즉 대출이 안 된 게 아니라 조건이 나빠졌던 것뿐입니다.

결국 우리가 괜히 호들갑 떨 필요가 없다는 결론이 나옵니다. 이자를 좀 더 내면 되는 문제였고, 돈을 빌릴 수는 있었던 겁니다. 필요하다면 사면 되는 거죠.

담담한 마음가짐으로 굳세고 총명하게 살아갑시다.

_고(故) 정주영 회장

정주영 회장님의 명언 중에서 많은 분이 "해봤어?"라는 말을 기억하지만, 저는 또 다른 말이 더 와닿습니다. "담담한 마음가짐으로 굳세고 총명하게 살아갑시다." 이 한 문장에 제가 중요하게 생각하는 가치가 모두 담겨 있습니다. 어떤 상황에서도 흔들리지 않는 담담함, 어려움 속에서도 버틸 힘인 굳셈, 그리고 자기 생각대로 밀고 나갈 수 있는 총명함. 이 세 가지를 합쳐 생각해보면 결론은 명확합니다. 흔들리지 말고, 굳건히 나아가야 합니다.

지금 주변 환경이 어떻게 변할지 불안해하는 분이 많습니다. 그런 분들 중에는 특히 안 좋은 자산을 많이 보유하신 경우가 많습니다. 저는 불필요한 자산을 정리하는 것이 더 나을 수도 있다는 이야기를 2년 전부터 계속해왔습니다. 윤석열 정부가 출범하면서 다주택자 규제가 완화될 거라고 기대한 분들이 계셨지만, 실제로는 전혀 그렇지 않았습니다. 지난 2년 동안 다주택자가 유리했던 적이 단 한 번이라도 있었나요? 오히려 문재인 정부 때부터 이어진 강력한 규제들이 계속되고 있고, 앞으로도 달라질 가능성은 낮아 보입니다.

이제는 '다주택을 유지하는 게 맞는가?'를 고민해야 합니다. 집을 여러 채 보유하는 시대는 사실상 끝났습니다. 다주택이라는 개념이 이제는 '두 채까지만 허용된다'라는 의미로 바뀌었습니다. 그렇다면 두 채까지 가지려면 어떻게 해야 할까요? 공동명의로 두 채를 가져가는 건 사실상 의미가 없습니다. 개인 명의로 각각 한 채씩, 두 채를 보유하는 것이 현재 가능한 최선의 전략입니다.

애매한 포지션의
9억~15억 아파트

2024년 초에 제가 시장 전망을 이야기하면서, 9억에서 15억 원 사이의 주택들이 애매해질 수 있다고 경고한 적이 있습니다. 그리고 실제로 지금 시장에서 딱 그 구간의 주택들이 애매한 상황입니다. 사람들이 선호하는 집들은 가격이 20억 원을 넘어가야 합니다. 2024년 반등장에서 가장 많이 오른 집들도 대부분 20억 원 이상이었습니다.

지금 9억에서 15억 원대 주택들이 애매한 이유는 단순히 상품성이 나빠서가 아닙니다. 사실 그 가격대에 있는 집들도 위치도 좋고 상품 자체로 보면 나쁠 게 없습니다. 문제는 그 집을 가지고 있는 사람들이 이미 충분한 시세 차익을 봤고, 이제 더 좋은 곳으로 이사 가고 싶어 한다는 것입니다.

제가 2023년에도 "이 집을 가진 사람들이 매물을 많이 내놓을 것이다"라고 말씀드렸습니다. 그 이유는 간단합니다. 이들 대부분은 2015~2017년쯤 분양을 받아서 2019~2021년에 입주했고, 실거주 2~4년을 채운 상태입니다. 분양가 대비 두 배 이상 오른 집들이 많고, 세금 부담도 거의 없으니, 이제는 더 좋은 곳으로 이사 가고 싶은 겁니다. 매물이 쏟아지다 보니 가격이 쉽게 오르지 못하는 상황입니다.

여기에 또 다른 문제가 있습니다. 지금 시장에서 이런 집들은 평당 4천만 원 수준인데, 2025년에는 평당 5천만 원이 거의 확정적입니다. 이미 2024년 10월 기준으로 서울 평균 평당 가격이 4,800만 원까지 올라왔고, 올해 초 4,200만 원이었던 걸 감안하면 5천만 원 도달은 시간문제입니다. 그러면 지금 9억에서 15억 원대 집을 사려는 사람들은 고민에 빠집니다. "이걸 사도 오를 수 있는 한계가 보이는데, 굳이 이걸 사야 하나?" 결국 그들은 더 확실하게 오를 만한 집을 찾게 되고, 20억 원 이상의 주택으로 눈을 돌리는 것입니다.

9억~15억 원대 집을 가진 사람들이 어디로 가고 싶어 할까요? 그들은 대부분 학군이 좋은 곳, 학원가와 가까운 곳으로 가고 싶어 합니다. 문제는 가격입니다. 지금 12억~15억 원 수준의 주택을 보유한 사람들이 18억 원짜리 집으로 가기 위해 2억~3억 원을 더 부담하면서 취득세까지 낼 수 있을까요? 오히려 더 멀리, 더 확실히 좋은 곳으로 가기 위해 대출을 최대한 활용하려고 할 겁니다. 아이들 교육을 위해 구축이든 신축이든 상관없이 무조건 더 좋은 학군이 있는 지역으로 가겠다는 것이죠.

2024년 초 19억~20억 원대였던 집들이 지금은 22억~23억 원까지 올랐습니다. 인기 지역에서는 10% 이상 상승한 것이죠. 그런데 이런 지역의 집들은 가격이 계속 올라서 대출을 받아도 부족한 경우가 많습니다. LTV 50%로는 턱없이 부족한 상황이죠. 결국 이런 모든 요소들이 얽히면서 지금 가장 애매한 구간이 9억~15억 원대 주택들입니다. 실수요자들이 사서 들어가기에 나쁘지는 않지만, 투자 목적으로 접근하는 사람들은 "이 집을 사서 과연 얼마나 오를까?"를 고민하며 망설이게 됩니다.

시장의 흐름은 두 가지로 나뉘고 있습니다. 하나는 실거주를 위해 좋은 집을 사는 사람들이고, 다른 하나는 확실히 오를 가능성이 높은 고가 주택을 사는 투자자들입니다. "어정쩡한 게 아니라 비싼 게 더 오르더라"라는 흐름이 뚜렷해지고 있고, 2025년에는 이런 양극화가 더 심해질 가능성이 큽니다.

지금 많은 분이 시장이 불안정하다고 느끼며 "심란하다, 뉴스 보기도 싫다"라고들 합니다. 하지만 심란할 때 가만히 있는 것은 좋은 선택이 아닙니다. 심란할 때일수록 움직여야 합니다. 왜냐하면 남들도 심란하기 때문입니다. 다들 멈춰 있을 때 움직이는 것이 오히려 기회가 될 수 있습니다.

재테크의 목적이
무엇인가

소득 이야기는 길게 하지 않겠습니다. 겉으로라도 소득이 많아야 합니다. 실제로 내 주머니에 들어오지 않더라도, 은행에서 가져가더라도, 찍히는 소득이 많아야 합니다. 왜냐하면 대출을 결정하는 기준이기 때문입니다.

DSR(총부채원리금상환비율)이라는 제도는 정말 말도 안 되는 제도라고 생각합니다. 정부가 "너는 이만큼만 대출받아라"라고 정해 놓는 것이고, 내가 "대출 많이 받고 싶은데요"라고 해도 "아니야, 넌

이만큼만 받아"라고 막아버립니다. 사실상 정부의 편의를 위한 정책이죠. 하지만 이것도 이기려면 방법이 있습니다. 연봉을 올리면 됩니다. 연봉이 올라가면 DSR은 충분히 극복할 수 있습니다. 현재 LTV(주택담보대출비율)와 DSR 중에서 이기기 쉬운 것이 바로 DSR입니다. 그러니 더 적극적으로 살아야 합니다. 승진하고, 이직하고, 소득을 늘려야 합니다.

2022년 현대차증권 유튜브에 나가서 제가 이런 이야기를 했습니다. "경기도 비규제 지역 소형 아파트와 경기도 규제 지역의 오피스텔 중에서 어디가 더 좋나요?"라는 질문에 이렇게 답했습니다. "이런 것만 안 해도 부자 됩니다."

굳이 부동산에서 1억 원짜리를 찾아서 투자할 필요가 없습니다. 이런 건 해봤자 별로 오르지도 않습니다. 시드머니를 키우는 것이 먼저입니다. 워렌 버핏이 "10년 이상 보유하지 않을 것이라면 10분도 보유하지 마라"라고 했는데, 부동산 투자도 마찬가지입니다.

저는 그때 "1억 원 있으면 차라리 코인을 하라"라고 말했는데, 요즘 우리 회사에 오는 분들 중 코인으로 대박 나서 오는 분들이 꽤 많습니다. 물론 수백억을 번 건 아니지만, 5천만~1억 원을 투자해서 크게 불린 후, 그 자금으로 부동산을 사려고 하시는 분들이 늘고 있습니다. 즉 돈을 벌 기회는 여러 곳에 있지만, 소액으로 부동산 투자를 무리하게 할 생각은 절대 하지 말아야 합니다.

젊은 분들은 특히 소액으로 부동산에 접근하지 말고, 생애 첫 대출을 적극 활용해야 합니다. 생애 첫 대출은 굉장히 강력한 수단입니다. 50대 이상이신 분 중에서도 집을 한 번도 사본 적이 없는 무주택자라면, 청약이든 생애 첫 대출이든 적극적으로 활용해야 합니다.

그리고 저는 재테크의 시작이 결혼이라고 생각합니다. 여기에서 할 이야기인가 싶지만, 결혼이야말로 가장 강력한 재테크 전략입니다. 혼자서 소득을 올리는 것보다 부부가 함께 소득을 늘리는 것이 훨씬 유리합니다. M&A와 똑같습니다. 기업이 성장하려면 M&A가 필요하듯이, 개인도 합쳐야 더 강해집니다. 연봉 4,500만 원이나 6,500만 원일 때의 대출과 결혼 후 가구 소득이 1억 원이 넘었을 때의 대출은 완전히 다릅니다.

명확한 목표 설정이 필수입니다. 제가 만나는 많은 분이 "그냥 돈을 많이 벌고 싶어요"라고 하지만, 막상 "얼마가 필요하세요?"라고 물으면 답을 못 합니다. 불편함 없이 살고 싶다고 하면서도, 그 불편함이 없는 수준이 어느 정도냐고 물으면 정확히 모릅니다. 어떤 사람에게는 20억이면 충분하지만, 어떤 사람에게는 100억이 있어도 부족합니다. 심지어 부모님들도 마찬가지입니다. "월 1천만 원만 있었으면 좋겠다"라고 하시지만, 막상 1천만 원이 생기면 "이제 2천만 원이면 좋겠다"라고 하실 겁니다. 명확한 목표 설정이 없으면 끝없는 욕심과 불안 속에서 살아가게 됩니다.

재테크의 목적은 단순합니다. 집을 사야 하는 것과 노후 자산을 축적하는 것이 핵심입니다. 주택을 보유하면서 장기적으로 가치가 오르는 집을 선택하면, 결국 그 집이 노후 대책이 될 수 있습니다. 가장 쉬운 방법은 주택연금을 활용하는 것입니다. 주택연금은 굉장히

| 대출 능력이 달라지는 M&A, 그리고 결혼

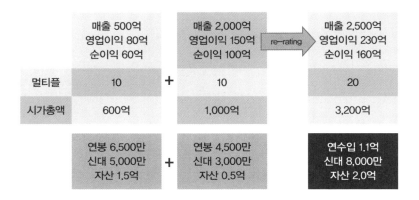

	매출 500억 영업이익 80억 순이익 60억	매출 2,000억 영업이익 150억 순이익 100억	re-rating →	매출 2,500억 영업이익 230억 순이익 160억
멀티플	10	+ 10		20
시가총액	600억	1,000억		3,200억
	연봉 6,500만 신대 5,000만 자산 1.5억	+ 연봉 4,500만 신대 3,000만 자산 0.5억		연수입 1.1억 신대 8,000만 자산 2.0억

강력한 제도이지만, 자식들이 싫어하죠. 본인들이 받을 유산이 줄어드니까요. 하지만 본인 기준에서 보면 공시가격 12억 원 이하 주택이라면 아직도 가입이 매우 쉽고, 조만간 더 완화될 가능성도 있습니다. 정부가 민간 주택연금까지 도입하려는 움직임이 있기 때문에, 향후 12억 원이 넘는 주택도 주택연금 대상이 될 가능성이 높습니다.

따라서 단계적인 목표를 세우는 것이 중요합니다. "나는 이 집을 갖고 있다가, 언제쯤 주택연금에 가입할 것이고, 노후 생활비를 어떻게 충당할 것이다" 하는 계획이 있어야 합니다. 예를 들어 주택연금은 55세부터 가입할 수 있으니, 이 집에서 몇 년을 더 살 것인지 고민해야 합니다. 지금 30년이 된 구축 아파트를 산다 해도 거기서 30~40년을 더 살 수는 없으니, 결국 신축을 사야 합니다. 신축을 사서 살다가 나중에 주택연금으로 활용하면, 이후 가격이 더 오르지 않더라도 문제가 없습니다. 가격이 확정되기 때문입니다. 이런 점에서 9억~15억 원 사이의 강북 신축 아파트가 주택연금을 염두에 둔 선택지로 유리할 수 있습니다.

시장에서 사람들은 원하는 바가 다 다릅니다. 누군가는 실거주용으로 좋은 집을 찾고, 누군가는 시세 차익을 기대하며 투자하려 하고, 누군가는 노후 대비를 위해 주택연금을 고려합니다. 모든 사람이 같은 전략을 따라야 하는 것이 아니라, 각자의 나이와 경제 상황에 맞는 최적의 선택을 해야 합니다.

"하던 대로 하시면 됩니다."

내 명의로 집이 없으신 분들은 꼭 한 채는 가져야 합니다. 그리고 이미 보유하고 계신 분들도 공동 명의를 활용하는 걸 고려해보세요. 이렇게 잘 준비된 분들은 오히려 한 채 더 사는 것도 좋다고 봅니다. 하지만 두 번째 집을 살 때는 무조건 '많이 오를 수 있는 집'을 선택해야 합니다. 첫 번째 집은 당연히 최고로 좋은 집을 사야 하고, 그다음 두 번째도 좋아야 합니다. 이게 지난 2년 동안 투자자들이 내린 결론이고, 앞으로도 크게 변하지 않을 가능성이 높습니다.

2024년 초에 나온 수많은 유튜버 영상 중에서 100만 뷰씩 나오는 영상들에서 다들 한 줄 요약을 했죠. "아직 상승 시작도 안 했다.

지금 기다리세요."

그런데 이 말이 무슨 뜻인지 아십니까? '그때까지 팔지 말라'는 뜻이지, '사지 말라'는 뜻이 아니었습니다. 2024년 하반기에 무서운 상승장이 온다고 했고, 그동안 한강변 신축 아파트가 60억 원을 넘었다는 이야기가 계속 나왔습니다. 역대급 부자가 될 기회를 놓치지 말라고 했습니다. 그때도 샀어야 했습니다. 그리고 지금도 마찬가지입니다.

지금도 많은 분이 "심란하다, 불안하다" 하면서 망설이지만, 실거주로 "완전 점프할래요!" 하시는 분들에게는 지금이 오히려 기회입니다. 저는 이 메시지를 2년째 반복해서 전달하고 있습니다. "하던 대로 하시면 됩니다." 하지만 문제는 '하던 대로'가 잘못된 분들이 많다는 것입니다.

예를 들어 맨날 주말마다 맛집 탐방이라는 핑계로 전국을 돌며 부동산을 보러 다니는 분들이 있습니다. 강원도, 충청북도, 전라북도까지 가서 "이거 괜찮아 보인다" 하면서 엉뚱한 곳에 투자한 분들, 지금 어떤 상황인지 아십니까? 안 팔려서 난리입니다. 이런 지역에 집을 많이 보유한 분들은 누가 먼저 파느냐가 문제입니다. 먼저 파는 사람이 이득일 수도 있습니다.

해당 지역은 지금 다 마이너스 상태입니다. 지금 매도하면 투자금조차 남지 않는 상황입니다. 이미 지방 중소도시에서는 이런 사례가 너무 많고, 특히 신용대출까지 끌어와서 투자한 분들은 매도하는 순간 신용불량자가 됩니다. 이런 위험한 상황을 피하려면 이제는 신중한 선택이 필요합니다.

하지만 실거주로 이사하고 싶은 분들은 걱정할 필요 없습니다. 그냥 하던 대로 하시면 됩니다. 이 방식은 1970년대, 1980년대, 1990년대에도 변함없이 통했던 방법입니다. 그 시절에는 계속 이사 다니면서 집을 키워 나가는 것이 당연한 전략이었습니다.

지금과 다른 점이 있다면 기간 제한이 생겼다는 것뿐입니다. 지금은 2년 실거주 요건이 있어서 2년마다 전략적으로 움직이는 사람들이 가장 돈을 많이 벌고 있습니다. 요즘 2년마다 주택을 갈아타는 분들이 가장 현명한 투자자로 평가받고 있습니다. 결국 중요한 건 "하던 대로 하되, 제대로 된 방향으로 하라"라는 것입니다.

어디서든 필요한
눈 낮추기

인생 목표를 세울 때 20년, 40년 단위로 장기적인 계획을 잡는 것이 중요합니다. 나이는 자동으로 먹지만, 목표를 세우지 않으면 그저 나이만 먹는 것이 됩니다. 예전에는 많은 사람이 자연스럽게 목표를 설정하고 그것을 이루기 위해 노력했지만, 최근 몇 년 동안은 이상하게도 '굳이 안 해도 된다'는 사회적 분위기가 생겨났습니다. 하지만 아무것도 하지 않더라도 눈은 낮춰야 합니다.

눈을 낮춰야 결혼도 할 수 있고, 가족도 만들 수 있고, 돈도 벌 수

나이 먹기	결혼하기	가족 만들기
돈 만들기	눈 낮추기	등기치기

있습니다. 특히 돈을 버는 데 있어서도 눈을 낮추는 것이 중요합니다. 많은 사람이 여전히 300%, 400% 수익을 기대하면서 투자 기회를 찾고 있습니다. 거의 사기나 다름없는 환상을 좇는 것과 다름없습니다.

다만 눈을 낮추면 안 되는 것이 있습니다. 바로 내가 들어가서 살 집입니다. 내 집 마련만큼은 눈을 낮추지 말고 최상의 선택을 해야 합니다. 그 외의 투자에서는 기대치를 낮추는 것이 더 성공적인 전략이 될 가능성이 큽니다.

지금 시장을 보면 '이 정도만 올라도 괜찮다'라는 생각으로 매수한 부동산들이 오히려 더 많이 오르고 있습니다. 왜냐하면 이런 부동산을 사는 사람들은 과도한 기대 없이 안정적인 투자처를 찾고 있기 때문입니다. 결국 사람들이 원하는 곳으로 자금이 몰리면서 가격이 계속 오르는 구조가 형성되는 것입니다.

이런 흐름이 지속되면서 부동산 시장의 다양성이 사라지고 있습니다. 예전에는 다양한 지역과 가격대의 부동산이 투자 대상으로 고려되었지만, 지금은 '조금만 올라도 괜찮다'는 생각을 가진 사람들이 결국 강남 등 초고가 주택을 선택하는 방향으로 움직이고 있습니다. 이때 '조금'이라는 개념은 금액이 아니라 상승률을 의미합니다. 예를 들어 3억 원짜리 집을 사서 6억 원을 바라면 100% 상승을 기대하는 것이고, 30억 원짜리 집을 사서 3억 원 오르기를 바라는 사람은 10% 상승을 기대하는 것입니다.

지금 부동산 시장은 자산가 중심의 흐름으로 굳어지고 있습니다. 다주택 금지가 4~5년째 이어지면서, 저렴한 부동산이나 잔잔한 투자처는 거의 오르지 않고, 초고가 주택들만 계속 상승하는 시장이 되었습니다. 말 그대로 '다양성이 없는 시장'이 되어버린 것입니다.

부동산 시장을 2024년 수능 성적에 비유하면 '국평오'라는 표현이 떠오릅니다. 혹시 들어보셨습니까? 어떤 분들은 차별적인 용어라고 하지 말라고 하지만, 사실 '국민 평균 5등급'의 약자입니다. 수능에서 9등급까지 있으니 5등급이 중간 정도라고 생각할 수 있지만, 실제로는 상위 60% 수준이라 중간보다 아래입니다. 그러니 평균을 목표로 하면 안 됩니다. 평균은 중간보다 낮은 수준이라는 걸 잊지 마셔야 합니다.

그렇다면 어디쯤을 목표로 해야 할까요? 저는 최소한 1등급, 상위 4%를 목표로 해야 한다고 생각합니다.

단순히 평균적인 주택을 보유하는 것이 아니라, 상위 4%에 해당하는 부동산을 목표로 삼아야 한다는 것입니다. 상위 4%가 어떤 의미인지 수능 데이터를 통해 보면 더 실감이 납니다. 2024년 수능 응

등급	국	수	
1	4.07	4.20	누적 4.07%, 4.20%
2	7.40	7.72	
3	12.70	11.78	
4	17.74	16.36	
5	19.57	20.05	61.48%, 60.11%
6	16.60	17.85	
7	11.73	11.84	89.81%, 89.80%
8	6.45	7.01	96.26%, 96.81%
9	3.74	3.20	

시자는 52만 2,670명이었고, 상위 4%에 해당하는 학생은 약 2만 명입니다.

"2만 등? 이 정도면 나도 할 수 있겠는데?"라고 생각하시는 분들이 많을 겁니다. 하지만 여기서 또 다른 차이가 생깁니다. 같은 2만 등 안에서도 목표가 다 다르다는 점입니다. 어떤 사람은 좋은 대학의 인기 학과를 가고 싶어 하고, 어떤 사람은 의대만을 목표로 합니다. 요즘은 심지어 서울대도 인기 없는 학과들은 관심을 덜 받고, 모두가 의대를 목표로 하고 있는 상황입니다. 서울대 의대는 0.025%, 즉 상위 135명 안에 들어야 합니다.

서울에 주택이 378만 6,041호 있습니다. 여기에 4%를 곱하면 약

15만 1,441호인데, 참고로 강남 2구(서초·강남) 아파트가 약 20만 호 정도 됩니다. 이 숫자는 아파트뿐만 아니라 빌라, 단독주택까지 모두 포함한 것이고, 아파트만 따지면 약 180만 호가 있습니다. 즉 상위 4%에 해당하는 15만 호 정도 되는 주택을 목표로 삼는 것만으로도 훌륭한 전략이 될 수 있습니다. "나는 45세까지 이 정도 수준의 집을 살 거야"라는 목표만 세워도 이미 상위권으로 가는 겁니다.

이제는 실거주를 목표로 한 대출 전략이 중요합니다. 대부분의 사람들은 상위 부동산을 노려보기만 하지, 실제로 도전하지는 않습니다. 하지만 진짜 실거주로 들어가겠다는 생각으로 대출을 적극적으로 활용하는 것이 방법이 될 수 있습니다. 저는 이 전략을 '풀 대출'이라고 부릅니다.

풀 대출이라고 하면 "이거 영끌 아니냐?"라고 반색합니다. 하지만 저는 풀 대출과 영끌은 다르다고 생각합니다. 영끌은 투기적인 욕심을 채우기 위해 필요 없는 부동산을 무리해서 사는 것이고, 풀 대출은 가족의 주거 환경을 획기적으로 개선하기 위해 대출을 적극적으로 활용하는 것입니다.

다시 말해 풀 대출은 현재 소득 수준에서 감당 가능한 범위 내에서 주거 수준을 최대로 끌어올리는 전략입니다. 그리고 이미 정부에서 애초에 "이 사람은 이만큼 대출을 받아도 갚을 수 있다"라고 판단한 금액 이상은 절대 나오지 않습니다. 즉 풀 대출을 활용해도 감당할 수 없는 수준의 부담이 생기는 일은 없다는 것입니다.

따라서 내가 정말 상위 4% 혹은 그 이상을 목표로 한다면, 풀 대출을 적극적으로 활용해 주거 수준을 높이는 것이 현실적인 방법이 될 수 있습니다. 지금의 시장에서는 그게 유일한 해법입니다. 기다리기만 해서는 상위 부동산을 가질 기회를 영영 놓칠 수 있습니다.

양극화가 극심한
2025년

2024년 11월까지의 흐름을 보면, 지방 광역시는 계속 하락세입니다. 반등이 나올 기미조차 보이지 않습니다. 그런데도 충남, 충북, 전북처럼 도 단위에서 상승이 나타나는 것은 매우 이례적입니다. 이런 데이터를 보면서 "드디어 전라북도를 사러 갈 때가 됐어!"라고 생각하는 분들이 계신다면, 그 생각만 버려도 부자가 됩니다.

굳이 지방에 차비 쓰고, 시간 들여가며 투자할 필요 없습니다. 서울에서 해결하세요. 2023년부터 계속 강조했습니다. 시간 낭비하지 마세요. 가까운 곳에서 답을 찾으세요. 지방에서 오르는 지역을 찾아봤자 결국 제일 많이 오르는 곳은 서울입니다.

서울이 상승률 1등이 되는 경우는 흔치 않습니다. 그런데도 지금 서울이 가장 많이 오르고 있습니다. 특히 서울 내에서도 강남 서초보다도 강남권 전체가 훨씬 더 많이 오르는 중입니다.

그렇다고 강북권을 포기해야 할까요? 그렇지 않습니다. 지금 평균이라는 개념이 아무 의미가 없습니다. 우리 집이 오르지 않고 빠

｜ KB은행 전국 매매가격 상승률(아파트 평균 매매가)

지면, 남들이 얼마를 벌든 아무 소용이 없습니다. 부동산 시장은 모든 지역이 똑같이 움직이는 구조가 아닙니다. 강북이 평균적으로 2.99% 올랐다고 하지만, 강북에서도 급격하게 듯이 오를 지역들이 있을 것입니다. 어떤 곳이 그 대상이 될지 예측해보는 것도 흥미롭겠죠.

또 한 가지 이야기하고 싶은 것은 지방은 진짜 모르겠다는 것입니다. 2024년 초에 지방의 주택 가격을 2.4% 상승할 것으로 예측했는데, 실제로는 5.2%까지 상승했습니다. 하지만 지방 시장은 여전히 불확실성이 크고, 회복까지 시간이 오래 걸릴 가능성이 큽니다.

다음 페이지 지도를 보면 한눈에 흐름이 보입니다. 1년 동안 지켜보니 서울과 몇몇 핵심 지역만 플러스이고, 나머지 지역은 마이너스로 가라앉고 있습니다.

지금은 평균이라는 개념 자체가 무의미합니다. 집값이 빠질 만한 전국 아파트 매매가격상승률 (시작 2023.12.25 / 끝 2024.12.09) — 주요 지역별 상승률(%)

- 서울 4.48, 인천 1.56, 경기 0.57, 강원 0.40
- 부산 2.67, 울산 -0.26, 경남 -1.47, 대구 -4.66, 경북 -1.05
- 대전 -1.15, 세종 -6.31, 충남 -1.31, 충북 -0.31
- 광주 -1.30, 전남 -0.82, 제주 -2.30, 전북 0.31
- 전국 0.06
- 동두천 -1.16, 모천 0.46, 양주 -0.99, 의정부 -1.08, 속초 -2.37, 춘천 3.85
- 파주 -1.01, 김포 0.86, 인천(계양) 0.62
- 고양(일산서) 2.50, 고양(일산동) -1.22
- 인천(서) 4.26, 인천(부평) 1.33, 인천(중) 1.73, 인천(동) 1.44
- 인천(미추홀) 0.84, 인천(연수) -0.06, 인천(남동) 1.02
- 은평 3.19, 종로 3.89, 성북 3.95, 서대문 4.60, 중 4.06, 동대문 3.43
- 마포 6.96, 용산 6.97, 성동 9.79, 광진 6.09
- 구로 4.28, 동작 8.51, 서초 7.13
- 금천 1.62, 관악 1.45, 과천 5.86
- 강서 3.04, 양천 3.94
- 부천(원미), 영등포 5.34, 부천(오정), 광명 0.72
- 시흥 0.52, 안산(단원) 0.50, 안산(상록) 0.14
- 도봉 0.48, 노원 1.58, 남양주 -0.54, 강북 1.48, 구리 1.29
- 강동 4.11, 하남 3.19, 송파 7.46, 성남(수정) 2.89
- 성남(분당) 4.02, 광주 0.85, 이천 3.46, 원주 1.40, 삼척 0.81
- 용인(수지) 1.69, 용인(기흥) -0.26, 용인(처인) -0.73, 안성 -3.29
- 여주 1.12, 원성 0.64, 태백 -3.95, 강릉 -5.83, 동해 4.07
- 안양(만안) 1.57, 안양(동안) -0.34, 수원(영통) 4.42
- 의왕 0.78, 수원(권선) 1.85, 수원(장안)·수원(팔달) 1.69
- 군포 0.25, 화성 2.54, 오산 -0.35, 평택 2.73
- 제천 -0.24, 청주(서원) 0.09, 청주(상당), 충주 -0.12
- 상주 12.36, 문경 3.42, 영주 4.32, 안동 3.51
- 김천 1.60, 구미 -3.68, 칠곡 -1.05, 대구(북) -4.61, 대구(동) 2.95
- 대구(달서) -5.47, 대구(서) -6.54, 대구(중) -4.85, 대구(수성) -2.93, 포항(남) -0.04, 포항(북) 3.25
- 대구(달성) -6.37, 대구(남) -6.20, 경산 -4.40, 영천 7.07, 경주 -1.47
- 울산(중) 1.09, 울산(북) -0.27
- 당진 3.99, 서산 0.05, 예산 -1.09, 홍성 -6.03, 보령 3.03
- 아산 -1.78, 공주 -0.02, 세종 -6.31
- 천안(서북) -1.10, 천안(동남) 2.0, 계룡 0.18, 대전(유성) -0.87, 대전(대덕) -1.03
- 논산 3.86, 대전(서) -0.78, 대전(중) -2.43, 대전(동) -1.30, 남포 0.29
- 군산 -2.22, 익산 -4.79, 김제 0.22, 전주(덕진) 3.50, 전주(완산) 2.92
- 무안 -0.41, 정읍 1.78, 목포 -0.15, 나주 -1.08
- 광주(광산) -1.59, 광주(북) -0.87, 광주(서) -1.05, 광주(동) -1.40
- 광주(남) -1.99, 순천 -0.57, 광양 2.58, 사천 -0.34
- 창원(의창) -0.80, 진주 4.28, 원(마산회원) -0.46, 원(마산합포)·창원(진해) -0.84, -0.95
- 여수 -0.54, 통영 -1.60, 거제 -9.05, 서귀포 -1.83, 제주 -2.42
- 밀양 3.19, 양산 -3.27, 부산(금정) -2.41, 부산(동래) -2.11, 울산(남) -0.31, 울산(동) -1.18
- 김해 -0.25, 부산(사상) -2.51, 부산(북) -1.71, 부산(연제) -3.64, 부산(수영) -1.91, 울산(울주) -0.67
- 부산(강서) -2.54, 부산(사하) -2.32, 부산(중) -1.44, 부산(중) -3.63, 부산(남) -2.01, 부산(기장) -1.42
- 부산(영도) -2.52, 부산(해운대) -4.72

집들은 빠질 수도 있지만, 쭉쭉 오를 집들은 더 강하게 오를 것입니다. 양극화가 점점 심해지고 있습니다. 집이 없는 분들은 서울에서 내쫓길 가능성이 매우 높아지고 있습니다. 이건 단순한 예측이 아니라 이미 나타나고 있는 현실입니다.

서울뿐만 아니라 인천, 경기에서도 같은 흐름이 보입니다. 서울을 보면 강남이든 강북이든 월세 상승률이 거의 동일하게 오르고 있습니다. 지역별로 '여기는 이래서 오르고, 저기는 저래서 오른다'라는 분석이 더 이상 필요 없습니다. 이제 서울은 강남이든 강북이든 월세가 전반적으로 상승하고 있습니다.

월간 상승률을 보면 전세와 월세 가격이 1% 이상 오른 달이 꽤 많습니다. 이건 엄청난 상승세입니다. 하지만 자가주택에 사는 분들은 체감하지 못할 수도 있습니다. 내가 월세를 내고 있지 않으면 전셋값이 오르든 말든 관심이 없으니까요. 하지만 현재 서울의 전세뿐만 아니라 월세도 매우 강세를 보이고 있습니다.

결국 돈이 없는 분들은 '월세라도 살면 되겠지'라고 생각하는데, 이제는 월세조차 감당하기 어려워지고 있습니다. 이제 서울에서 살고 싶어도 살 수 없는 상황이 다가오고 있습니다. 월세 상승이 이어지면 당연히 이사를 고민하게 됩니다. 하지만 문제는 '어디로 가야할지 모르겠다'라는 것입니다.

2024년 3월부터 'ㅅㅊ'을 강조해왔습니다. 평당 4천만 원을 의미하는데, 2025년에는 평당 5천만 원이 될 가능성이 크다고 말씀드렸죠.

여기서 중요한 시사점은 평당 4천만 원을 넘겼다고 안심할 게 아니라 계속 따라가야 한다는 점입니다. 단순히 4천을 넘긴 것이 아니라 시장 흐름을 따라갈 수 있는 입지를 선택하는 것이 필수적입니다. 특히 2024년 초에는 평당 3,400만~3,500만 원이었던 지역들도 연말이 되면서 4천만 원에 맞춰 올라가는 경우가 있었습니다. 서울에서 투자를 고려할 때, 이 흐름을 따라가지 못하는 지역을 선택하

┃ 수도권 아파트 월세 상승률

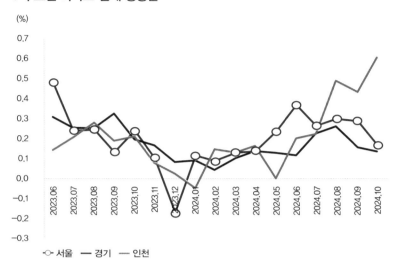

┃ 서울 아파트 월세 상승률

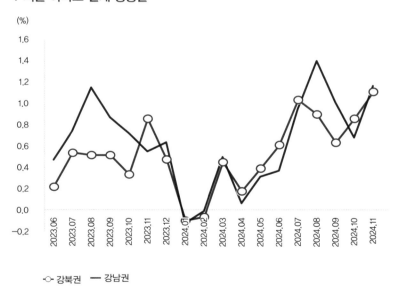

면 어려움을 겪을 가능성이 큽니다.

그럼 강북에서 따라가지 못하는 집들의 특징은 무엇일까요?

첫 번째, 아무 호재가 없는 지역입니다. 지금 서울에서 새로운 호재가 나올 가능성은 거의 없습니다. 기존에 발표된 개발 계획들이 이제야 현실화되는 단계이고, 이제 남은 호재는 강남권에 집중되고 있습니다. 강북에서 새로운 투자 가치를 찾기 위해서는 기존 호재를 기반으로 성장하는 지역을 선별해야 합니다.

두 번째, 소규모 아파트는 경쟁력이 떨어집니다. 강북에서는 대단지 재개발 아파트들이 계속 입주하고 있습니다. 이런 상황에서 소규모 단지(300~500세대) 아파트들은 시장에서 점점 외면받고 있습니다. 단적으로 한 고객이 5월에 7억 원짜리 아파트를 매물로 내놨지만, 지금까지 아무도 보러 오지 않았다고 합니다. 이 집은 9억 원 이하라 대출도 잘 나오고, 신생아 특례 대출도 적용 가능한데도 불구하고 매수자가 없습니다. 왜 그럴까요? 경쟁자들이 너무 많기 때문입니다. 이 경쟁자는 훨씬 더 좋은 입지를 가진 대단지 신축 아파트들입니다. 결국 시장에서 소규모 아파트들은 점점 설 자리를 잃고 있습니다.

그럼 강북에서 살아남는 지역은 어디일까요? '동네가 다 바뀌는 곳'입니다. 대표적인 곳이 장위동입니다. 장위동은 강북에서 가장 빠르게 변화하고 있는 지역이며, 개발 규모도 상당히 큽니다. 이제는 '규모가 커야 한다'는 것이 부동산 시장의 공식이 되었습니다.

2025년,
부동산 시장의 변수들

2025년에는 금리가 내려갈 가능성이 있습니다. 요즘 미국에서 금리 인하를 두고 논란이 많지만, 확실한 것은 경기가 매우 안 좋다는 것입니다.

한국은행에서도 우리나라 경제성장률이 1%대일 것이라고 확정적으로 이야기했습니다. 경제가 이렇게 나쁜데, 금리를 올리기는 어려운 상황입니다. 많은 분이 이제야 깨닫고 있는 것이, 금리는 부동산 시장을 보고 결정하는 것이 아니라 경기 상황에 따라 움직인다는 점입니다. 주요 산업들이 어려움을 겪으면 금리는 내려가겠죠.

그렇다면 경제가 이렇게 나쁜데, 집값이 하락할까요? 일반적으로 경기가 안 좋으면 소비 심리가 위축되고 부동산 수요도 줄어들기 마련입니다. 하지만 우리나라의 특수한 구조상, 집값이 급격히 무너지는 경우는 잘 없습니다. 왜냐하면 임금은 계속 오르고 있기 때문입니다.

2024년만 해도 좋은 업종들은 임금이 크게 올랐습니다. 대표적으로 현대자동차의 임금 인상 효과가 11%라고 합니다. 현대차 직원들은 부정하겠지만, 외부에서 보면 꽤나 현실적인 수치입니다. 다른 업종들도 크게 오르지는 않더라도 기본적으로 상승하는 구조입니다. 즉 경기는 어렵지만 소득 수준은 유지되고 있다는 점이 중요한 포인트입니다.

2025년에 대한 증권사 전망을 들어보면, 제조업에서 좋다는 이야기가 거의 없습니다. 우리나라 경제를 이끄는 핵심 산업, 즉 반도체, 자동차, 화학, 제철, 조선 중에서 조선업만 반짝 괜찮을 가능성이 보입니다.

하지만 조선업이 좋아진다고 해도 부동산 시장이 좋아지지는 않습니다. 조선업이 호황이라고 해서 서울 집값이 오르는 것은 아니니까요. 결국 임금 인상률이 2024년처럼 급격하게 오르지는 않고 다소 밋밋하게 갈 가능성이 큽니다. 그러면 주택 수요가 크게 증가하기는 어려운 구조가 되겠죠.

여전히 서울 중심지는 강세를 보일 가능성이 높습니다.

2024년에는 수도권의 그린벨트를 대거 해제하겠다는 발표가 있었습니다. 원래는 그린벨트를 풀면 주택 공급이 늘어나야 하는데, 실제로는 그렇게 되지 않았습니다. 예를 들어 서리풀(우면동)에서는 2만 호를 공급하겠다고 했지만, 절반은 장기 전세로 공급할 예정입니다. 즉 매매 가능한 물량이 줄어드는 것입니다. 이런 발표가 나오면, 부동산 투자자들에게는 의미 없는 뉴스가 됩니다.

게다가 이런 개발 발표가 나오면 지역 주민들은 환영하기보다는 반발하는 경우가 많습니다. 예를 들어 우면동 주민들은 인근에 주택이 대거 들어서는 것 자체를 싫어합니다. 비슷한 사례로 얼마 전 육군사관학교(육사) 이전 및 태릉 개발 이야기가 나왔을 때 노원구 주민들도 반기지 않았습니다. 이미 2년 전에 비슷한 계획이 발표되었다가 주민 반발로 무산된 적이 있습니다. 이제는 대규모 택지 개발

을 환영하는 지역이 거의 없습니다. 땅 주인들만 좋아할 뿐 실거주
자들은 반발하는 경우가 대부분입니다.

2025년에는 시장이 전반적으로 둔화되겠지만, 서울 및 핵심 지
역의 집값은 하락보다는 상승할 가능성이 높습니다. 이제 중요한 것
은 '어디에 투자해야 하는가?'입니다. 강남은 여전히 강하고, 강북에
서도 대규모 개발이 진행되는 지역이 강세를 보일 것입니다.

2025년 강남 입주

- 청담 르엘(1,261호)(청담삼익 재건축)
- 아크로 삼성(419호)(삼성홍실 재건축)
- 디에이치 대치 에델루이(282호)(구마을3지구 재건축)

2025년 서초 입주

- 메이플자이(3,307호)(한신4지구 재건축)
- 래미안 원페를라(1,097호)(방배6구역 재건축)
- 반포더샵OPUS21(275호)(신반포21차 재건축)

2025년 송파 입주

- 잠실 래미안아이파크(2,678호)(잠실진주 재건축)
- 잠실 르엘(1,991호)(미성/크로바 재건축)

2025년 강북 입주

- 래미안 라그란데(2,678호)(이문뉴타운1구역 재개발)

- 이문 아이파크자이(4,915호)(이문뉴타운3구역 재개발)

- 휘경자이 디센시아(1,806호)(휘경뉴타운 3구역 재개발)

2025년은 강남권 대단지 입주가 본격적으로 시작되는 해입니다. 특히 강남구, 서초구, 송파구에서 주요 단지들이 입주를 앞두고 있으며, 이들 단지가 시장에 어떤 영향을 줄지가 가장 중요한 변수가 될 것입니다.

강남구에서 가장 주목해야 할 단지는 청담 르엘입니다. 청담동 한강변에 신축 대단지가 들어서는 것은 사실상 처음이라 이 단지가 강남권 신축 아파트 시장의 기준을 새롭게 정할 가능성이 큽니다. 현재 반포가 강남권 신축 시장을 주도하는 이유는 신축이 지속적으로 공급되었기 때문이지만, 청담 르엘이 등장하면서 강남 내에서도 중심축이 이동할 가능성이 있습니다. 특히 청담 르엘의 대형 평수 가격이 얼마나 형성될지가 강남 전체 가격 흐름에 중요한 영향을 미칠 것이며 이를 통해 강남구 내 재건축 시장도 움직이기 쉬워질 것입니다.

서초구에서는 반포와 잠원동 재건축 시장이 중요한 변수입니다. 메이플자이와 반포더샵OPUS21이 입주를 앞두고 있으며, 잠원동의 재건축 단지들도 관심을 받고 있습니다. 다만 남아 있는 대지가 너무 작아 공사비 부담이 커졌고, 시공사들이 수익성을 고려했을 때 적극적으로 뛰어들 가능성이 낮아 보입니다. 공사비가 평당 1,200만~1300만 원 수준이 되어야 한다는 점이 고민거리입니다.

송파구에서는 2025년 최고의 이슈로 잠실 신천동의 대규모 입주가 꼽힙니다. 잠실 래미안 아이파크와 잠실 르엘이 5천 세대 가까이 입주할 예정인데, 올림픽 파크 포레온보다 이 두 단지의 입주가 더 중요한 변수로 작용할 것입니다. 올림픽 파크 포레온은 강남 중심에서 다소 벗어나 있지만, 신천동은 잠실과 바로 맞닿아 있어 입지적 가치는 더욱 크다고 볼 수 있습니다.

이들 단지가 국평(국민평형, 84m²)을 얼마에 형성할지가 시장에서 중요한 관심사입니다. 현재 잠실 엘스와 리센츠는 준공된 지 15년이 지났음에도 불구하고 가격이 28억 5천만 원까지 형성되었습니다. 만약 신천동 신축 아파트 가격이 30억 원을 넘어간다면, 상대적으로 강남권 신축 아파트들이 저렴해 보이는 현상이 나타날 가능성이 있습니다.

강북에서는 래미안 라그란데, 이문 아이파크자이, 휘경자이 디센시아 등 대규모 입주가 예정되어 있습니다. 동대문구에서만 1만 세대 가까운 아파트가 한 번에 공급되며, 이 정도 규모면 지역 분위기가 완전히 바뀔 가능성이 큽니다. 과거 헬리오시티 입주 때나 올림픽 파크 포레온이 들어올 때처럼, 한 지역에 대단지가 집중되면 전체적인 시장 흐름에도 영향을 미칩니다. 여기에 서울로 아이파크부터 장위동까지 포함하면 신축 아파트만 3만 호가 넘게 입주할 예정이라, 신도시 개발이나 택지 조성보다 이러한 대규모 재개발이 시장에서 더 중요한 역할을 하게 될 것입니다.

2025년에는 금리가 다소 내려갈 가능성이 있지만, 더욱 중요한 변수는 강남권과 강북 주요 지역에서 대거 입주하는 신축 아파트들이 가격을 어떻게 형성하느냐입니다. 이들 아파트 가격이 시장의 기준점이 될 것이며, 여기에 따라 주변 지역이 영향을 받을 수도 있고, 반대로 하락하는 지역이 나올 수도 있습니다.

2026년까지 시장 흐름을 예상했을 때, 현재 약한 지역이 계속해서 부진할 가능성이 큽니다. 아직 등록 임대사업 물량이 많이 남아 있기 때문입니다. 반등이 빠르게 나타난 지역들은 이미 임대사업 말소가 끝난 곳이거나, 인기 지역이었기 곳입니다. 반면 임대사업 물량이 남아 있는 지역들은 매물이 지속적으로 나오면서 가격이 쉽게 오르지 못하는 모습입니다. 이런 점을 고려했을 때 2025년과 그 이후에도 상승세가 강한 지역과 약한 지역의 격차는 더욱 커질 가능성이 높아 보입니다.

인구 감소와 공급 부족 속 2025년 부동산 시장 전망

미래에셋증권 부동산 수석위원

허혁재

경제성장률은 점점 낮아지고 인구 감소는 심화되고 있다. 수도권 중심의 공급 부족 이슈는 아파트 시장을 자극 중이다. 인구 감소 시대가 몰고 올 아파트 가격의 장기적 흐름을 분석하고 공급 부족과 대출 규제가 줄다리기 중인 2025년도 아파트 시장을 전망한다.

인구 감소와 관련해서는 아파트 가격이 장기적으로 하락할 것이라고 주장하는 분이 많습니다. 반면 공급 부족은 2025년 아파트 가격 상승의 주요 이유로 꼽힙니다. 즉 장기적으로는 인구 감소가 진행되고, 단기적으로는 공급 부족이 발생하는 상황인데, 이러한 환경에서 2025년 부동산 시장이 어떤 흐름을 보일지 살펴보려고 합니다.

첫 번째로, 우리는 집값에 영향을 미치는 요인을 이해해야 합니다. 아파트 가격은 오르내림을 반복하는데, 어떤 전문가는 지금이 매수의 적기라고 주장하고, 또 다른 전문가는 절대 사면 안 된다고 말합니다. 어떤 전문가의 말을 믿어야 할까요? 집값에 영향을 미치는 핵심 요소가 무엇인지 알아야 혼란 없이 올바른 선택을 할 수 있습니다. 이와 관련해 집값을 결정짓는 다섯 가지 요인을 살펴보겠습니다.

두 번째로, 인구 감소가 정말 집값 하락을 불러오는지 짚어보겠습니다. 많은 사람이 단순히 인구 감소가 집값 하락을 의미한다고 생각하지만, 실제로는 보다 복합적인 요인이 작용합니다.

마지막으로, 2025년 시장을 전망하기 위해 현재 시장의 흐름을 분석하고, 2025년에 어떤 변화가 예상되는지 살펴보겠습니다. 이를 통해 우리는 어떤 선택을 하는 것이 바람직한지 판단할 수 있을 것입니다.

집값에 영향을 미치는
5가지 요인

· 통화량 ·

최근 읽은 경제 기사 중에서 가장 눈에 띈 내용이 있었습니다. 바로 우리나라 인구가 지속적으로 감소하면 20년 후 대한민국의 경제성장률이 0%에 이를 수 있다는 전망이었습니다. 현재 2025년 경제성장률이 약 2% 수준으로 예상되지만, 20년 후에는 1% 미만으로 떨어질 것이라는 분석이 나오고 있습니다.

이와 관련해 유튜브 등에서 자주 등장하는 주장이 있습니다. "경제성장률이 점점 낮아지기 때문에 지금 집을 사면 안 된다"라는 것입니다. 그렇다면 먼저 바로 경제성장률과 집값이 실제로 연동되는지 확인해봐야 합니다.

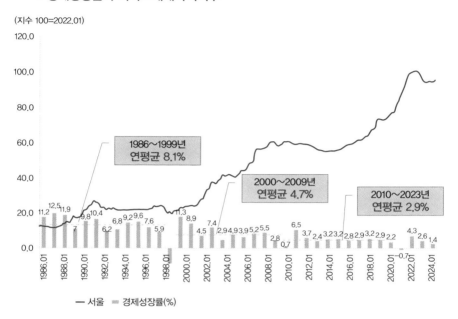

│ 경제성장률과 아파트매매가격지수

(지수 100=2022.01)

1986~1999년
연평균 8.1%

2000~2009년
연평균 4.7%

2010~2023년
연평균 2.9%

— 서울   ▬ 경제성장률(%)

1986년부터 1999년까지 우리나라의 연평균 경제성장률은 8.1%였습니다. 하지만 이 시기 서울 아파트 가격은 거의 오르지 않았습니다. 특히 1990년대 초반에는 1기 신도시가 공급되면서 아파트 가격이 안정세를 보였습니다. 즉 공급이 충분하면 가격이 크게 오르지 않습니다.

반면 2000년대 초반에는 경제성장률이 4.7%로 하락했지만, 아파트 가격은 급등했습니다. 2010년 이후에는 경제성장률이 2.9%까지 더 떨어졌지만, 아파트 가격은 여전히 큰 폭으로 상승했습니다.

다시 말해 경제성장률과 아파트 가격은 직접적인 상관관계가 없습니다. 따라서 "경제성장률이 낮아지니 집을 사면 안 된다"라는 주장은 근거가 부족합니다.

물론 어떤 분들은 "부동산은 경제의 일부이므로 경제성장률과 연동될 수밖에 없다"라고 생각할 수도 있습니다. 만약 그런 생각이 확고하다면 집을 사지 않는 것이 맞겠죠. 하지만 현실에서 시장은 우리가 기대하는 방향대로만 움직이지 않습니다.

그렇다면 집값은 무엇과 연관성이 높을까요? 단기적으로는 심리나 금리 등이 영향을 미치겠지만, 장기적으로 가장 큰 영향을 주는 요소는 M2(광의통화)입니다.

통화량에는 M0, M1, M2 등의 개념이 있는데, M2는 일정 기간 내 현금화할 수 있는 돈을 포함하는 지표입니다. 과거에는 M2가 연평균 15%씩 증가했지만, 최근에는 연평균 7~8% 수준으로 상승하고 있습니다. M2가 연평균 7~8%씩 증가하면 10년 후 어떻게 될까요? 두 배로 증가합니다. 즉 시장에 풀린 돈이 두 배가 되는 것입니다. 이는 곧 화폐 가치가 하락한다는 의미입니다.

바로 이 점이 부동산 투자에서 중요한 개념입니다. 부동산 투자의 핵심 이유는 '인플레이션 헤지' 기능을 하기 때문입니다. 시장에 풀리는 돈이 늘어나면서 화폐 가치가 하락할 때, 실물 자산인 부동산은 이를 방어하는 역할을 합니다.

그렇다면 정말로 부동산이 인플레이션을 헤지할 수 있을까요? 이를 확인하기 위해 서울의 아파트 가격과 M2를 비교해보겠습니다.

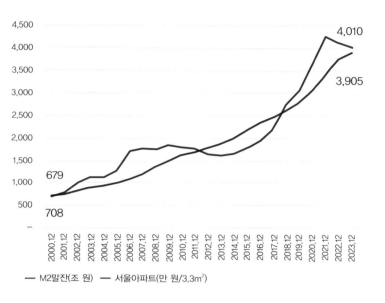

| M2(말잔)과 서울 아파트 3.3m2당 평균 가격 추이

4,010

3,905

679

708

— M2말잔(조 원) — 서울아파트(만 원/3.3m²)

2000년 당시 M2는 708조 원이었지만, 2023년 말 기준으로 3,900조 원까지 증가했습니다. 23년 동안 M2 규모가 5.7배 커진 것입니다.

같은 기간 동안 서울 아파트 가격을 살펴보겠습니다. 2000년 당시 3.3m²당 680만 원이던 서울 아파트 평균 가격이 2023년 말 기준 4,010만 원까지 상승했습니다. 약 5.9배 증가한 것입니다. M2 증가율과 거의 비슷한 수준입니다.

이제 특정 아파트를 예로 들어보겠습니다. 서울에서 가장 선호도가 높은 지역 중 하나인 압구정동의 미성아파트를 살펴보겠습니다.

ㅣ압구정에 위치한 미성2차 아파트

구분	1987.12 (입주)	2023.12	상승배율
M2말잔	71조 원	3,905조 원	55.0배
미성2차 41평형	6,362만 원	38억 원	59.7배

ㅣ분양시 M2와 비교한 아파트 가격

M2말잔	248조 원 (1993.12)	3,905조 원 (2023.12)	15.7배
분당 상록마을 우성46평	12,239만 원 (분양가)	18.5억 원 (KB시세)	15.0배

자료: M2말잔(한국은행, 통화금융통계), KB시세

이 아파트는 1987년 입주 당시 분양가가 6,300만 원이었습니다. 하지만 2023년 말 KB시세 기준으로 38억 원까지 상승했습니다. 무려 60배 상승한 것입니다. 그렇다면 같은 기간 동안 M2는 어떻게 변했을까요? 1987년 당시 M2는 71조 원이었는데, 2023년에는 3,900조 원까지 증가하면서 55배 커졌습니다. 아파트 가격 상승률과 매우 유사한 흐름을 보이고 있습니다.

또 다른 사례를 보겠습니다. 1기 신도시는 1990년대 초반에 입주가 시작되었고, 현재 정부가 선도지구 조성을 추진하고 있는 지역입니다. 당시 분당 상록마을 아파트의 분양가는 1억 2천만 원이었지만, 2023년 말 시세는 18억 5천만 원까지 올랐습니다. 15배 상승한 것입니다. 같은 기간 동안 M2도 약 15배 증가했습니다. 즉 장기적으로 통화량 증가와 부동산 가격 상승이 매우 유사한 흐름을 보이고 있음을 확인할 수 있습니다.

여기서 꼭 짚고 넘어가야 할 두 가지 중요한 포인트가 있습니다.

첫째, M2는 강력한 긴축 정책이 시행되지 않는 한 지속적으로 증가합니다. 그렇다면 집값도 항상 오를까요? 절대 그렇지 않습니다. 집값은 상승과 하락을 반복합니다. 즉 M2가 증가한다고 해도 특정 시기에는 집값이 하락할 수 있습니다. 하지만 이후 아파트 가격이 다시 상승할 때는 이전 하락기 동안 벌어진 갭을 응축해 더 큰 폭으로 상승하는 경향이 있습니다. 그렇기 때문에 아파트 상승기에는 연간 15~16% 이상의 급등이 나타날 수 있습니다.

여기서 중요한 점은 M2와 아파트 가격은 단기적으로 변동이 있더라도 장기적으로는 수렴한다는 것입니다. 장기적인 관점에서 M2 증가율과 집값 상승률이 결국 비슷한 흐름을 보인다는 점에 주목해야 합니다.

둘째, 가격 상승이 모든 지역에서 동일하게 나타나는 것은 아닙니다. 예를 들어 압구정동이나 분당 같은 지역은 사람들이 선호하는 주거지입니다. 이런 지역은 일반적으로 '좋은 주거지역'으로 인식되며, 수요가 높은 지역일수록 M2 증가율과 집값 상승률의 격차를 만회할 가능성이 큽니다.

결론적으로 경제성장률보다는 M2 증가율이 아파트 가격과 장기적으로 더 밀접한 관계를 갖습니다. 따라서 서울과 같은 핵심 지역의 아파트는 장기적으로 안정적인 자산으로 볼 수 있습니다.

· 공급과 수요 ·

부동산도 하나의 상품이기 때문에 공급과 수요가 매우 중요합니다. 현재 서울 아파트 가격은 크게 상승하거나 하락하지 않고 보합세를 유지하는 중입니다. 하지만 만약 가격이 급등하게 되면 정부는 어떻게 대응할까요? 공급을 확대하려고 할 것입니다.

그러나 서울의 경우 재개발·재건축이 아니면 신규 공급이 어렵습니다. 공급할 수 있는 가용 토지가 부족하기 때문입니다. 이에 따라 정부는 신도시를 통해 대규모 아파트를 공급하는 방식을 선택합니다.

현재 3기 신도시가 분양을 진행하고 있는데, 과연 3기 신도시가 입주하면 서울 아파트 가격이 장기적으로 안정될까요? 이 부분을 고민해볼 필요가 있습니다. 과거에는 신도시 공급이 가격 안정 효과를 가져왔습니다. 대표적인 사례가 1기 신도시입니다. 1기 신도시가 들어선 이후 서울 아파트 가격이 장기간 안정세를 보였습니다. 그러나 3기 신도시 입주 후에도 이런 식의 장기적 가격 안정이 가능할까요? 그 가능성은 낮아 보입니다.

왜 과거와 상황이 달라졌을까요? 1990년대 초반은 '직주 분리' 시대였습니다. 서울에서 직장을 다니는 사람들도 주거지로는 깨끗한 분당 신도시의 40평대 아파트나, 용인의 60평대 대형 아파트를

(지수 100=2022.01)

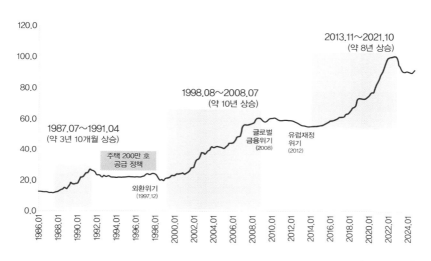

자료: KB부동산

선호했습니다. 전 세계적으로도 같은 흐름이 있었습니다. 도쿄, 런던, 뉴욕에서도 도심에서 일하고 외곽에서 거주하는 패턴이 일반적이었습니다. 하지만 지금의 트렌드는 '직주 분리'가 아닌 '직주 근접'입니다. 무조건 직장과 가까운 곳에 살아야 한다는 인식이 점점 강해지고 있습니다.

좋은 직장은 대부분 서울에 집중되어 있습니다. 다시 말해 서울이 살기 좋아서가 아니라 일자리가 서울에 몰려 있기 때문에 사람들이 서울로 모이는 것입니다. 하지만 서울의 모든 지역이 같은 가치를 갖는 것은 아닙니다. 좋은 직장이 몰려 있는 곳은 한정적입니다. 대표적으로 도심(종로·광화문), 여의도, 강남이 있습니다. 결국 이들 지역과 가까운 아파트들은 장기적으로 가격이 상승할 가능성이 큽니다.

결론적으로 공급도 중요하지만, 어디에 공급되느냐가 더 중요합니다. 사람들이 원하는 곳에 공급이 이루어져야 하는데, 수요자들은 자기 직장과 가까운 곳을 가장 필요로 합니다. 따라서 내가 가용할 수 있는 자산 범위 내에서 직장과 가까운 곳에 주택을 마련하는 것이 장기적으로 유리한 선택이 될 것입니다.

이제 공급 부족 문제에 대해 짚고 넘어가야 합니다. 우리가 공급이 부족한지, 적정한지, 혹은 과잉인지 판단하려면 기준점이 필요합니다. 부동산에서는 일반적으로 인구의 0.5%를 적정 공급량의 기준으로 삼습니다.

서울을 볼까요? 현재 서울의 인구는 약 940만 명입니다. 그렇다면 0.5%에 해당하는 약 4만 6천 호의 아파트가 공급되면 시장에서 '충분한 공급'이라고 평가합니다.

부동산 전망을 이야기할 때 대부분 '집값 전망'을 의미합니다. 그리고 집값 전망은 곧 아파트 전망을 뜻합니다. 특히 서울 아파트 전망이 가장 중요하게 다뤄집니다. 그 이유는 서울 아파트가 통계적으로 분석하기 용이하고, 가장 많은 사람이 관심을 가지는 대상이기 때문입니다.

서울 아파트 공급량을 보겠습니다. 2024년에 약 3만 6천 호가

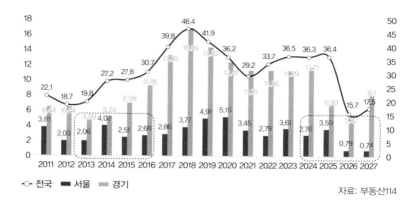

자료: 부동산114

입주할 예정입니다. 이 정도면 크게 부족하진 않습니다. 2025년에도 3만 6천 호가 입주합니다. 하지만 2026년과 2027년에는 단 1만 호만 입주할 예정입니다. 즉 앞으로 공급량이 급감하면서 서울 아파트 시장은 공급이 부족할 수밖에 없는 상황입니다.

그렇다면 공급이 부족하면 즉시 가격이 상승할까요? 이렇게 단순하게 볼 수 있다면 시장 예측은 매우 쉬울 것입니다. "공급이 많을 때 팔고, 공급이 적을 때 산다"라는 논리가 성립하겠죠. 하지만 시장은 그렇게 단순하게 움직이지 않습니다.

질문을 하나 드려보겠습니다. "서울에 살고 싶어 하는 사람은 많은데, 집이 부족하다." 이 말이 맞을까요? 대부분 그렇다고 생각할 것입니다. 그렇다면 질문을 조금 바꿔보겠습니다. "지금 집을 사고 싶은 사람은 많은데, 집이 부족하다." 이 말도 맞을까요? 이번에는 다소 갸웃하게 됩니다.

앞서 첫 번째 질문은 '잠재 수요'에 관한 이야기입니다. 하지만 시장이 움직이는 것은 잠재 수요가 아니라 '실질 수요'입니다.

일반적으로 사람들이 이사할 때 어떤 경로를 따를까요?

- A 아파트에서 옆 단지인 B 아파트로 이동하는 경우
- A 아파트에서 새로 분양된 C 아파트로 이동하는 경우

대부분 옆 단지인 B 아파트로 이동하는 경우가 많습니다. 그렇다면 B 아파트는 공급일까요, 아닐까요? 정답은 공급입니다.

하지만 일반적으로 '공급 부족'이라고 말할 때, 입주 물량만을 기준으로 이야기하는 경우가 많습니다. 그러나 아파트 가격이 상승하면 거래가 활발해지고 이에 따라 시장에 나오는 매물이 줄어들어 공급이 부족해지는 현상도 발생합니다.

그렇다면 현재 시장을 살펴보겠습니다. 현재 입주 물량이 부족한 것은 사실입니다. 하지만 서울 아파트 매물은 많을까요, 적을까요? 현재 역대급으로 매물이 쌓여 있는 상황입니다. 매물량이 최고 수준까지 증가했습니다. 즉 어떤 이유에서든 경제적 충격이 발생하고 가격이 하락하면, 사람들은 집을 사지 않으려 합니다. 따라서 공급 부족도 중요하지만, 동시에 시장에 쌓인 매물이 소진되는 과정도 중요합니다. 즉 입주 물량만 보는 것이 아니라 실제로 시장에 나온 매물의 양까지 함께 고려해야 합니다.

· 입지 ·

지금까지 부동산 시장의 타이밍과 수급에 대해 이야기했다면, 이제 가장 중요한 요소인 입지에 대해 살펴보겠습니다. 어디에 집을 사야 가장 큰 가치 상승을 기대할 수 있을까요?

물론 일부 사람들은 "집은 거주 공간이므로 가격이 오르든 말든 상관없다"라고 말합니다. 하지만 부동산은 워낙 큰돈이 들어가는 자산이기 때문에, 내 라이프스타일에 맞춰 살면서도 집값이 상승하면 더 좋은 것이 사실입니다.

그렇다면 어떤 아파트가 더 많이 오를까요? 같이 오를 때 더 크게 상승하는 아파트에는 세 가지 핵심 요소가 있습니다.

· 교통   · 자연환경   · 커뮤니티

우리나라에서 교통의 핵심은 단연 지하철입니다. 특히 GTX를 포함한 주요 노선입니다. 그리고 지하철이 어디로 빠르게 연결되어야 할까요? 바로 도심(종로·광화문), 여의도, 강남입니다.

또한 앞으로 오피스 지구가 새롭게 조성될 지역도 고려해야 합니다. 10년 후 중요한 업무지구로 성장할 지역은 어디일까요? 국제업무지구가 예정된 용산역 주변과 대기업 사옥 및 패션·IT 기업 중심지로 변화 중인 성수동입니다.

두 번째는 자연환경입니다. 자연환경은 지역마다 선호 요소가 다릅니다. 예를 들어 부산은 바다 조망이 가능한 해운대 고층 아파트

일 것이고, 서울은 한강 조망이 가능한 아파트일 것입니다. 서울에서 사람들이 가장 선호하는 자연환경은 한강 뷰입니다.

우리가 부동산 시장에서 차별화 요소를 이야기할 때 단순히 '서울이냐 아니냐'가 중요한 것이 아닙니다. 차별화 기준은 점점 더 세분화됩니다. 서울인지 아닌지, 한강변인지 아닌지, 강남3구인지 아닌지 등 세분화된 기준에 따라 부동산 가치가 나뉩니다. 하지만 한강변 아파트는 희소성이 높고, 가격이 매우 비쌉니다. 그렇다면 일반적인 투자자들은 어떤 선택을 해야 할까요? 대단지 아파트를 선택해야 합니다.

우리나라에는 공원이 많지 않습니다. 하지만 단지가 큰 아파트는, 특히 신축 아파트의 경우 차량이 모두 지하로 배치되면서 지상공간이 공원처럼 조성됩니다. 최근 신축 대단지 아파트들은 완전히 정원과 같은 느낌을 주는 곳이 많습니다. 마치 공원 속에 사는 것 같은 환경을 제공하는 것이죠. 따라서 한강변 아파트를 선택할 수 없다면, 대체 선택지로 대단지 아파트를 고려할 수 있습니다.

• 환급성 •

집을 구매할 때는 입지만큼이나 주택의 형태도 중요합니다. 단독주택, 빌라, 나홀로 아파트, 일반적인 아파트 단지 등 다양한 형태가 존재하는데, 어떤 유형을 선택하느냐에 따라 가치 상승 폭이 달라집니다.

비슷한 시기에, 비슷한 지역에 위치한 주택이라 하더라도 아파트 단지를 형성한 아파트의 가격이 10억이라면, 나홀로 아파트나 주상복합 아파트는 8억 수준에 형성됩니다. 단지가 없기 때문에 가치가 상대적으로 낮아지는 것입니다. 같은 조건에서 빌라는 약 6억 수준으로, 약 40% 정도 감가가 발생합니다.

부동산 시장은 상승과 하락을 반복합니다. 이런 변동 속에서 유형별 가격 차이는 어떻게 될까요? 갭이 점점 더 벌어지는 경향을 보입니다. 결국 자신의 라이프스타일도 중요하지만 많은 사람이 선호하는 주택을 선택하는 것이 더욱 중요합니다. 왜냐하면 모든 자산을 선택할 때는 해당 자산이 가진 약점을 최소화해야 하기 때문입니다.

부동산의 가장 큰 약점은 무엇일까요? 바로 환금성이 낮다는 점입니다. 팔기 어렵다는 것이죠. 현재 아파트 시장이 침체되면서 거래가 쉽지 않지만, 그럼에도 불구하고 부동산 중에서 가장 거래가 활발한 유형은 아파트입니다. 아파트는 편리하고, 쾌적하며, 환금성도 상대적으로 높습니다. 하지만 선택의 가장 중요한 이유는 무엇일까요? 단독주택이나 빌라보다 가격 상승률이 높다는 것입니다. 많은 사람이 선호하고, 환금성이 좋기 때문에 지속적인 수요가 존재하기 때문이죠.

따라서 입지만큼이나 주택 형태도 중요하며, 장기적으로 안정적인 투자를 원한다면 '아파트 단지'를 선택하는 것이 가장 유리합니다.

지금까지 설명한 내용은 서울에 거주하고 있다면 반드시 이해해야 할 우리나라만의 부동산 시장 특성입니다. 그렇다면 이 이야기를 듣고 어떤 생각이 드시나요? "내 집은 반드시 있어야겠구나." 부동산을 통한 재테크를 떠나서라도, 내 집은 기본적으로 마련해야 한다는 인식이 필요합니다.

그런데 만약 이 내용이 기사화된다면 댓글은 어떻게 달릴까요? "맞아, 집은 사야지!"라고 달릴까요? 절대 그렇지 않습니다. 대부분의 댓글은 이럴 겁니다. "지금 인구가 감소하는데, 집값 폭락해야 정신 차리지." 그렇다면 인구 감소가 부동산 시장에 미치는 영향은 무엇일까요? 이제 이를 살펴보겠습니다.

인구가 감소하면
집값은 떨어질까?

우리나라의 인구는 이미 감소하고 있습니다. 2020년에 정점을 찍은 후 줄어들고 있으며, 현재의 출생률을 고려하면 앞으로 더욱 빠르게 감소할 것으로 예상됩니다.

하지만 부동산 시장에서 더 중요한 요소는 인구 감소가 아니라 가구 수 감소입니다. 대부분의 나라에서는 인구가 감소하더라도 가구 수 감소는 약 20년 후에 시작됩니다. 가구가 점점 분화되면서 1~2인 가구 비율이 증가하고, 가구원 수가 줄어들기 때문입니다. 따라서 인구 감소보다 가구 수 감소 시점을 주목해야 합니다.

통계청 자료에 따르면 우리나라의 가구 수는 2041년에 정점을

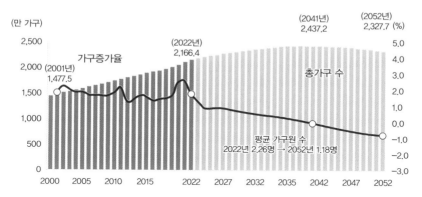

찍고 감소할 것으로 예상됩니다. 즉 앞으로 약 15년 동안은 가구 수가 계속 증가하는 추세가 이어질 것입니다.

서울의 인구는 감소하고 있습니다. 한때 천만 명을 넘었던 서울 인구는 이제 약 940만 명 수준으로 줄어들었습니다. 서울의 인구가 감소하는 이유는 무엇일까요? 신문 기사에서는 흔히 "집값이 비싸서 서울 사람들이 경기도로 빠져나가고 있다"라고 보도합니다. 하지만 정말 그럴까요?

만약 집이 시장에서 감당할 수 없을 만큼 비싸다면, 거래가 줄고 빈집이 늘어나야 합니다. 하지만 서울에는 빈집이 거의 없습니다. 오히려 2010년부터 2023년까지 서울의 전체 주택 수는 25% 증가했습니다. 즉 서울의 인구는 줄었지만, 주택 수는 오히려 늘어났다는 것입니다.

이제 핵심 포인트를 짚어보겠습니다. 과거에는 서울에 100채의 집이 있었고, 평균적으로 한 가구당 4명이 거주했다고 가정해보겠습니다. 이 경우 총 400명이 거주할 수 있었습니다. 하지만 현재 서울의 주택 수는 125채로 증가했지만, 가구당 평균 거주 인원이 3명으로 줄었습니다. 결과적으로 서울이 수용할 수 있는 총인구는 375명으로 줄어든 것입니다.

서울의 인구가 줄어든 이유는 '집값이 비싸서'가 아니라 '주택 수용 가능 인구가 줄었기 때문'입니다. 즉 서울에서 거주할 수 있는 주택의 총량이 한정적이고, 가구 구성원의 수가 줄어들면서 전체 인구도 감소한 것입니다. 이것이 서울 인구 감소의 진짜 원인입니다.

인구 감소가 진행되면 지역 간 차별화가 더욱 심화됩니다. 사실 이미 지역별 차별화는 진행되고 있습니다. 2000년부터 2023년까지 서울 아파트 가격은 490% 상승했습니다. 같은 기간 동안 경기·인천 지역의 아파트 가격은 320% 상승하는 데 그쳤습니다.

이러한 차이가 발생한 이유는 여러 가지가 있겠지만, 평균 가격을 기준으로 보면 서울은 재건축이 활발히 이루어지면서 신축 아파트 가격이 상승했고, 이에 따라 주변 재건축 아파트까지 가격이 함께 오른 영향이 있었습니다.

그렇다면 동일한 조건에서 비교할 수 있는 방법은 없을까요? 1기 신도시를 비교하면 명확한 차이를 확인할 수 있습니다. 1기 신도시는 서울 시청역을 중심으로 반경 20km 내에 조성되었습니다. 남쪽에는 분당, 북쪽에는 일산이 조성되었죠. 같은 시기에 비슷한 규모로 개발된 분당과 일산의 아파트 가격을 비교해보겠습니다.

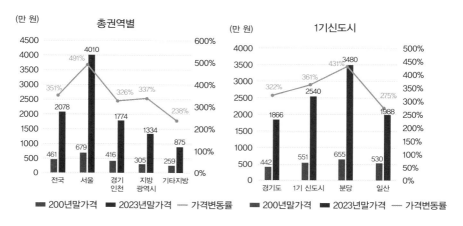

ㅣ 3.3m²당 아파트 가격 및 변동률(2000~2023년)

총권역별 (만 원)

	전국	서울	경기 인천	지방 광역시	기타지방
200년말가격	461	679	416	305	259
2023년말가격	2078	4010	1774	1334	875
가격변동률	351%	491%	326%	337%	238%

1기신도시 (만 원)

	경기도	1기 신도시	분당	일산
200년말가격	442	551	655	530
2023년말가격	1866	2540	3480	1988
가격변동률	322%	361%	431%	275%

자료: 부동산R114

- 분당 아파트 가격(23년 동안 상승률): **430%**
- 일산 아파트 가격(23년 동안 상승률): **270%**

　　같은 거리, 같은 시기에 조성된 신도시인데도 아파트 가격 상승률에 큰 차이가 발생했습니다. 핵심적인 차이는 무엇일까요? 바로 출퇴근 편의성입니다.

　　분당은 출퇴근이 편리합니다. 신분당선이 개통되면서 강남까지 단 15분이면 도착할 수 있습니다. 게다가 판교 테크노밸리가 조성되면서 직주 근접의 이점까지 더해졌습니다. 반면 일산은 출퇴근이 매우 불편합니다. 강남까지의 출퇴근은 사실상 불가능에 가깝고, 도심이나 여의도까지 가는 것도 시간이 많이 소요됩니다.

2000년 당시 분당 아파트 가격은 일산보다 25% 비쌌습니다. 예를 들어 일산 아파트가 1억이라면 분당 아파트는 1억 2,500만 원 수준이었습니다. 하지만 지금은 그 격차가 더 벌어졌습니다. 현재 분당 아파트는 일산보다 75% 비쌉니다. 일산 아파트가 3억이라면 분당 아파트는 5억 2,500만 원이 된 것입니다.

이 데이터는 무엇을 의미할까요? 단순히 '인서울'이라는 개념이 중요한 것이 아닙니다. 도심, 여의도, 강남까지 얼마나 빠르게 접근할 수 있는지가 더 중요합니다. 만약 단순히 서울이라는 이유만으로 가치가 높다면, 서울 외곽 아파트들의 가격이 분당보다 더 비싸야 합니다. 하지만 실제로는 그렇지 않습니다. 따라서 핵심 지역이 아닌 서울 외곽 지역을 고집하기보다는, 출퇴근이 편리한 입지를 선택하는 것이 훨씬 더 중요합니다.

이제 다시 가구 수에 집중해보겠습니다. 앞서 설명했듯이, 부동산 시장에서는 인구 감소보다 가구 수 감소가 훨씬 중요한 요소입니다.

서울의 인구는 줄어들고 있지만, 공실이 거의 없는 상태입니다. 그렇다면 공실 여부가 집값에 어떤 영향을 미칠까요? 어떤 지역에서 인구가 감소했지만 공실이 발생하지 않고 주택이 꽉 차 있다면, 그 지역의 집값은 상승할 가능성이 큽니다. 반면 인구가 감소하면서 빈집이 늘어나기 시작하는 지역은 집값이 하락하고, 장기적으로 주거 선호도가 떨어지면서 침체될 가능성이 높습니다. 단순히 가구 수가 증가한다고 해서 집값이 오르는 것은 아닙니다. 공실 여부가 핵심입니다.

통계청에서는 2020년 대비 2050년까지, 즉 30년 동안 어느 지역의 가구 수가 증가하고, 어느 지역의 가구 수가 감소할지를 발표했습니다. 가장 많이 가구 수가 증가하는 지역은 경기도이고, 가장 많이 가구 수가 감소하는 지역은 서울입니다.

여기서 중요한 질문이 하나 있습니다. "가구 수가 감소하면 집이 필요 없으니까 서울 집값이 하락할까?" 절대 그렇지 않습니다. 그렇다면 반대로 생각해보겠습니다. "경기도는 가구 수가 증가하니까, 경기도에서 집을 사야 할까?" 이 역시 지나치게 단순한 해석입니다.

| 시도별 가구 증감, 2020년 대비 2050년

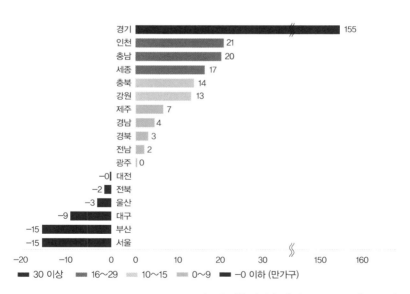

자료: 통계청, 장래가구추계 2020~2050년(2022.06)

경기도의 가구 수가 증가하는 가장 큰 이유는 집을 지을 땅이 많기 때문입니다. 즉 경기도에서는 지속적으로 주택 공급이 가능하다는 의미죠. 반면 서울은 물리적으로 주택 공급이 어렵습니다. 주택 공급이 한정적인 상황에서, 가구 수가 줄어든다고 해도 서울의 부동산 희소성은 더욱 커질 수밖에 없습니다.

인구 감소, 가구 수 감소, 공급 부족은 피할 수 없는 현실입니다. 하지만 이를 어떻게 해석하느냐가 중요합니다. 경기도는 가구 수가 증가하지만, 그만큼 주택 공급도 늘어납니다. 서울은 가구 수가 감소하지만, 공급이 한정적이므로 희소성이 더욱 커집니다. 따라서 장기적으로 '불패' 지역은 더욱 명확해집니다.

데이터를 해석할 때는 단순히 숫자만 보는 것이 아니라, 그 의미를 함께 분석해야 합니다. 부동산 시장에서 중요한 것은 단순한 인구 변동이 아니라, 실제로 주택이 얼마나 공급될 수 있는지, 그리고 그 지역이 얼마나 지속적으로 수요를 유지할 수 있는지입니다.

시장 전망을 위한
포인트 체크

지금부터 서울 아파트 시장을 중심으로 현재 상황과 앞으로 우리가 어떻게 대응해야 할지에 대해 살펴보겠습니다.

최근 부동산 기사에서 자주 등장하는 키워드 중 하나가 "서울 아

| 서울 아파트 월별 매매거래건수(계약일 기준)

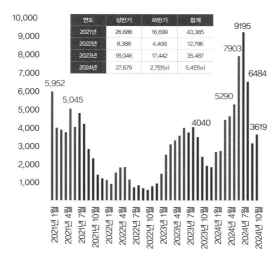

연도	상반기	하반기	합계
2021년	26,686	16,699	43,385
2022년	8,388	4,408	12,796
2023년	18,046	17,442	35,487
2024년	27,679	2.7만(e)	5.4만(e)

자료: 서울부동산정보광장(2024.11.29 기준)

| 서울 아파트 연도별 매매거래량(2006~2023)

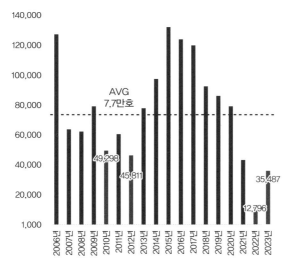

자료: 부동산114, 한국부동산원, 서울부동산정보광장

파트 거래량 급감"입니다. 그렇다면 거래량이 언제부터 급감하기 시작했을까요? 2023년 9월입니다. 9월에 '스트레스 DSR 2단계'가 시행되었기 때문입니다. 9월 이전에는 거래량이 많았습니다. 하지만 단순히 거래가 많았다는 것보다 서울 아파트 시장에서 장기적으로 어느 정도의 거래량이 '정상적'인지 살펴보는 것이 중요합니다.

서울 아파트의 연평균 거래량은 약 7만 7천 호 수준입니다. 이를 월평균으로 환산하면 약 6천 호 정도가 거래되고 있는 거죠. 월평균 5천 호 이상 거래되면 시장이 정상적으로 작동하고 있다고 평가할 수 있습니다.

그렇다면 2024년의 월별 거래량을 살펴보겠습니다. 5월부터 8월까지는 매월 5천 호 이상 거래되었습니다. 특히 6~7월에는 거래량이 폭증했습니다. 거래량이 비정상적으로 많았던 이유를 살펴보아야 합니다.

2024년 초반 시장 분위기는 어땠을까요? 1월부터 서울 아파트 가격이 상승하기 시작했습니다. 이러한 상황에서 "7월부터 스트레스 DSR 2단계를 시행한다"라는 발표가 나왔습니다. 그러자 집을 사고자 하는 사람들은 7월 시행 전에 집을 사야겠다는 심리가 확산되면서 5~6월 거래량이 급증했습니다.

하지만 정부는 7월이 되기 직전, 자영업자 경기 악화를 고려해 스트레스 DSR 2단계 시행을 9월로 연기했습니다. 이 소식을 들은 구매 희망자들은 7~8월에도 적극적으로 매수에 나섰고 그 결과 거래량이 폭발적으로 증가하면서 가격도 상승했습니다. 그러다 9월이 되어 스트레스 DSR 2단계가 실제로 시행되자, 거래량이 급감했습니다. 월평균 거래량이 3천 호 수준으로 감소했습니다.

지금 부동산 시장이 혼란스러운 이유를 단순히 경기 침체나 대외적 요인으로만 해석하는 경우가 많습니다. 하지만 현재 서울 아파트 거래량 감소의 가장 핵심적인 원인은 '스트레스 DSR 2단계의 시행'입니다. 지금 거래가 줄어든 가장 큰 이유는 '대출 규제 강화'로 인해 대출을 받기 어려워진 것이 주요 원인입니다.

거래량이 중요한 이유는 거래량과 가격이 밀접하게 연결되어 있기 때문입니다. 부동산 시장에서도 거래량과 가격을 함께 살펴봐야 합니다. 더불어 부동산은 장기적인 사이클을 이해하고 큰 흐름을 읽는 것이 중요합니다.

부동산 시장에서 가장 오래된 분석 방법 중 하나가 '벌집 순환 모형'입니다. 장기적인 부동산 사이클을 가장 잘 설명해줍니다. 벌집

ㅣ 벌집 순환 모형

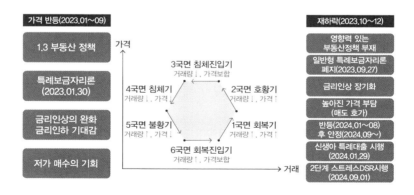

순환 모형에서 X축은 '거래량', Y축은 '가격'을 의미합니다. 부동산 시장이 어떤 순환 과정을 거치는지 간략하게 설명해보겠습니다.

• 1국면 회복기 •

가격과 거래량이 함께 증가하는 구간입니다. 가격이 저점을 찍고 상승하기 시작하면 매수세가 유입되면서 시장이 활기를 띠지만, 일부는 매수 기회를 놓쳐 불만이 생깁니다.

• 2국면 호황기 •

정책 개입으로 거래량이 줄어들지만 가격은 급등하는 시기입니다. 정부는 집값 안정을 위해 규제를 강화하지만, 재건축 제한 등으로 인해 공급이 줄면서 오히려 가격이 더 오르는 현상이 발생합니다.

• 3국면 침체 진입기 •

가격이 정체되고 거래량이 감소하는 단계입니다. 가격이 과도하게 상승해 시장이 따라가지 못하고, 금리 인상이나 경기 침체 같은 외부 충격이 발생하면 본격적인 하락세로 접어듭니다.

• 4국면 침체기 •

가격이 급락하고 거래량이 급감하는 시점입니다. 거래 절벽, 미분양 증가, PF 부실 등의 요인이 겹치면서 공포 심리가 확산되고, 매수세가 완전히 위축됩니다.

• 5국면 불황기 •

거래량은 증가하지만 가격은 더 하락하는 시기입니다. 가격이 크게 떨어지면서 매수 고려자가 늘어나지만, 시장이 완전히 안정되지 않아 추가 하락 가능성이 존재합니다.

• 6국면 회복 진입기 •

가격 하락이 멈추고 소폭 상승과 하락을 반복하면서 시장이 점차 안정됩니다. 이후 시간이 지나면서 다시 회복기 → 호황기 → 침체기의 흐름이 반복됩니다.

현재 부동산 시장은 회복 진입기에 해당합니다. 가격 변동성이 크지 않아 시장에 대한 관심이 줄어드는 단계이며, 변동성이 적어 매수를 고려하는 사람들이 줄어들고 있습니다. 회복 진입기가 얼마나 지속될지는 예측하기 어렵지만, 1~5년간 이어질 가능성이 있습니다. 만약 회복 진입기가 장기화된다면, 많은 사람이 전세를 선택할 것입니다. 전세 수요가 증가하면 전세 가격이 상승하게 되고, 전세가율이 높아지면서 갭 투자 환경이 조성됩니다. 전세가율이 일정 수준을 넘어서면 갭 투자자들이 시장에 유입되며, 결국 매매 가격 상승으로 이어지는 흐름이 나타날 것입니다.

결국 회복 진입기는 전세가 상승 → 갭 투자 증가 → 매매가 상승으로 이어지는 과정이 반복되는 시기이며, 향후 전세가율과 대출 정책이 시장 흐름을 결정하는 주요 요소가 될 것입니다.

현 시장에서 중요한
대출 변수

현재 시장에서 가장 중요한 변수는 대출입니다. 부동산을 구매할 때 대부분 '자신이 가진 자산 + 대출'을 활용합니다. 대출이 가능하면 수요가 늘어나지만, 대출이 막히면 거래가 위축됩니다. 즉 지금 부동산 시장은 대출 규제에 가장 민감하게 반응하는 시장입니다.

현재 시장에서는 대출 규제 여부를 가장 중요하게 지켜봐야 합니다. 만약 대출 규제가 완화된다면 시장은 다시 상승 흐름을 보일 가능성이 큽니다. 반면 규제가 지속되거나 강화된다면 현재와 같은 정체기가 길어질 수 있습니다.

우리가 해야 할 일은 시장의 패턴을 연구하고, 장기적인 흐름 속에서 대응 전략을 세우는 것입니다. 지금 부동산 시장이 어디에 위치하고 있는지를 이해하는 것이 가장 중요한 시점입니다.

이번 하락장을 경험하기 전에, 우리는 두 번의 하락기를 겪었습니다. 첫 번째는 1997년 외환위기, 두 번째는 2008년 글로벌 금융위기였습니다. 하지만 이 두 시기의 패턴은 완전히 달랐습니다.

외환위기(1997~1998)는 단기 급락 후 빠른 V자 반등을 보였습니다. 1997년 12월부터 가격이 급락했지만, 1998년 이후 급반등하며 2006년까지 지속적인 상승세를 이어갔습니다. 반면 2008년 글로벌 금융위기는 다르게 전개되었습니다. 금융위기 직전(2006~2008)까지 아파트 가격이 급등했던 만큼 위기 이후 가격이 급락했습니다. 이후

| 서울 아파트 매매가격지수

(지수100=2022,01)

1997년	2008년	2022년
외환위기	글로벌 금융위기	물가급등 금리급등
국내이슈	국제이슈	국제이슈
안정기 後	상승기 後	상승기 後

자료: KB부동산

에도 지속적으로 하락하며 장기 침체에 빠졌습니다. 반등을 기대하고 매수한 사람들이 있었지만, 시장은 오히려 더 하락하는 모습을 보인 것입니다.

이처럼 같은 위기 상황에서도 반등 패턴이 다르게 나타난 이유는 무엇일까요? 이를 이해하면 향후 위기가 왔을 때 유사한 패턴을 적용해 시장을 분석할 수 있습니다.

외환위기 당시에는 부동산 시장이 크게 상승하기 전이었습니다. 공급이 많았고, 가격이 안정적이었기 때문에 떨어질 폭도 크지 않았습니다. 또한 외환위기는 국내 경제 이슈였기 때문에 정부가 직접 해결할 수 있는 문제였습니다. 국가적으로 외환을 모으며 경제 회복을 이루었고, 그 과정에서 부동산 가격도 V자 반등을 보였습니다.

반면 글로벌 금융위기 직전에는 아파트 가격이 급등한 상태였습니다. 즉 떨어질 여지가 많았던 시장이었습니다. 게다가 글로벌 금융위기는 미국에서 시작되어 유럽으로 확산되었고, 한국이 자체적으로 해결할 수 없는 국제적인 문제였습니다. 경제 회복이 더딜 수밖에 없었고, 부동산 시장도 오랜 기간 침체되었습니다.

현재 부동산 시장은 외환위기보다는 글로벌 금융위기의 패턴과 더 유사합니다. 이미 W자 형태의 조정을 거치고 있으며, 급격한 반등보다는 점진적인 회복 과정이 예상됩니다. 서울 아파트 가격을 살펴보면, 2021년 10월을 고점으로 평균 10% 하락한 상태입니다. 일부 강남 주요 단지들은 이미 전고점을 넘어섰지만, 전체적으로 보면 여전히 10% 낮은 수준입니다.

이러한 흐름은 2008년 금융위기 당시와 상당히 유사합니다. 2008년에는 한 달에 6%씩 하락하는 강한 조정을 겪었으며, 2022년과 패턴이 매우 비슷합니다. 또한 2009년 시장 흐름은 2023년과 닮아 있습니다. 당시에는 2010~2013년까지 4년 동안 큰 변동 없이 가격이 오르고 내리기를 반복했습니다. 이 시기의 흐름이 2025년과 유사할 가능성이 높습니다.

2025년에
반드시 알아둘 것

2025년 부동산 시장을 전망할 때 가장 중요한 요소는 금리와 정책입니다.

하지만 우리나라보다 미국의 금리 인하 속도가 더 중요합니다. 만약 미국이 금리를 천천히 인하하면, 한국의 금리 인하도 지연될 가능성이 큽니다. 현재 한국과 미국의 금리 차이가 1.5%p인데, 이 격차가 1%p 이하로 줄어들어야 한국도 본격적으로 금리를 내릴 여지가 생깁니다. 따라서 미국 금리 인하가 빨라질수록 한국도 금리를 조정할 가능성이 큽니다. 금리는 인하 속도가 둔화될 가능성이 크지만, 결국 인하될 가능성이 높습니다. 금리가 인하되면 자금 조달 비용이 낮아지면서 투자하기 좋은 환경이 조성될 것입니다.

공급이나 세금보다 더 중요한 정책 변수는 대출 규제입니다. 아파트 시장에서 매수세가 살아나려면 금리가 낮아지는 것도 중요하지만, 무엇보다 대출이 원활하게 이루어져야 합니다. 금리가 다소 높더라도 대출 규제가 완화되면 매수세가 증가할 수 있지만, 반대로 금리가 내려가더라도 대출이 막혀 있으면 거래 활성화가 어렵습니다.

PF(프로젝트 파이낸싱) 대출 부실 문제가 시장에서 우려되는 요인

중 하나입니다. 다만 PF 대출 부실이 직접적으로 아파트 시장에 악영향을 미칠 가능성은 크지 않습니다. PF 시장은 개발 금융 시장이고, 아파트 시장은 개별 주택 매매 시장이기 때문에 성격이 다릅니다. 오히려 PF 대출 부실로 인해 신규 공급이 줄어들면, 장기적으로 공급 부족을 초래해 가격 상승 요인이 될 수도 있습니다.

또한 해외발 악재는 예측이 불가능한 변수이므로 단기적인 대응이 어려운 영역입니다. 따라서 우리는 국내 정책과 시장 흐름에 집중해야 합니다.

앞서 설명한 것처럼 회복 전환기에는 아파트 가격이 크게 변동하지 않으면서 전세가율이 상승하는 패턴을 보입니다. 현재 서울 아파트의 평균 전세가율(재건축 포함)은 약 47%입니다. 과거 데이터를 살펴보면, 전세가율이 2012년 53%에서 2013년 말 63%로 올랐고, 2014년부터 본격적인 가격 상승 시작했습니다. 이러한 흐름을 고려했을 때, 전세가율이 55%를 초과하면 본격적인 투자 적기가 될 가능성이 높습니다. 다만 과거와 달리 학습 효과가 작용하면서 시장의 반등 시점이 다소 앞당겨질 수도 있습니다. 현재 예상으로는 2025년 말쯤이 이러한 조건을 충족할 가능성이 높습니다.

2025년 7월에는 스트레스 DSR 3단계가 시행될 예정입니다. 이는 대출 규제가 한층 더 강화되는 조치로, 대출받기가 더욱 어려워집니다. 금리는 인하되지만, 대출 규제가 강화되면 자금 조달이 힘들기에 시장 침체가 지속될 가능성이 큽니다. 반대로 정부가 경기 부양을 위해 대출 규제를 완화하면 부동산 시장은 급격히 반등할 수 있습니다.

스트레스 DSR 3단계 시행 여부가 핵심 변수가 될 것입니다. 만약 규제가 그대로 시행되면 시장 침체가 길어질 수 있지만, 만약 유예되거나 완화된다면 그 순간이 본격적인 매수 타이밍이 될 수 있습니다.

부동산 시장의 변곡점이 될 2025년, 정책 변화를 예의주시하면서 전략적으로 대응하는 것이 중요합니다.

전원생활의 꿈
농막 쉼터, 그리고 이동주택

퍼스트디앤씨주식회사 대표

성진용

"자연 속 나만의 힐링 하우스, 당신의 꿈이 현실이 됩니다!" 농막, 체류형 쉼터, 모빌 주택은 작은 공간에서도 큰 행복을 선사한다. 안전하고 합법적으로 당신만의 특별한 공간을 완성할 수 있다. 농촌 생활의 비밀과 건축 노하우, 모든 정보를 살펴보자.

최근 4도3촌(4일은 도시, 3일은 시골에서 생활하는 방식)을 꿈꾸는 분들이 늘어나고 있습니다. 하지만 아무런 계획 없이 시골 생활을 시작하면 현실적인 어려움에 부딪히게 됩니다. 낭만적으로만 생각했던 시골 생활이 예상과 다르게 힘들 수 있으며, 결국 다시 도시로 돌아가고 싶어도 돌아가기 쉽지 않은 상황에 처할 수도 있습니다.

시골 생활을 꿈꾼다면 먼저 최소 비용으로 귀농, 귀촌, 귀산촌을 경험해보고 자신에게 맞는지 판단하는 것이 중요합니다. 주말 주택을 마련해 생활해보면 현실적인 문제를 체감할 수 있습니다.

처음에는 기대에 부풀어 시작하지만, 실제로는 잡초와 나무 관리, 각종 시설 유지보수까지 해야 할 일이 많습니다. 이런 이유로 대부분 6개월이 지나면 후회를 합니다.

제 지인의 사례를 이야기해볼까요? 제 지인은 강원도 내립천 인근에서 살둔산장을 운영하고 있습니다. 처음에 이곳에서 캠핑장을 관리할 소장을 모집했는데, 많은 지원자가 몰렸습니다. 모두 전원생활에 대한 기대감이 컸죠. 하지만 뽑힌 소장이 6개월 만에 사표를 내고 떠났습니다. 이유는 주말에는 캠핑객과 어울리며 즐거웠지만, 주중에는 지나치게 외로웠기 때문이었습니다. 이후 새로 채용된 소장도 6개월이 지나자 떠났고, 결국 주중에는 캠핑장을 운영하지 않는 방향으로 바뀌었습니다. 이처럼 낭만적인 전원생활이 반드시 행복한 것은 아니라는 점을 이해해야 합니다.

농막, 농촌 체류형 쉼터, 모빌 주택의 개념

· 농막 ·

농막은 본래 농사를 짓는 중에 쉬기 위한 임시 공간으로 시작되었습니다. 농촌진흥청에서는 이를 주거 공간으로 활용할 수 있도록 인정했지만, 건축법상으로는 가설건축물 개념으로 분류됩니다. 이로 인해 불법 사용이 많아졌고, 이를 규제하기 위해 2025년 1월부터 농막 관련 법이 강화됩니다. 앞으로는 모든 농막이 가설 건축물로 관리될 예정입니다.

① 농막, ② 농촌 체류형 쉼터, ③ 모빌 주택

· 농촌 체류형 쉼터 ·

농촌 체류형 쉼터는 농막과 달리 일정 기간 거주할 수 있는 공간으로, 귀농이나 귀촌을 고민하는 분들이 시골 생활을 체험할 수 있도록 설계되었습니다. 정식 주택으로 주소를 이전해 거주하는 것은 어렵지만, 임시 거주가 가능하도록 정책이 마련되었습니다.

· 모빌 주택 ·

모빌 주택은 이동식 주택을 의미합니다. 캠핑카와 유사한 개념으로, 트레일러 형태로 이동이 가능해 원하는 장소에서 자연과 함께 생활할 수 있습니다. 최근에는 모듈러 주택과 결합된 형태도 등장하고 있으며, 국내뿐 아니라 미국과 유럽에서도 점차 확대되고 있는 추세입니다. 모빌 주택의 장점은 필요할 때마다 이동이 가능하다는 점이며, 캠핑이나 단기 체류에도 활용될 수 있습니다.

이처럼 농막, 농촌 체류형 쉼터, 모빌 주택은 각각의 특징과 활용법이 다릅니다. 무작정 시골로 내려가 주택을 마련하기보다는 자신의 라이프스타일과 목적에 맞는 형태를 신중하게 선택하는 것이 중요합니다.

농막의 종류와 법적 요건

농막에는 농지법상 농막과 산지관리법상 농막 두 가지 종류가 있습니다. 일반적으로 농막이 6평($20m^2$)만 가능하다고 생각하는 경우가 많지만, 실제로는 그렇지 않습니다. 법적으로 농막의 유형에 따라 허용되는 면적이 다릅니다.

- 농지법상 농막: $20m^2$(6평) 이하, 자격 요건 없이 누구나 설치 가능
- 산지관리법상 농막: $50m^2$(15평) 이하, 임업인만 설치 가능

농지법상 농막은 농지로 간주되며, 설치 후에도 지목이 변경되지 않습니다. 일부에서는 농막을 설치한 뒤 잡종지나 대지로 지목을 바꾸면 땅의 가치가 올라가리라 생각하는데, 이는 잘못된 정보입니다. 농막은 농지로 간주되므로 이러한 기대는 현실적으로 불가능합니다.

반면 산지관리법상 농막은 산지 일시 사용 신고 대상에 해당합니다. 따라서 단순히 설치하는 농막도 있고, 산지 일시 사용 신고를 거쳐야 하는 농막도 있습니다.

- 일반 산지관리법상 농막: 50m^2(15평)까지 설치 가능
- 산지 일시 사용 신고를 거친 농막: 최대 200m^2(60평)까지 허용, 일정 기간 동안 임시 사용 가능

즉 15평에서 60평 규모의 농막을 적절히 활용하면 충분히 전원주택 개념으로도 사용할 수 있습니다. 다만 산지관리법상 농막은 반드시 임업인 자격을 갖춘 사람만 설치할 수 있으며, 관련 법규를 철저히 확인한 후 진행해야 합니다.

농막에 대한
잘못된 상식

농막에 대해 잘못 알고 있는 상식들이 많습니다. 한번 살펴보겠습니다.

• 농막은 전원주택이나 펜션으로 사용할 수 있다? •

✖ 잘못된 정보입니다. 일부 판매자가 "농막을 전원주택이나 펜

션으로 사용할 수 있다"고 홍보하지만, 이는 사실이 아닙니다. 농막은 주소지를 이전할 수 있는 거주 공간이 아니며, 이를 전원주택이나 펜션 용도로 사용하면 농지법 및 건축법 위반으로 이행 강제금이 부과될 수 있습니다.

• 농막에는 화장실 설치가 불가능하다? •

✖ 일부 지역에서는 가능할 수도 있습니다. 과거에는 농막에 화장실을 설치하는 것이 불가능하다고 알려졌지만, 최근에는 지자체별로 정화조 설치를 유도하는 경우가 많아지고 있습니다. 화장실을 설치하지 못하면 재래식 화장실을 따로 두어야 하는데, 이는 악취 문제로 인해 일부 지자체에서는 정화조를 허용하고 있습니다. 설치전 해당 지자체의 규정을 반드시 확인해야 합니다.

• 농막은 연장 신청만 하면 무기한 사용할 수 있다? •

✖ 무단 증축 시 연장 불허됩니다. 농막은 기본적으로 가설 건축물로 인정받아 3년의 존치 기간을 가집니다. 이후 1년 단위로 연장 신청이 가능하지만, 문제가 발생할 수 있습니다. 예를 들어 초기에 6평으로 설치한 농막을 사용하다가 창고 공간이 필요해 3평을 증축한 뒤, 이후 다시 3평을 증축해 최종적으로 20평까지 확대했다고 가정하겠습니다. 이처럼 무단 증축을 할 경우 연장 신청 시 공무원의 현장 점검에서 연장이 불허될 수 있으며, 이행 강제금이 부과되거나 원상 복구 명령이 내려질 수 있습니다. 따라서 농막은 허가된 면적

을 준수해야 하며, 증축을 계획한다면 반드시 법적 절차를 확인해야 합니다.

• 농막은 허가나 신고 없이 설치할 수 있다? •

✖ 신고가 필요합니다. 농막은 가설 건축물 축조 신고가 필요하며, 건축법의 적용을 받습니다. 가설 건축물도 건축법 적용 대상이고, 공작물도 건축법 적용 대상입니다. 건축물로 인정받는 경우 건축법의 규정을 준수해야 하고요.

또한 농막은 철근 콘크리트나 철골 구조물이 아니어야 하며, 전기·수도·가스 등의 공급이 필요하지 않은 경우에만 가설 건축물로 인정됩니다. 농촌 체류형 쉼터도 동일한 기준을 적용받습니다. 따라서 전기, 수도, 가스를 사용하려면 본인이 직접 비용을 부담해야 하며, 이와 관련된 법적 규정을 사전에 확인하는 것이 중요합니다.

농지법 개정과
농촌 체류형 쉼터

농지법 시행규칙 개정안은 2024년 12월 9일 입법 예고가 종료되었으며, 이후 2025년 1월 1일, 1월 3일, 1월 24일 세 차례에 걸쳐 단계적으로 시행될 예정입니다. 특히 농촌 체류형 쉼터는 아직 세부적인 법안이 나오지 않았지만, "공포일로부터 시행한다"라는 규정에

Ⅰ 농막 vs. 농촌 체류형 쉼터

농막	농촌 체류형 쉼터
• 주차장, 베란다, 발코니 설치 불가 • 농지에 설치할 수 있으며, 도로 접합 여부와 관계없이 설치 가능 • 불법 증축 시 연장 불허 및 원상 복구 필요	• 주차장, 발코니, 테라스 설치 가능(33m² 이외의 면적으로 허용) • 도로에 접해야 설치 가능(현황도로 포함) • 별장 개념으로 활용 가능

따라 2025년 1월 3일부터 적용될 것으로 보입니다. 따라서 해당 날짜 이후부터는 농촌 체류형 쉼터 설치가 가능합니다.

농촌 체류형 쉼터와 농막은 구조 및 활용 면에서 차이가 있습니다.

농촌 체류형 쉼터는 별장 개념으로 활용할 수 있도록 설계되었으며, 본 건축 면적(33m²)에 주차장 및 부대시설 면적을 포함한 총 부지 면적이 건축 면적의 2배 이상이면 설치 가능합니다. 따라서 주거용으로 사용할 계획이라면 농막보다 농촌 체류형 쉼터가 더 유리한 선택이 될 수 있습니다.

농촌 체류형 쉼터가 도입되면서 불법 농막에 대한 본격적인 단속이 시작될 예정입니다. 현재 전국적으로 불법 농막이 광범위하게 설치되어 있으며, 많은 사람이 이웃의 증축 사례를 보고 따라 하는 경향이 있습니다. 특히 시골 생활에서는 창고가 필수이기 때문에, 농막을 증축하면서 20~30평 이상으로 확장하는 경우가 많습니다. 하지만 이러한 불법 증축은 단속 대상이 되며, 이행 강제금이 부과되거나 원상 복구 명령이 내려질 수 있습니다.

산지 농막 사례

농막 중에는 산지 농막도 있습니다. 많은 사람이 TV 프로그램 〈나는 자연인이다〉 등을 보고 산속에서 생활하는 꿈을 꾸지만, 현실적으로는 법적 규제를 준수해야 합니다. 산림 경영 관리사는 나무를 심고 가꾸는 데 필요한 시설을 운영하는 자로, 반드시 임업인 자격이 있어야 하며, 일정 조건을 충족해야 합니다. 산지에서 15평까지 농막을 설치할 수 있습니다.

농막, 농촌 체류형 쉼터, 산림 경영 관리사 시설 등 어떤 형태든 건물을 운반해야 하기 때문에 운반 경로를 반드시 확인해야 합니다. 경사도가 높거나 차량 진입이 어렵다면 건축물을 운반할 수 없어 설치가 불가능할 수도 있습니다. 따라서 사전에 진입로 및 운반 가능 여부를 반드시 확인한 후 진행하는 것이 중요합니다.

농촌 체류형 쉼터와
세금 혜택

1가구 2주택 문제를 걱정하는 경우가 많지만, 농촌 체류형 쉼터는 주거용 건축물이 아니므로 주택 수에 포함되지 않습니다. 이에 따라 기존 주택을 보유한 상태에서 농촌 체류형 쉼터를 추가로 마련하더라도 세금 부담이 늘어나지 않습니다.

또한 조세특례제한법에 따라 농어촌 주택 및 고향 주택도 주택 수에 포함되지 않습니다. 농어촌 주택의 경우 건물과 토지를 포함한 가격이 3억 원 이하일 경우 비과세 혜택을 받을 수 있으며, 만약 농어촌 주택을 소유한 상태에서 1가구 2주택이 되었다면 3년 내 기존 주택을 매각할 경우 세금 감면 혜택을 받을 수 있습니다.

다만 수도권 지역은 이 혜택에서 제외되며, 강화군, 옹진군, 김포시, 파주시, 연천군 등 일부 지역은 예외적으로 혜택을 받을 수 있습니다. 따라서 농촌 주택을 고려하는 경우 해당 지역의 세금 규정을 미리 확인하는 것이 중요합니다.

우리나라 국토는 도시 지역과 비도시 지역으로 나뉘며, 농어촌 주택 혜택을 받으려면 비도시 지역에 위치해야 합니다.

• 도시 지역: 주거 지역, 상업 지역, 공업 지역, 녹지 지역
• 비도시 지역: 농림 지역, 관리 지역, 자연환경 보존 지역

특히 고향주택의 경우 10년 이상 거주한 경우에만 1가구 2주택에서 제외되는 혜택을 받을 수 있습니다. 따라서 농촌에 주택을 마련할 계획이 있다면 해당 지역이 도시 지역인지, 비도시 지역인지 반드시 확인해야 합니다.

미래의 주거 트렌드
스마트하우스를 이용한 공동 거주

현재 횡성에서는 스마트하우스 프로젝트가 진행 중이며, 특히 별장 단지 형태로 조성된 공간이 주목받고 있습니다. 농촌 체류형 쉼터를 갖고 싶지만 혼자 내려가기는 부담스럽다면, 친한 사람들과 함께 동호인 주택을 조성하는 방식을 고려해볼 수 있습니다.

스마트하우스와 횡성 별장 단지

이런 공동 주거를 계획할 때는 임야를 활용하는 방법도 고려해 볼 만합니다. 현재 평당 1만 원짜리 임야도 존재하지만, 활용도가 떨어지는 경우가 많아 적어도 평당 5만 원에서 10만 원 정도의 임야를 구매하는 것이 적절합니다. 10~15명의 동호인이 모여 필지를 나누어 활용하면, 경제적으로도 부담을 줄일 수 있습니다.

농촌 체류형 쉼터의 면적을 10평(약 $33m^2$)으로 가정했을 때, 비용은 천만 원부터 1억 원까지 다양합니다. 일반적으로 3천만 원 정도면 기본적인 쉼터를 조성할 수 있습니다. 그러나 중요한 점은 이 쉼터가 12년의 사용 기한을 가지며, 이후 가설 건축물 축조 연장이 불가할 수도 있다는 점입니다. 1억 원을 들여 마련한 쉼터를 12년 후에 철거해야 한다면 현실적으로 부담이 될 수밖에 없습니다.

이를 해결하는 방법은 간단합니다. 개발행위 허가 및 건축 신고를 받아 합법적인 건축물로 전환하는 것입니다. 산지에 위치한 계획 관리 지역이라면 건폐율 40%까지 적용 가능하므로 활용성이 높아집니다.

예를 들어 20평(약 $66m^2$) 규모의 부지를 평당 10만 원에 구매하면, 총 2천만 원 정도의 비용으로 쉼터를 조성할 수 있습니다. 이 경우 땅과 건물의 합산 가격이 3억 원 이하라면 주택 수에 포함되지 않아 세금 부담도 적습니다.

모빌 주택을 활용해
최소 비용으로 별장 만들기

최근 제주도에서 '1억 원으로 별장 만들기' 프로젝트가 진행되고 있습니다. 필요한 자금은 약 3천만 원이며, 나머지 7천만 원은 은행 대출을 활용할 수 있습니다. 모빌 주택을 단지화해 운영하면, 필요할 때 직접 사용하고, 필요하지 않을 때는 숙박업으로 운영하는 방식도 가능합니다. 에어비앤비 같은 공유 숙박 플랫폼을 활용해 추가 수익을 창출할 수도 있습니다. 이러한 형태는 초기 비용을 줄이고 유지 관리의 부담을 덜 수 있어, 실용적인 별장 운영 방식으로 주목받고 있습니다.

현재 일본에서는 이러한 개념이 도시화된 숙박업으로 활용되고 있으며, 국내에서도 종로를 중심으로 일부 사례가 나타나고 있습니다.

모빌 주택의 개념은 단순한 별장이 아니라 공유 주거 형태로 발전할 가능성이 큽니다. 고정된 건물 대신 필요할 때 배치하고 필요 없을 때 이동하는 방식이 늘어날 전망입니다. 유럽과 미국에서는 이미 모빌 주택 시장이 연간 10% 이상 성장하고 있습니다.

국내에서도 임대형 기숙사와 같은 새로운 공유 주거 형태가 제도화되고 있으며, 향후 더욱 확대될 가능성이 있습니다. 이처럼 고정된 건물을 짓기보다 좀 더 유연한 주거 형태로 변화하는 것이 미래의 주거 트렌드가 될 것입니다.

농지를 매입할 때는 단순히 현재의 용도를 고려하는 것이 아니

미래가치를 보여준 자드락펜션

라, 미래 가치를 예상하는 것이 중요합니다. 제가 사례로 드는 곳은 자드락펜션입니다.

자드락펜션은 과거 천수답(천수림 논)이었던 땅이 별장 부지로 변신한 사례입니다. 공인중개사가 10만 원에 나온 농지를 경관이 좋다는 이유로 30만 원에 평가했고, 300만 원 이상의 가치를 보고 공간을 조성했으며, 결과적으로 큰 차익을 얻었습니다.

이처럼 농촌 체류형 쉼터나 농지를 고려할 때는 현재의 가치뿐만 아니라, 앞으로 어떻게 활용할 것인지 장기적인 계획을 세우는 것이 필요합니다.

농촌 생활은 계획 없이 시작하면 실패할 확률이 높습니다. 하지만 적절한 준비와 법적 이해를 바탕으로 접근하면, 안정적인 전원생활이 가능합니다. 여러분의 전원생활을 응원합니다.

Q. 5년 뒤 전원생활을 하려고 하는데 5년 동안 무엇을 준비하면 좋을까요?

여러분은 농지 연금과 산지 연금이 있다는 사실을 알고 계셨나요? 농지 연금은 60세부터 신청할 수 있으며, 안정적인 노후 소득을 보장하는 제도입니다.

하지만 농지 연금을 신청하려면 5년 이상 농사를 지어 농업인 자격 요건을 갖추어야 합니다. 따라서 50대에 은퇴를 고려하는 분들은 미리 5년 동안 농업인 자격을 준비하는 과정이 필요합니다.

이를 위해 귀농·귀촌 종합센터를 활용하는 방법이 있습니다. 서울 양재역에 위치한 귀농·귀촌 종합센터에서는 귀농·귀촌 관련 교육을 제공하며, 일정 교육을 이수하면 정부의 지원을 받을 수 있습니다.

- 교육 100시간을 이수하면 귀농 자금을 최대 3억 원까지 대출
- 대출 조건: 5년 거치, 10년 상환, 연이율 2% 적용

연이율 2%의 낮은 금리로 지원되는 대출이므로, 농촌 정착을 고려하는 분들에게 매우 유리한 조건입니다.

따라서 은퇴 후 전원생활을 계획한다면, 먼저 귀농·귀촌 종합센터에서 교육을 받고, 거주할 지역을 신중하게 선정한 후 준비하는 것이 중요합니다. 이러한 과정을 거치면, 향후 농지 연금을 활용해 안정적인 소득을 확보할 수도 있습니다.

PART 3

트럼프 2.0 시대,
금융 투자 전략

2025 KOREA
FINANCIAL PLANNING
TRENDS

트럼프 시대
주식 투자 전략

베스트인컴 회장
남석관

트럼프 2기 행정부가 출범하는 2025년은 한국 경제에 커다란 위기이 자 도전임이 틀림없다. 한국 주식시장은 다양한 리스트로 인해 하방 압 력을 받을 것이다. 그러나 미국 지수와 한국 지수의 디커플링(탈동조화) 속에서도 섹터·종목의 커플링(동조화) 현상이 계속되고 있다. 수익 낼 종 목과 기회를 보여준다. 지금부터 함께 알아보도록 하자.

2024년은 주식시장에서 수익을 낸 투자자가 상대적으로 적었습니다. 연초 코스피 지수는 2,600포인트에서 시작했지만, 변동성이 심화되면서 2,400포인트 아래로 떨어지는 등 큰 조정을 보였습니다. 2024년 내내 시장 변동성이 컸고, 일반 투자자가 수익을 내기 어려운 환경이었습니다. 저 역시 지난해 대비 수익이 절반 수준으로 줄어든 한 해였습니다. 그러나 전업 투자자로 25년을 살아오면서 단 한 번, 재작년에만 마이너스를 기록했을 뿐, 20년 넘게 꾸준히 수익을 내왔습니다. 이를 바탕으로 앞으로도 시장에서 살아남기 위한 전략을 공유하고자 합니다.

2025년에도 주식시장의 변동성은 계속되겠지만, 기회를 잘 포착한다면 충분히 수익을 낼 수 있습니다. 꾸준한 공부와 냉철한 투자 전략이 시장에서 살아남는 가장 중요한 요소가 될 것입니다.

트럼프 2기 출범과
경제 정책

트럼프 2기가 출범하면서 경제 통상 정책이 다시 주목받고 있습니다. 핵심은 '미국 우선주의(MAGA: Make America Great Again)'로, 보호무역을 강화하고 미국 중심의 제조업 재편을 목표로 삼고 있습니다. 이를 위해 중국에 대한 최혜국 대우 지위를 철회하고, 대중국 관세 인상을 추진하겠다고 발표했습니다. 또한 원산지별 면세 기준을 강화하고, 멕시코와 캐나다에서 수입되는 모든 제품에 25%의 관세를 부과하며, 중국 제품에는 추가로 10%의 관세를 부과하겠다는 방침을 밝혔습니다.

감세 정책과 재정 적자 확대도 주요 정책 방향 중 하나입니다. 확장적 재정 정책을 펼치면서도 반(反) 이민 정책을 강화해, 이는 물가 상승 요인으로 작용할 가능성이 높습니다. 연준(Fed)이 급격한 금리 인하를 제동하고, 저금리와 약달러 기조를 유지할 가능성이 크다는 점도 주목해야 합니다.

좀 더 자세히 살펴보죠. 트럼프 정부의 첫 경제 정책은 멕시코 국경 장벽을 재건하고 불법 이민자를 강력히 단속하는 것이었습니다. 동시에 중국을 겨냥한 보복 관세와 보편 관세를 강화하고 있습니다. 보편 관세란 특정 국가를 겨냥한 것이 아니라 모든 제품에 관세를 부과하는 것으로, 전반적인 무역 장벽을 높이겠다는 의미입니다. 결국 트럼프의 정책 기조는 '미국 우선주의'와 '대중국 견제'라는 두 가

2025 대한민국 재테크 트렌드

지 방향으로 압축할 수 있으며, 이를 통해 미국 제조업을 활성화하고 경쟁력을 높이겠다는 의도를 보이고 있습니다.

그러나 이러한 보호무역 정책은 물가 상승을 초래할 가능성이 높습니다. 물가가 오르면 인플레이션이 심화될 수밖에 없습니다. 이에 대해 연준의 파월 의장이 최근 발언에서 우려를 표명했습니다. 당초 2025년에 네 차례의 금리 인하를 계획했으나, 최근 물가 상황을 고려해 두 차례로 축소하겠다고 발표했습니다. 이 같은 발표 이후 다우지수와 나스닥지수가 급락했으며, 미국 증시의 충격이 글로벌 증시로 확산되었습니다.

정치적 불확실성도 우리나라 증시에 악재로 작용하고 있습니다. 윤석열 정부는 비상계엄을 선포해 정치적 혼란을 가중시켰으며, 헌법재판소의 판결에 따라 향후 5~6개월 동안 대통령 선거 일정이 변동될 가능성이 큽니다. 정치적 일정이 불투명해지면서 주식시장도 대응이 어려운 상황입니다. 이러한 불확실성 속에서 투자 심리가 급격히 위축되었고, 시장에서는 투매 현상이 나타나고 있습니다.

하지만 악재가 많다고 해서 모든 것이 부정적인 것은 아닙니다. 주식 시장의 가장 큰 묘미는 불황 속에서도 기회를 찾을 수 있다는 점입니다. IMF 외환위기 당시 많은 기업이 부도났지만, 환율 상승 덕분에 수혜를 입은 기업들도 있었습니다. 9·11 테러 당시에도 코스피와 코스닥이 폭락했지만, 보안 관련주는 오히려 급등하는 흐름을 보였습니다. 이처럼 경제가 어려울 때 특정 산업이 오히려 성장하는 경우가 있으므로 시장의 변화를 면밀히 분석하고 대응하는 것이 중요합니다.

또 주식 투자는 일반 사업과 달리, 전망이 좋지 않다고 해서 사업을 접을 필요가 없습니다. 사업의 경우 매몰 비용이 커서 쉽게 정리하기 어렵지만, 주식은 손해를 감수하고 매도한 후 전망이 좋은 종목으로 갈아타는 것이 가능합니다. 따라서 시장이 어려울 때일수록 철저한 분석과 공부가 필수적입니다. 단순히 경제 뉴스나 언론 보도로만 판단하기보다는 직접 데이터를 분석하고 기업의 실적과 산업의 흐름을 살펴보는 노력이 필요합니다.

미 정권 교체가
한국에 미치는 영향

트럼프의 보편관세 정책이 현실화되면 한국 경제에도 영향을 미칠 전망입니다. 한국의 연간 수출이 약 63조 원 감소할 것으로 예상되며, 트럼프가 공언한 '반도체 지원법(칩스법)'과 '인플레이션감축법(IRA)' 폐지 및 축소가 현실화될 경우 2차 전지 업계가 직격탄을 맞을 가능성이 큽니다.

이미 2차 전지 관련 종목들은 큰 폭의 하락을 겪고 있습니다. 포스코홀딩스, 삼성SDI 등의 주가는 급락하며 역배열 하락세를 보이고 있으며, 에코프로도 1/4가량 하락했습니다. IRA의 영향과 중국 전기차 시장의 확장으로 인해 한국 2차 전지 3사의 시장 점유율이

20%까지 축소된 것도 부정적인 요인으로 작용하고 있습니다. 재고 증가와 설비 투자 부담까지 겹치면서 단기적으로 2차 전지 업황의 개선이 어려워 보입니다.

반도체 업황도 녹록지 않습니다. 삼성전자는 최근 5만 3천 원 선에서 움직이고 있지만, 한때 5만 원이 무너지기도 했습니다. 10조 원 규모의 자사주 매입 발표가 있었지만, 엔비디아의 HBM(고대역폭 메모리) 납품이 지연되면서 실적 개선 기대감이 약화되었습니다.

특히 브로드컴이 새로운 반도체를 개발하면서 엔비디아의 독점적 지위를 위협하고 있으며, 브로드컴 주가는 사상 최고치를 기록한 반면 엔비디아 주가는 148달러에서 130달러 이하로 조정을 받았습니다. 이에 따라 SK하이닉스도 동반 하락하면서 반도체 업황 전반의 불확실성이 커지고 있습니다.

| 한국 경제 위협하는 트럼프 공약

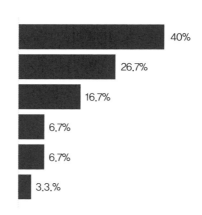

고립주의 외교 등으로 국제정세 불안 　40%
탈중국 가속화(미·중 갈등 격화) 　26.7%
전기차 보조금 등친환경 정책 폐지 　16.7%
반도체 등 제조공장 미국 유치 　6.7%
보편적 기본관세 도입 　6.7%
상대국과 동일한 관세율 부과 　3.3.%

Ⅰ 트럼프 당선에 따른 산업별 기상도

맑음	석유·가스	생산·수출 확대로 하향 안정화된 유가 수혜, 석유제품 수요 증가 가능성
	조선	LNG·LPG 수출 증가로 운반선 수요 증가
	방산	미국 자국 우선주의 정책으로 자체 방위력 강화 국가에 수출 기회
흐림	전기차	IRA 전기차 세액공제 혜택 축소 시 보급 속도 둔화
	2차전지	첨단제조생산세액공제(AMPC) 축소, 전기차 수요 감소
	신재생	미국 내 신재생에너지 속도 둔화에 따른 수출 타격
안개	반도체	보조금 축소, 대중 제재 반사이익 가능성

한국 증시의 대장주인 삼성전자, SK하이닉스, 현대차, 기아 등은 코스피 지수에 큰 영향을 미치는 종목들입니다. 하지만 이들 종목의 전망이 밝지 않다 보니 코스피 전체가 급락하고 있습니다. 하지만 현재로서는 이들 종목이 강한 상승 흐름을 만들기 어려운 상황이라 투자자들이 난감해하고 있습니다.

또한 한국의 대미 무역수지 흑자가 트럼프 2기에서 새로운 통상 압력 요인으로 작용할 가능성이 높습니다. 2023년 한국의 대미 무역흑자는 약 4,404억 달러에 달했으며, 트럼프는 이를 근거로 방위비 증액을 요구할 가능성이 있습니다. 방위비 분담금 인상 압박이 거세질 경우 한국 경제에 부담이 될 수 있으며, 이와 관련한 정부의 대응이 중요한 변수가 될 것입니다.

트럼프 당선 이후 산업별 기상도를 살펴보면, 석유화학 업종은 상대적으로 우리나라에 영향이 적은 반면 조선 업종은 유망합니다. 트럼프는 미국 조선업 강화를 추진하고 있지만, 자체적인 기술력이 부족하기 때문에 우리나라의 협력이 필요할 것입니다. 이에 따라 조선 기자재 업체들이 장기적으로 수혜를 볼 가능성이 있습니다. 최근 일부 조선 관련 소형 종목들이 신고가를 기록한 것도 이러한 기대감을 반영한 것으로 보입니다.

반면 방산주는 이미 큰 폭의 상승을 보였기 때문에 현재 시점에서는 고점 부담이 큽니다. 한화에어로스페이스는 2023년 17만 원 수준에서 출발해 2024년 38만 원까지 상승했으며, 현대로템도 2만 5천 원에서 6만 5천 원까지 급등한 후 현재 5만 원 이하로 조정을 받고 있습니다. 방산주가 유망한 것은 사실이지만, 가격이 과도하게 상승한 상태에서 매수하는 것은 신중할 필요가 있습니다.

2025년 한국
주식시장 전망

코스피 저점은 2,400포인트 선으로 예상했지만, 최근 비상계엄 사태 이후 변동성을 감안하면 저점을 2,300~2,350포인트 선으로 조정하는 것이 적절한 듯합니다. 따라서 2,350포인트 선에 도달하면 매수 기회로 볼 수 있습니다. 경제 전망이 불확실하지만, 주가에는 절대적인 가치가 존재하기 때문에 2,400포인트 선에서는 저평가된 영역이라 볼 수 있으며, 투자 심리의 위축으로 인해 한 차례 더 하락할 가능성도 있습니다.

특히 조선업과 조선 기자재 업종이 크게 하락할 경우, 장기적인 성장성을 고려해 매수 기회를 노려볼 만합니다. 삼성전자 역시 기술력과 실적 기반이 탄탄하기 때문에 긴 안목으로 보면 매수 타이밍을 잘 잡는 것이 중요합니다. 현대차와 기아도 실적이 안정적인 기업이기 때문에 상대적으로 리스크가 낮은 편에 속합니다.

2025년에는 상장사들의 영업이익이 2024년 대비 감소할 것으로 전망됩니다. 이는 기업들의 실적 기대치를 낮추는 요인이며, 증시 전반에 걸쳐 상승 여력을 제한하는 요소로 작용합니다. 다만 개별 종목 단위에서는 여전히 투자 기회가 존재할 것입니다. 최근 주식시장을 보면, 자금이 특정 테마주로 집중되는 경향이 강합니다. 미국에서는 양자 컴퓨터 관련 주식이 며칠간 급등했으며, 이에 영향을 받아 국내 주식시장도 관련 종목들이 상승했습니다.

향후 유망할 것으로 예상되는 분야는 자율주행차, 드론, 양자 컴퓨터 관련 주식 등입니다. 다만 최근 단기 급등한 종목들은 조정 기간을 거칠 가능성이 있으므로 급락 후 저점에서 접근하는 것이 중요합니다. 특히 소형주(Small Cap)들은 높은 가격에서 매수하면 리스크가 크기 때문에, 반드시 하락장에서 매수하는 전략이 필요합니다. 따라서 기술적 분석을 활용해 적절한 매수 타이밍을 잡아야 합니다.

트럼프 2기 출범에 따른 수혜 업종

조선업은 트럼프 정부가 미국 조선업과 한국 조선업 간의 협력을 필요로 한다는 점에서 주목해야 할 분야입니다. 또한 우크라이나 재건 관련주도 관심을 가질 필요가 있습니다. 최근 주식시장이 폭락하는 가운데서도 HD현대건설기계와 같은 종목들은 주가가 크게 하락하지 않았습니다. 대표적인 우크라이나 재건 관련주인 이 종목은 과거 4만 8천 원까지 떨어졌지만, 5만 원대에서는 충분히 매수할 기회가 있었고 현재는 6만 2천 원 수준으로 20% 이상 상승했습니다. 또한 에스와이스틸텍 같은 종목도 4천 원대에서 8천 원대까지 올라 100% 이상 상승한 사례입니다.

하지만 개별 종목에 투자할 때는 전환사채(CB)나 대주주 매도 물량을 주의해야 합니다. 예를 들어 이번에 정치 테마주로 급등한 이스타코, 오리엔트바이오, 오리엔트정공 등의 주식들은 몇백 퍼센트 상승했지만, 회사 관계자나 친인척들이 주식을 대거 매도하면서 급락하기도 했습니다. 이러한 종목을 따라가서는 안 됩니다. 주식 투자는 기술적 분석을 기반으로 차트를 확인하며 접근해야 하며, 지나치게 오른 종목은 피하고 많이 떨어진 후 바닥을 다질 때 매수하는 것이 중요합니다.

우크라이나 전쟁이 결국 휴전이든 종전이든 마무리될 것이라는 점을 감안하면, 이와 관련된 종목들에 지속적인 관심을 가져야 합니다. 다만 휴전 시점이 불확실하기 때문에 고점에서는 리스크가 존재하며 조정이 있을 가능성이 큽니다.

원전 관련주도 원래 강세를 보였지만, 최근 비상계엄 등의 이슈로 인해 주가가 20~30% 하락하는 등 타격을 입었습니다. 원전 관련주는 정부 정책에 따라 변동성이 크기 때문에 정책 지속성이 불확실한 상황에서는 신중한 접근이 필요합니다.

AI 관련주는 크게 하드웨어와 소프트웨어로 나뉩니다. 하드웨어 쪽에서는 칩 제조업체인 엔비디아, 마이크론 테크놀로지, 브로드컴 등이 2023년 급등했습니다. 하지만 2024년 이후 이러한 칩을 대체할 기술들이 등장하면서 향후 실적 둔화 가능성이 제기되고 있습니다. 실제로 마이크론 테크놀로지가 실적 부진을 발표하며 13% 급락하기도 했습니다. 이에 반해 AI 소프트웨어 분야, 즉 콘텐츠 제공업체나 솔루션 제공업체들은 향후 유망합니다. 자율주행차 및 드론 관련주도 유망한 분야입니다.

2025년에는 개별 종목 투자가 중요한 전략이 될 것이며, 정치 테마주도 무시할 수 없습니다. 특히 정책 관련주는 대선 이후 본격적으로 움직이는 경우가 많습니다. 예를 들어 몇 년 전 대통령 선거 이후 원전 관련주 한신기계는 4천 원에서 1만 4천 원까지 급등한 사례가 있었습니다. 하지만 현재는 2,700원 수준으로 다시 하락했습니다. 이는 정책 관련주는 일시적으로 급등할 수 있지만 지속성이 중요하다는 점을 보여줍니다. 2025년 대통령 선거 이후 어떤 정책이 추진될지에 따라 관련주들이 주목받을 가능성이 크므로, 정책 방향을 면밀히 살펴 투자 기회를 포착하는 것이 중요합니다.

2025년
주식 투자 전략

앞서도 이야기했지만 2025년 1분기 코스피 전망을 보면, 기존에는 2,400포인트 부근에서 적극적으로 매수해도 괜찮다고 했지만, 최근 상황을 고려하면 50포인트 정도 낮춰 2,350포인트 수준에서 매수 기회를 보는 것이 더 적절할 것입니다.

또 시대 중심주와 시장 중심주를 매수하는 것이 중요합니다. 2025년 역시 시장이 불투명하지만, AI 시대가 지속됨에 따라 AI 소프트웨어 관련주, 자율주행, 드론, 양자 컴퓨터, 조선주 및 조선 기자재 관련 주식 등이 유망할 것으로 보입니다.

재무제표를 세세하게 분석하지 않더라도, 기본적으로 거래량이 많고 업종 자체가 사양산업이 아닌지를 살펴보는 것이 중요합니다. 석유화학 업종처럼 지속적으로 하락하는 산업이나, 코로나19 이후 크게 하락한 게임 업종처럼 성장성이 불확실한 분야는 조심해야 합니다.

PER(주가수익비율)과 PBR(주가순자산비율)은 반드시 따져야 하는 것은 아니지만, 지나치게 높은 PER을 가진 종목은 경계해야 합니다. 예를 들어 에코프로가 150만 원까지 상승했을 때 PER이 800에 달했는데, 이는 기업이 현재의 이익 수준을 유지한다고 가정했을 때 주가를 회수하는 데 800년이 걸린다는 의미입니다. 즉 지나치게 고평가된 주식은 결국 하락할 가능성이 높습니다.

주식 투자는 단순합니다. 시장이 모두 비관적일 때 매수하고, 모두 낙관적일 때 매도하면 됩니다. 2021년 코로나19 이후 삼성전자가 9만 5천 원까지 올랐을 때 "10만 전자, 11만 전자"라는 말이 나오면 팔아야 하는 것이고, 에코프로가 150만 원을 돌파했을 때 "200만 원 간다"라는 말이 나오면 그때가 매도 시점입니다. 남들이 모두 죽겠다고 할 때 사야 손실을 줄일 수 있습니다.

기술적 분석도 중요합니다. 코스피 지수, 코스닥 지수, 개별 기업 차트 등을 살펴보면서 현재 가격이 어느 수준에 있는지를 판단해야 합니다. 특히 지수는 개별 종목보다 우선적인 판단 기준이 됩니다. 2025년에도 코스피, 코스닥 지수는 크게 오르지 않을 가능성이 크며, 한국은행이 발표한 2025년 경제성장률이 1.9%, 2026년에는 1.8%로 전망되는 점을 고려하면 경제성장률이 물가상승률보다 낮아지는 역성장이 발생할 위험도 있습니다.

우리나라 경제가 성장률 4~5% 이상이던 시기에는 주식을 장기 보유하는 전략이 유효했지만, 현재처럼 저성장 기조에서는 단순히 오래 보유한다고 해서 수익을 내기는 어렵습니다.

우리나라 가계 부채는 약 1,900조 원에 달하며, 공공 부채는 1,700조 원 수준입니다. 공공 부채는 정부 부채와 공기업 부채를 합친 것이고, 기업 부채는 대기업을 제외한 중소기업 부채만 500조 원에 이릅니다. 특히 가계 부채의 70~80%가 부동산과 연관된 대출로, 높은 이자 부담으로 인해 내수가 살아나기 어려운 구조입니다.

부동산 가격이 계속 상승한다고 해서 긍정적으로만 볼 수는 없습니다. 지나친 부동산 가격 상승은 버블을 의미하며, 이는 일본이 1980년대 경험했던 것과 유사한 양상입니다. 당시 일본 부동산 시장은 과열되었고, "일본의 땅을 팔면 미국 전역을 사고도 남는다"라는 말이 나올 정도였습니다. 그러나 이후 버블이 붕괴되면서 일본은 30년간 장기 불황을 겪었습니다.

현재 중국도 비슷한 상황을 맞이하고 있습니다. 몇 년간 부동산 시장이 급등했지만, 지금은 과도한 부채로 인해 지방 정부들이 재정 위기에 처했고, 부동산 가격 폭락과 함께 내수 경제가 침체되고 있습니다.

우리나라 역시 2025년 경제성장률이 낮을 것으로 예상됩니다. 이에 따라 주식 시장에서 우상향하는 흐름을 기대하기 어려운 상황입니다. 2024년에는 전력 인프라 관련주가 약 두 달간 상승했고, 2차 전지주는 팬덤 형성으로 인해 약 5~6개월 동안 강세를 보였지만, 앞으로는 이런 장기 상승 트렌드를 찾기 어려울 것입니다.

따라서 주식 시장에서는 특정 테마성 종목이 한두 달 동안 상승하는 흐름이 반복될 가능성이 높습니다. 이런 흐름을 활용하려면 초기에 매수하고, 대장주가 데드크로스를 형성하며 하락 조짐이 보이면 신속하게 매도하는 전략이 필요합니다.

기술적 분석을 통해 시장의 흐름을 정확히 파악해야 합니다. 단순히 종목의 성장성만 보는 것이 아니라, 시장의 전반적인 흐름을 분석하고, 차트를 활용해 최적의 매수·매도 타이밍을 잡아야 합니다. 2025년과 그 이후에도 지속적으로 수익을 내기 위해서는 이런 시장 대응 전략을 철저히 익히는 것이 중요합니다.

시장의 흐름을 보고
기술적 분석을 활용하라

코스피 일봉 차트를 보면 '데드크로스'가 발생한 것을 확인할 수 있습니다. 데드크로스란 정배열 우상향으로 가던 주가가 5일선, 10일선, 20일선, 60일선을 차례로 하향 이탈하며 하락하는 현상을 말합니다. 이런 신호가 나타나면 지수 관련 종목은 무조건 매도하는 것이 원칙입니다.

지수를 이기는 종목은 없습니다. 따라서 지수가 하락할 때는 개별 종목이 아무리 좋아 보이더라도 결국 영향을 받을 수밖에 없습니다. 지수 일봉 차트를 항상 체크하고, 지수가 하락 조짐을 보이면 보유 중인 지수 관련주를 매도하는 것이 손실을 줄이는 방법입니다.

ㅣ 코스피 일봉 차트

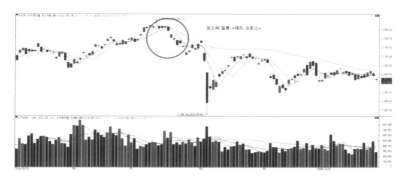

현재 지수는 기존 예상보다 더 큰 폭으로 하락한 상태이며, 2,400포인트 선이 깨진 상황입니다. 이전 고점 대비 상당한 조정이 이루어진 만큼, 시장의 흐름을 더욱 면밀히 살펴야 합니다. 지수가 하락하는 구간에서는 개별 종목도 대부분 영향을 받아 키 맞추기식으로 동반 하락합니다. 따라서 상승장에서 강세를 보였던 종목이라도 데드크로스가 발생하면 매도하는 것이 리스크 관리 측면에서 유리합니다.

한미반도체는 엔비디아 관련 대표적인 수혜주였습니다. 2023년 5월 2만 원 수준이었던 주식이 엔비디아에 직접 납품하는 기업이라는 점에서 주목받으며 급등했습니다. 당시 1만 4천~1만 5천 원 수준이었던 주가는 18만 원까지 상승하며 10배 이상 올랐습니다. 그러나 이후 데드크로스가 발생하며 주가가 급락했습니다. 개별주도 데드크로스가 발생하면 무조건 매도해야 합니다.

현재 한미반도체 주가는 9만 2천 원 수준으로, 최근 7만 원까지 하락했다가 다시 8만~9만 원 사이에서 움직이고 있습니다. 중요한 점은 한 번 하락세가 시작되면 계속해서 떨어질 가능성이 크다는 것입니다. 특히 역배열이 진행될 경우 섣불리 저점 매수를 시도하면 안 됩니다.

이처럼 차트 분석은 매우 중요합니다. 주식을 보유하고 있는 경우 매도 타이밍을 고민할 때 또는 신규 매수를 고려할 때 반드시 차트를 확인해야 합니다. 특히 엔비디아 관련주로 언급되면서 가격이 급등한 종목들은 이미 늦은 감이 있습니다. 높은 가격대에서 추격 매수한 투자자들은 적절한 매도 기회를 놓치면서 손실이 확대되기도 합니다.

주식 투자에서 기본적인 분석, 기술적 분석, 시장 분석은 필수입니다. 시장 분석은 복잡하게 생각할 필요 없이 현재 시장이 우호적인지 비우호적인지를 판단하는 것입니다.

미국 증시와 국내 증시는 지수 차원에서는 디커플링되지만, 개별 섹터는 커플링되는 경우가 많습니다. 예를 들어 미국에서 양자 컴퓨터 관련주가 급등하면 국내에서도 관련 종목이 동반 상승하는 경향이 있습니다. 테슬라 상승 시 2차 전지주가 오르고, 엔비디아 상승 시 국내 칩 관련주들이 움직였던 흐름을 보면 이를 쉽게 이해할 수 있습니다.

2025년은 투자 환경이 어려운 한 해가 될 것으로 보입니다. 기대 수익률을 낮추고, 저점에서 매수하며, 고점에서는 반드시 매도하는 전략이 필요합니다. 손절도 매우 중요합니다. 마이너스 3% 정도 손실이 발생하면 무조건 정리하는 것이 바람직합니다. 세 번 정도 이런 손절을 경험하면 매수할 때 더욱 신중해지고, 손실을 줄이는 투자 습관이 형성됩니다.

최근 국내 주식시장이 부진해 해외 시장으로 투자 방향을 돌리는 경우가 많지만, 미국 시장도 만만치 않습니다. 고평가된 종목이 많아 수익을 내기 어렵기 때문입니다. 결국 철저한 공부만이 꾸준한 수익을 내는 방법입니다.

앞서도 이야기했지만 지수 데드크로스가 발생하면 지수 관련주는 무조건 매도해야 합니다. 결국 지수와 함께 동반 하락할 가능성이 높기 때문입니다. 이를 '키 맞추기'라고 합니다. 2025년 시장은 박스권 장세가 지속될 가능성이 크며, 이 경우 개별 중소형주에 집중하는 전략이 필요합니다.

Ⅰ 이수페타시스 차트

이수페타시스는 앞서 말씀드린 한미반도체와 같은 HBM 관련 엔비디아 수혜주로, 한미반도체가 1등이라면 이수페타시스는 2등 주자로 볼 수 있습니다. 이 종목은 8천~9천 원에서 시작해 5만 원까지 상승했지만, 이후 데드크로스가 발생하면서 하락세로 전환되었습니다. 이러한 신호가 나오면 무조건 매도해야 합니다. 첫날이 아니더라도 2~3일 내 확인했을 때 여전히 하락세라면 그 시점에서라도 매도를 결정해야 합니다.

매수할 때는 저점을 잘 포착하는 것이 중요합니다. 그래프를 보고 주가가 많이 상승했다면, 해당 종목을 관심 종목에서 삭제하고 접근하지 않는 것이 바람직합니다. 매도 타이밍을 잡기 어려울 때는 그래프를 통해 주가 흐름을 살펴보세요. 주가가 꺾이고 하락하는 중이라면 미련 없이 매도하는 것이 원칙입니다.

주식 투자는 심리적인 영향을 많이 받습니다. 예를 들어 에코프로가 150만 원까지 올랐을 때 이를 관찰하다가 100만 원으로 하락하면 상대적으로 저렴해 보일 수 있습니다. 하지만 원래 10만 원에서 출발한 주식이라는 점을 고려하면, 100만 원 역시 여전히 높은 가격입니다. 많은 투자자가 90만~100만 원 구간에서 물리게 되는 이유가 바로 이 심리적인 착각 때문입니다. 이런 방식으로 투자를 하면 손실이 커질 수밖에 없습니다. 바닥이 어디인지, 그리고 어디에서부터 주가가 상승했는지를 반드시 고려해야 합니다.

2025년 주식시장도 쉽지 않을 것입니다. 하지만 그렇다고 해서 기회가 전혀 없는 것은 아닙니다. 무분별한 매매를 피하고, 높은 가격을 추격 매수하지 말며, 그래프를 분석하고 이슈 및 뉴스를 꼼꼼히 확인하는 습관을 기르는 것이 중요합니다. 특히 주가가 바닥까지 하락한 후 다시 반등할 조짐이 보이는 종목을 중심으로 매수하는 전략이 유효할 것입니다. 이렇게 접근하면 변동성이 큰 시장에서도 꾸준한 수익을 낼 수 있습니다.

불확실한 트럼프 시대,
마음 편한 ETF 투자 전략

타임폴리오자산운용 펀드매니저

김남호

ETF로 시작하는 스마트한 자산 배분. 1천만 원, 1억 원, 10억 원 등 투자 금액별 맞춤형 포트폴리오 전략과 안정적인 월 배당수익 창출 방법을 소개한다. 누구나 쉽게 실천 가능한 투자 비법을 만나보자.

최근 정치적 변화와 글로벌 경제 상황이 혼란스럽지만, 그렇다고 재테크를 포기할 수는 없겠죠. 중요한 것은 이런 상황에서도 어떻게 하면 안정적으로 자산을 운용할 수 있을까입니다. 저뿐만 아니라 제 지인들, 부모님까지도 재테크를 하고 있습니다. 그럴 때 저는 ETF라는 금융 상품을 적극적으로 추천합니다.

ETF에는 여러 가지 종류가 있지만, 많은 분이 패시브 ETF를 알고 계실 겁니다. 일반적으로 투자하는 대표적인 ETF죠. 오늘은 한 걸음 더 나아가 액티브 ETF에 대해 상세히 설명하고, 이를 활용한 포트폴리오를 직접 구성하는 시간을 가져보겠습니다.

ETF란
무엇인가

요즘 재테크를 하는 분 중 ETF를 접해보지 않은 분들은 거의 없는 것 같습니다. MTS(모바일 트레이딩 시스템)만 있으면 쉽게 거래할 수 있지만, ETF가 정확히 무엇인지 간단히 정리하고 시작하겠습니다.

ETF는 주식과 펀드의 장점을 결합한 '상장지수펀드'입니다. 개념이 조금 어려울 수 있지만, 쉽게 말해 주식처럼 9시부터 15시 30분까지 실시간으로 거래할 수 있는 펀드라고 생각하시면 됩니다.

그렇다면 ETF가 최근 이렇게 인기를 끄는 이유는 무엇일까요? 몇 가지 장점을 살펴보겠습니다.

・저비용・

기존 공모펀드와 비교했을 때 운용 보수가 훨씬 저렴합니다. 일반적으로 ETF의 평균 보수는 0.22~0.25% 수준입니다. 예를 들어 1만 원어치 ETF를 매수하면 1년 동안 약 0.2%의 비용만 차감된다고 보시면 됩니다.

・투명성・

ETF는 편입 종목을 실시간으로 공개합니다. 종목 정보를 확인하려면 네이버 검색보다 ETF 공식 홈페이지에서 직접 보는 것이 좋습니다. 반면 펀드는 보통 5일에서 한 달 후에야 포트폴리오가 공개되기 때문에 투자 종목을 바로 확인하기 어렵습니다. 예를 들어 내가 엔비디아에 투자하려고 펀드를 가입했는데, 알고 보니 한 달 전에 매도한 상태일 수도 있습니다. ETF는 이러한 불확실성을 줄이고, 매일 실시간으로 편입 종목을 확인할 수 있다는 점이 큰 장점입니다.

・실시간 거래 가능・

주식처럼 장중에 언제든 매매할 수 있습니다. MTS를 이용하면 쉽게 사고팔 수 있습니다.

・우수한 환금성・

기존 펀드는 환매 시 최소 5일 이상의 시간이 소요됩니다. 하지만 ETF는 주식과 동일하게 매도 후 3일(영업일 기준)이 지나면 현금화됩니다. 월요일에 매도하면 수요일에 증권 계좌로 매도 대금이 들어옵니다.

이처럼 ETF는 저비용, 투명성, 실시간 거래, 높은 환금성이라는 장점을 갖고 있어, 최근 재테크 수단으로 각광받고 있습니다. 다음으로는 패시브 ETF와 액티브 ETF의 차이를 살펴보겠습니다.

패시브 ETF vs. 액티브 ETF

제가 ETF를 운용한 지 12년이 넘었는데, 고객분들로부터 가장 많이 받는 문의나 네이버에 자주 올라오는 글이 있습니다. "이 종목 좀 줄여주세요." "이 종목 비중을 더 늘려주세요." "매니저님보다 제가 더 잘 운용할 것 같아요." "하한가 맞고 있는 이 종목, 왜 아직도 들고 있나요?"

많은 분이 오해하는 부분이 있습니다. 패시브 ETF는 '지수'를 따라가도록 설계되어 있기 때문에 매니저가 임의로 종목을 사고팔 수 없습니다. 우리가 흔히 말하는 '정기 변경'이란 것이 있는데, 이 정기 변경 시점 외에는 ETF의 구성 종목을 변경할 수 없다는 것이 원칙입니다.

예를 들어 코스피 200 지수를 추종하는 ETF는 1년에 단 한 번 정기 변경이 이루어집니다. 개인이 "이 종목 빼고 저 종목 넣어주세요"라고 요청한다고 해서 변경할 수 있는 것이 아닙니다. ETF는 설정된 지수를 충실히 따라가야 하는 구조이기 때문입니다.

이런 한계 때문에 투자자들의 다양한 니즈를 반영할 수 있도록 ETF 시장이 계속해서 발전해왔고, 그 결과로 등장한 것이 액티브 ETF입니다.

액티브 ETF는 운용 매니저가 시장 상황을 고려해 실시간으로 종목을 사고팔 수 있는 ETF입니다. 패시브 ETF와 달리 지수를 무조건 따라갈 필요가 없으며, 시장 변화에 맞춰 적극적으로 포트폴리오를 조정할 수 있습니다. 즉 정기 변경 개념이 없고, 매일매일 종목 구성이 달라질 수 있습니다.

따라서 패시브 ETF보다 적극적으로 운용되는 액티브 ETF를 활용하면 시장 변동성에 더 유연하게 대응할 수 있습니다.

물론 액티브 ETF는 패시브 ETF보다 운용 보수가 다소 높습니다. 패시브 ETF의 평균 보수가 0.2~0.25%인 반면, 액티브 ETF는 최대 1% 수준입니다. 하지만 매니저가 적극적으로 종목을 조정하면서 수익을 극대화할 수 있다면, 그만큼 높은 보수를 지불할 가치가 있습니다.

그렇다면 액티브 ETF를 활용한 포트폴리오를 어떻게 구성할 수 있을까요? 실제 사례를 통해 액티브 ETF를 활용한 포트폴리오 전략을 살펴보겠습니다.

투자 규모별
ETF 전략

최근 고액 자산가들의 문의가 부쩍 늘었습니다. 은행과 증권사는 물론, 젊은 투자자들의 관심도 높아지고 있습니다. 제가 느낀 점은 재테크에서 연령은 더 이상 큰 의미가 없다는 것입니다. 20대에도 수십억을 운용하는 사람이 있는가 하면, 50대에도 같은 규모의 자산을 굴리는 경우가 있습니다.

중요한 것은 나이가 아니라 자신이 가진 금액을 어떻게 운용할지 목표를 설정하는 것입니다. 단기적으로는 어떤 전략을 가져갈 것인지, 중기적으로는 어떻게 자산을 늘려갈 것인지 계획하는 것이 핵심입니다.

지금부터 천만 원, 1억 원, 10억 원 투자 사례를 통해 자산 규모별 포트폴리오 전략을 살펴보겠습니다.

• 포트폴리오 예시: 1천만 원 투자 •

첫 번째로 천만 원 투자 사례를 살펴보겠습니다. 실제 포트폴리오를 기반으로 한 성과 그래프입니다. 물론 과거의 수익률이 미래를 보장하는 것은 아닙니다. 하지만 실제 결과를 보면 참고할 만한 가치가 있습니다.

제가 운용하는 타임폴리오 글로벌 AI 인공지능 액티브 ETF의 경우, 지난 1년 동안 81%의 수익률을 기록했습니다. 즉 천만 원을 투

투자 자산	1년 수익률	1천만 원 투자 시
TIMEFOLIO 글로벌 AI 인공지능 액티브 ETF: 100%	81.79%	8,179,000
코스피 지수: 100%	1.32%	132,000
나스닥100 ETF: 100%	41.09%	4,109,000

자했을 때 800만 원의 수익을 올릴 수 있었던 기회가 있었다는 의미입니다.

반면 우리나라 코스피 증시에 투자한 경우 천만 원을 투자해도 수익이 13만 원에 불과했습니다.

그렇다면 많은 투자자가 선호하는 나스닥100 ETF는 어땠을까요? 지난 1년간 41% 상승, 즉 400만 원의 수익을 냈습니다.

이처럼 패시브 ETF도 좋은 선택이지만 보다 적극적으로 종목을 조정하는 액티브 ETF를 활용하면 더 높은 수익을 기대할 수 있습니다. 예를 들어 나스닥 100을 추종하는 패시브 ETF는 단순히 시장을 따라가지만, AI 관련 종목 비중을 높인 액티브 ETF는 시장보다 더 높은 수익을 기록할 수 있습니다.

천만 원이라는 금액이 적은 돈은 아니지만, 이 돈을 보수적으로 굴리는 것보다 적극적으로 활용하는 것이 중요합니다. 천만 원을 5천만 원으로 만들고, 5천만 원을 1억으로 불려가는 과정이 재테크의 핵심이기 때문입니다.

물론 무리한 기대 수익을 설정해서는 안 됩니다. 예를 들어 비트코인 ETF도 하나의 선택지가 될 수 있지만, 너무 과열된 상태에서 투자하면 오히려 위험이 커질 수 있습니다. 따라서 천만 원을 운용할 때는 단순히 원금을 보전하는 데 초점을 맞추기보다는 수익 극대화를 목표로 전략적으로 투자하는 것이 중요합니다.

실제로 글로벌 AI 인공지능 액티브 ETF뿐만 아니라 타사에서 운용하는 서학개미 ETF의 경우 90% 이상의 수익률을 기록하기도 했습니다. 즉 ETF를 활용해 1년 만에 100% 이상의 수익을 올리는 사례도 충분히 존재합니다.

그럼에도 "그냥 개별 주식을 사는 것이 더 낫지 않냐?"라는 질문을 많이 합니다. 예를 들어 엔비디아나 테슬라를 직접 매수했다면 더 높은 수익을 냈을 수도 있겠죠. 그러나 제가 강조하는 것은 '마음 편한 투자'입니다.

최근 양자 컴퓨터 관련 주식이 하루 만에 100% 급등했다가 다시 80% 폭락한 사례가 있었습니다. 만약 이런 종목을 보유하고 있었다면, 과연 마음 편하게 잠을 잘 수 있었을까요? ETF의 가장 큰 장점은 분산 투자입니다. 규정상 최소 10종목 이상으로 구성되기 때문에, 개별 종목의 급락 위험이 상대적으로 낮습니다. 즉 변동성이 지나치게 크지 않으면서도 높은 수익을 기대할 수 있습니다.

• 포트폴리오 예시: 1억 원 투자 •

다음으로 1억 원 투자 사례를 살펴보겠습니다.

1억 원이라는 금액은 결코 적지 않은 돈입니다. 고객 상담을 하다 보면 가장 많이 듣는 질문은 "1억~2억 원을 10억 원으로 만들 수 있을까요?"입니다. 이 질문이 나오는 이유는 인플레이션 때문입니다. 예전에는 500원, 1천 원으로도 간식을 사 먹을 수 있었지만, 요즘은 기본적으로 1만 원 이상은 있어야 합니다. 즉 1억 원이라는 돈이 과거보다 상대적으로 덜 크게 느껴지는 시대가 되었다는 것이죠. 그래서 1억 원을 투자하는 분들의 목표는 단순히 돈을 지키는 것이 아니라, 5억~10억 원으로 불리는 것입니다.

그러나 한 종목에 단일 투자하는 방식으로는 장기적으로 안정적인 수익을 기대하기 어렵습니다. 천만 원이 100만 원으로 줄어드는 것과 1억 원이 천만 원으로 줄어드는 것은 심리적으로 완전히 다른 차원의 충격이기 때문입니다. 따라서 한 종목이 아닌 최소 5개 이상의 종목으로 포트폴리오를 구성하는 것이 핵심입니다.

제가 추천하는 포트폴리오 예시는 '주식형 ETF 70~80% + 채권형 ETF 30~20%' 구성입니다.

| 주식/배당형 ETF 80% + 채권형 ETF 20% 포트폴리오의 성과 시뮬레이션

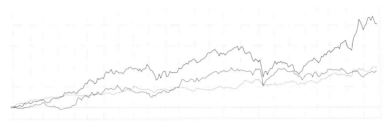

투자 자산	1년 수익률	1억 원 투자 시
주식/배당형 ETF 80% + 채권형 ETF 20% 포트폴리오의 성과 시뮬레이션	80.14%	
TIMEFOLIO 글로벌우주테크&방산 액티브 ETF: 20%	31.21%	
TIMEFOLIO Korea플러스배당 액티브 ETF: 20%	34.35%	37,486,000 (+37.49%)
TIGER 미국배당다우존스: 20%	38.11%	
KODEX CD금리액티브(합성): 20%	3.62%	
코스피 지수: 100%	1.32%	1,320,000

타임폴리오 미국 나스닥 100 액티브 ETF: 40%

나스닥 100 지수는 지난 1년간 41% 상승했지만, 액티브 ETF는 80% 상승했습니다. 이는 매니저가 시장 상황에 맞춰 종목을 조정하며 지수를 초과하는 성과를 낸 결과입니다. 특히 기술주 중심의 성장성을 반영하면서도, 지수만 단순히 따라가는 것이 아닌 적극적인 운용이 가능하다는 점이 강점입니다.

글로벌 우주 테크 ETF: 20%

일론 머스크를 비롯해 글로벌 시장에서 우주 산업이 빠르게 성장하고 있습니다. 2025년에는 관련 기업들의 상장이 늘어날 것으로 예상되며, 미국에서도 우주 테크 관련 종목들이 높은 성장률을 보일 가능성이 큽니다. 장기적으로 새로운 산업 분야를 선점하는 ETF로, 포트폴리오의 성장성을 극대화하는 역할을 합니다.

국내 배당주 ETF: 15%

기술주 중심의 포트폴리오는 변동성이 클 수밖에 없습니다. 따라서 안정성을 확보하기 위해 배당을 지급하는 은행주, 보험주 중심의 ETF를 포함하는 것이 중요합니다. 배당 ETF는 주가가 급락할 때도 상대적으로 방어력이 높고, 분기 또는 연 단위로 배당금을 받을 수 있는 장점이 있습니다.

미국 배당주 ETF: 15%

국내 배당주뿐만 아니라 미국 시장의 배당주도 포트폴리오에 포함해야 합니다. 미국 배당주는 상대적으로 높은 배당 성향을 유지하면서도, 장기적으로 우량 기업 중심으로 구성되어 있어 안정적인 수익을 기대할 수 있습니다. 특히 금리가 변동할 때, 배당주가 자산 방어의 역할을 해줄 것입니다.

코덱스 CD 금리 ETF: 10%

코덱스 CD 금리 ETF는 삼성자산운용에서 운용하는 상품으로, 은행 예금과 유사한 수준의 안정적인 이자 수익을 제공하는 ETF입니다. 주식형 ETF의 변동성을 보완하기 위해 안전자산을 일부 포함하는 것이 중요한데, 이 ETF는 현금성 자산으로 분류될 수 있어 포트폴리오의 균형을 잡아주는 역할을 합니다.

이 포트폴리오의 지난 1년간 평균 수익률은 37%였습니다. 물론 천만 원 투자 사례처럼 한 종목에 집중했을 때보다 수익률은 낮지만, 리스크를 줄이기 위해서는 포트폴리오를 통해 분산 투자하는 것이 필수적입니다.

자산이 커질수록 단순한 종목 선택이 아니라, 포트폴리오 구성 자체가 중요해집니다. 많은 분이 은행, 증권사, 자산운용사에 방문하면 '자산 배분'이라는 말을 듣게 됩니다. 자산 배분이란 무엇일까요? 바로 지금처럼 여러 개의 ETF를 조합해 투자하는 것입니다.

요즘 자산운용업계에서 자주 사용하는 개념 중 하나가 EMP(ETF Managed Portfolio)입니다. 쉽게 말해 ETF만으로 자산 배분을 하는 투자 전략입니다.

자산 배분이라고 하면 어렵게 느껴질 수 있지만, 사실 전혀 어렵지 않습니다. ETF 홈페이지나 한국거래소 사이트를 참고해 본인이 직접 포트폴리오를 구성해보는 것이 가장 좋은 연습 방법입니다. 스스로 투자 전략을 짜 보는 것이 장기적인 재테크 역량을 키우는 데 큰 도움이 될 것입니다.

• 포트폴리오 예시: 10억 원 투자 •

마지막으로 10억 원 투자 사례를 살펴보겠습니다.

실제로 5억~10억 원의 자산을 운용하는 분들의 고민은 상당히 깊습니다. 이런 질문을 자주 하시죠. "은행 예금에 넣어둘까요?"

Ⅰ 주식형 ETF 30% + 채권형/금 ETF 70% 포트폴리오의 성과 시뮬레이션

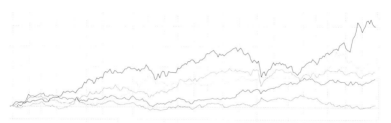

투자 자산	1년 수익률	1억 원 투자 시
TIMEFOLIO 미국나스닥 액티브 ETF: 10%	80.14%	
TIMEFOLIO 글로벌우주테크&방산 액티브 ETF: 10%	31.21%	
TIMEFOLIO Korea플러스배당 액티브 ETF: 10%	34.35%	1.32% (+22.58%)
ACE 미국30년국채액티브(H): 50%	2.36%	
TIGER 미국MSCI리츠(합성H): 10%	28.00%	
ACE KRX금현물: 10%	40.32%	
코스피 지수: 100%	1.32%	13,200,000

"ETF로 이미 수익을 냈는데, 지금 전부 매도하는 게 좋을까요?"

10억 원이 있다면 당연히 부동산 투자, 금융 투자 등 다양한 선택지가 있지만, 가장 중요한 것은 원금을 지키는 것입니다. 이 단계에서는 수익을 극대화하는 것보다 안정적으로 자산을 보호하면서 수익을 내는 전략이 필요합니다. 10억 원을 잃기 시작하면 심리적으로 큰 타격을 받을 수 있고, 그와 동시에 재테크를 지속하기 어려워질 수도 있습니다.

따라서 천만 원, 1억 원 투자와는 반대의 접근법을 취해야 합니다. 즉 주식 비중을 줄이고, 채권 및 안전자산의 비중을 늘리는 것이 핵심입니다. 제가 추천하는 예시는 '주식형 ETF 30% + 안전자산(채권, 금) 70%'의 포트폴리오입니다.

주식형 ETF: 30%

10억 원을 운용할 때는 주식 비중을 기존보다 크게 줄여야 합니다. 변동성이 큰 개별 주식보다는 우량주 중심의 ETF를 활용하는 것이 안정적인 전략입니다. 특히 미국 주식형 ETF 위주로 포트폴리오를 구성하면 글로벌 시장을 고려한 투자도 가능합니다. 이렇게 하면 시장 변동성이 커지더라도 리스크를 효과적으로 관리할 수 있습니다.

장기 채권형 ETF: 50%

채권은 일반적으로 원금 보전 가능성이 높고, 안정적인 수익을 제공하는 자산입니다. 특히 국내 상장된 ETF 중 만기가 긴 장기 채

2025 대한민국 재테크 트렌드

권 ETF를 활용하면 더욱 안정적인 포트폴리오 운영이 가능합니다. 지난 1년간 채권 ETF의 평균 수익률은 2.3%였지만, 주식과 함께 조합했을 때 포트폴리오 전체 기준으로 22%의 수익을 기록했습니다. 이처럼 채권을 활용하면 수익을 확보하면서도 원금을 지키는 효과를 얻을 수 있습니다.

금(골드) ETF: 20%

경기 불확실성이 높아질 때 금은 대표적인 안전자산 역할을 합니다. 특히 인플레이션이나 금융시장의 변동성이 커질 때, 금 가격은 상승하는 경향이 있습니다. 따라서 포트폴리오 내 금 ETF를 포함하면 위기 상황에서도 자산을 방어하는 효과를 기대할 수 있습니다. 최근 몇 년 동안 금 가격이 꾸준히 상승한 만큼, 장기적인 헤지(위험 회피) 수단으로도 적절한 선택이 될 수 있습니다.

이 포트폴리오를 통해 지난 1년간 10억 원 투자 시 22%의 수익률을 기록했습니다. 즉 2억 원의 수익을 안전하게 확보한 셈입니다.

사실 10억 원을 운용하면서 연 5천만 원만 벌어도 성공적인 투자라고 볼 수 있습니다. 하지만 지난해 미국 시장이 좋았기 때문에 22%라는 높은 성과를 낼 수 있었던 것입니다. 이 점도 염두에 두어야 합니다.

지금까지 설명한 투자 전략을 종합해보면, 자산 규모에 따라 투자 접근법이 달라져야 합니다.

첫째, 자산 규모가 클수록 분산 투자가 필수입니다. 자산이 많을수록 포트폴리오의 안정성이 중요하기 때문에, 여러 종목에 분산 투자해야 합니다. 특히 10억 원 이상의 자산을 운용하는 경우, 주식뿐만 아니라 채권, 금과 같은 안전자산의 비중을 높일 필요가 있습니다.

둘째, 자산이 적을수록 유망한 테마에 집중 투자하는 것이 유리합니다. 2025년에 가장 유망한 테마 섹터를 선별해 한두 종목에 집중 투자하는 것이 자산을 빠르게 불릴 수 있는 방법입니다.

셋째, 패시브 ETF보다 액티브 ETF를 활용하는 것이 더 유리할 수 있습니다. 현재 시장에는 900개가 넘는 ETF가 상장되어 있습니다. 이 중에서 '액티브 ETF'라는 표시가 있는 상품을 선택하는 것이 좋은 전략이 될 것입니다.

액티브 ETF를 추천하는 이유는 전문가의 적극적인 운용이 가능하기 때문입니다. 액티브 ETF는 매니저들이 시장 상황을 분석하고, 철저한 리서치를 기반으로 위험한 종목은 미리 걸러내고, 성장 가능성이 높은 종목을 적극적으로 편입하는 방식으로 운용됩니다. 투자자가 개별 종목을 직접 분석하고 매매하는 부담을 줄일 수 있다는 점도 큰 장점입니다.

ETF 시장을 이해하고, 자신의 투자 스타일에 맞는 상품을 찾아보는 것이 성공적인 재테크의 첫걸음이 될 것입니다. 여러분의 투자를 응원하겠습니다.

Q. 액티브 ETF를 매도할 때 세금은 어떻게 되나요? 또한 액티브 ETF는 매도 차익만 기대할 수 있나요, 아니면 분배금도 받을 수 있나요?

액티브 ETF의 과세 방식은 보유 기간 과세입니다. 즉 ETF를 보유하는 동안 발생하는 배당소득과 매매 차익이 종합소득세 과세 대상이 됩니다. 다만 국내 주식에 투자하는 ETF는 양도세가 면제되지만, 해외 주식에 투자하는 ETF는 배당소득세(15.4%)가 부과되며 종합소득세 대상이 됩니다.

또한 액티브 ETF는 매매 차익뿐만 아니라 배당 수익도 기대할 수 있습니다. ETF마다 운용 방식이 다르므로 배당금을 지급하는 ETF도 있고, 배당을 재투자하는 ETF도 있습니다. 특히 국내 증시에 상장된 미국 주식 ETF는 분배금과 매매 차익이 모두 배당소득으로 분류되므로, 종합 과세 대상이 됩니다.

따라서 개인 연금 계좌(IRP)나 ISA 계좌 등 절세 혜택이 있는 계좌를 적극적으로 활용하는 것이 유리합니다.

트럼프 2.0 시대의 미국 전력 산업 전망

삼성액티브자산운용 운용2팀장

김효식

트럼프 2.0 시대의 미국 전력 산업 전망, 정책이 밀고 AI가 당긴다. 미국 전력 수요는 AI와 제조업 리쇼어링 등에 힘입어 성장 궤도에 올랐다. 수요 증가에 대응하기 위한 미국 양당의 초당적 노력들이 이어질 전망이다. 전력 인프라부터 재생에너지, 천연가스와 원자력까지 미국 전력 산업 전반에 걸친 균형 잡힌 투자가 필요한 시점이다.

최근 국내 투자자들에게도 익숙해진 전력 산업에 대한 이야기가 자주 나오기는 했지만, 이를 깊이 있게 다룬 적은 많지 않았습니다. 오늘은 전력 산업이 왜 중요한지, 그리고 향후 전망에 대해 자세히 살펴보겠습니다.

전력 산업이 주목받는 이유는 AI와 밀접한 관련이 있기 때문입니다. AI 기술을 활용하려면 막대한 전력이 필요하다는 점은 이미 많은 분이 알고 있을 것입니다. 그러나 AI 투자가 과잉이라는 의견도 존재합니다. 하지만 저는 미국의 AI 투자가 단순한 유행이 아니라, 글로벌 경쟁자들을 압도할 때까지 지속될 것이라 보고 있습니다.

그 이유는 전 세계적으로 생산 가능 인구가 감소하는 것이 우리나라만의 문제가 아니기 때문입니다. 경제 성장을 이루기 위해서는 노동 투입, 자본 투입, 그리고 노동 생산성이 중요한데, 인구 감소로 인해 생산성을 높이는 것이 필수 과제가 되었습니다. 이를 해결할 핵심 기술이 AI이며, AI와 함께 로보틱스 산업이 발전해야 경제 성장이 지속될 수 있습니다. 따라서 미국의 AI 산업 투자는 단기간에 끝나는 것이 아니라 장기적으로 지속될 가능성이 큽니다.

현재 AI의 성장은 미국 전력 산업의 슈퍼사이클을 촉발하고 있습니다. 이에 따라 미국에서는 '재생에너지 vs. 화석 연료' 같은 전통적인 논의보다 실질적인 전력 확보가 더욱 중요한 문제가 되었습니다. 석탄을 제외한 태양광, 풍력, 천연가스, 원자력 등 사용 가능한 모든 발전원을 최대한 빠르게 확대하는 것이 현재 미국 전력 정책의 방향이라고 볼 수 있습니다.

이러한 흐름 속에서 미국 전력 산업 전반에 대한 투자 기회가 확대되고 있습니다. 특히 바이든 행정부 시기 억눌렸던 천연가스 산업에서 흥미로운 성장 가능성이 나타나고 있습니다.

미국 전력 산업 관련
투자 상품

미국 전력 산업 전반에 투자하고 싶다면 KoAct 글로벌 기후테크 인프라 액티브를 추천합니다. 만약 천연가스에 특화된 상품에 투자하고 싶다면 KoAct 미국 천연가스 인프라 액티브를 고려해보는 것이 좋습니다.

• KoAct 글로벌 기후테크 인프라 액티브 •

KoAct 글로벌 기후테크 인프라 액티브는 이름에 들어간 '기후테크'라는 단어 때문에 태양광과 풍력 중심의 투자 상품으로 오해받기 쉽지만, 실제로는 전력 인프라, 변압기, 전선 등 주요 전력 설비 업체들도 포함되어 있습니다. 또한 저탄소 에너지는 태양광과 풍력뿐만 아니라 천연가스와 원자력도 포함됩니다.

에너지 산업은 정책 변화에 민감하게 반응하는 특성이 있기 때문에, 펀드 매니저가 시장 상황에 맞춰 종목을 유연하게 편입·편출할 수 있는 액티브 운용 방식이 유리하다고 보고 있습니다. 이 상품은 2024년 1월 18일에 상장되었으며, 12월 12일까지의 수익률 기

ㅣ KoAct 글로벌 기후테크 인프라 액티브 포트폴리오 현황

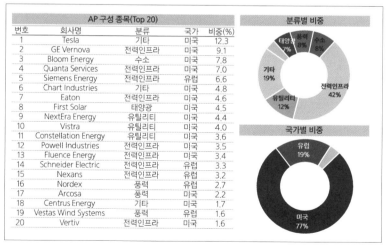

번호	회사명	분류	국가	비중(%)
1	Tesla	기타	미국	12.3
2	GE Vernova	전력인프라	미국	9.1
3	Bloom Energy	수소	미국	7.8
4	Quanta Services	전력인프라	미국	7.0
5	Siemens Energy	전력인프라	유럽	6.6
6	Chart Industries	기타	미국	4.8
7	Eaton	전력인프라	미국	4.6
8	First Solar	태양광	미국	4.5
9	NextEra Energy	유틸리티	미국	4.4
10	Vistra	유틸리티	미국	4.0
11	Constellation Energy	유틸리티	미국	3.6
12	Powell Industries	전력인프라	미국	3.5
13	Fluence Energy	전력인프라	미국	3.4
14	Schneider Electric	전력인프라	유럽	3.3
15	Nexans	전력인프라	유럽	3.2
16	Nordex	풍력	유럽	2.7
17	Arcosa	풍력	미국	2.2
18	Centrus Energy	기타	미국	1.7
19	Vestas Wind Systems	풍력	유럽	1.6
20	Vertiv	전력인프라	미국	1.6

자료: Factset, 삼성액티브자산운용, 2024년 12월 10일 종가 기준

준으로는 약 60%를 기록했습니다. 흥미로운 점은, 11월 초 트럼프 대통령 당선 이후 주가가 오히려 상승했다는 점입니다. 이는 포트폴리오 구성과 관련이 있습니다.

해당 상품은 해외 주식형 상품으로, 미국 주식 80%, 유럽 주식 20%의 비중을 가지고 있습니다. 변압기, 전력 인프라, 태양광, 풍력, 수소, 천연가스, 원자력, 전기차 관련 기업 등 다양한 섹터에서 성장 가능성이 높은 기업들만 선별해 담고 있습니다.

• KoAct 미국 천연가스 인프라 액티브 •

KoAct 미국 천연가스 인프라 액티브는 2024년 12월 10일에 상장한 상품으로, 전력 수요 증가에 따라 가스 발전소 가동이 확대될 것이라는 점을 투자 포인트로 삼고 있습니다. 천연가스는 탄소 배출이 발생하지만, 탄소 포집 기술을 적용하면 배출량을 거의 제로 수준으로 줄일 수 있기 때문에 친환경 에너지원으로 인정받고 있습니다.

과거 천연가스 ETN 투자에서 가격 변동성으로 인해 손실을 경험한 투자자도 있을 것입니다. 하지만 KoAct 미국 천연가스 인프라 액티브는 천연가스 가격에 연동되는 상품이 아닙니다. 미국의 천연가스 인프라 기업들은 가스 가격보다 물동량 증가가 실적에 더 중요한 영향을 미칩니다. 미국에서 천연가스 물동량이 증가할 것이라 보고 있으며, 이에 따라 실적이 개선되는 기업들에 집중 투자하고, 추가로 배당 수익까지 고려한 전략을 운영하고 있습니다.

상품 포트폴리오는 천연가스 산업의 가치사슬에 따라 미드스트

❘ KoAct 글로벌 기후테크 인프라 액티브 포트폴리오 현황

AP 구성 종목				분류별 비중
번호	회사명	분류	국가	비중(%)
1	Enbridge	미드스트림	미국	19.21%
2	TC Energy	미드스트림	미국	14.46%
3	Kinder Morgan	미드스트림	미국	9.71%
4	ONEOK	미드스트림	미국	3.85%
5	Williams Companies	미드스트림	미국	3.89%
6	Pembina Pipeline	미드스트림	미국	3.85%
7	Exxon Mobil	업스트림	미국	3.85%
8	DT Midstream	미드스트림	미국	3.84%
9	New Jersey Resources	다운스트림	미국	3.85%
10	ConocoPhillips	업스트림	미국	3.85%
11	EOG Resources	업스트림	미국	3.82%
12	Archrock	미드스트림	미국	3.80%
13	Air Products and Chemicals	다운스트림	미국	3.83%
14	Chevron	업스트림	미국	3.80%
15	Golar LNG	미드스트림	미국	2.94%
16	Linde	다운스트림	미국	1.92%
17	Cheniere Energy	미드스트림	미국	1.90%
18	Worthington Enterprises	다운스트림	미국	1.94%
19	Kodiak Gas Services	미드스트림	미국	1.92%

분류별 비중: 미드스트림 72%, 업스트림 16%, 다운스트림 12%

자료: Factset, 삼성액티브자산운용, 2024년 12월 10일 종가 기준

림, 업스트림, 다운스트림으로 구성됩니다.

- 미드스트림(Midstream): 가스 파이프라인을 통해 유통하는 기업들로, 가스 물동량 증가에 따라 안정적으로 이익이 증가하는 특징이 있습니다.
- 업스트림(Upstream): 가스를 직접 생산하는 기업들로, 천연가스 가격 변동에 민감합니다. 따라서 향후 비중이 조정될 가능성이 있습니다.
- 다운스트림(Downstream): 가스 발전소에 필요한 터빈 등 기자재를 생산하는 기업들로, 천연가스 가격이 낮아질수록 수요 증가로 인해 실적이 개선될 가능성이 큽니다.

이처럼 포트폴리오 구성은 시장 환경과 산업 흐름에 맞춰 유연하게 조정되며, 장기적인 성장성을 고려해 운영됩니다.

왜
미국 전력 산업일까?

과거 2010년대에는 미국 연방준비제도이사회(Fed)가 적극적인 통화 정책을 펼치며, 이른바 '헬리콥터 머니'를 통해 시장에 막대한 유동성을 공급했습니다. 하지만 현재 Fed는 긴축 정책을 유지하고 있으며, 이에 따라 정부의 재정 지출이 경제 성장을 주도하는 상황입니다.

그렇다면 미국의 재정 지출이 어디에 집중되고 있을까요? 아래 차트에서 확인할 수 있습니다. 미국 인프라법(IIJA)과 인플레이션 감축법(IRA)의 핵심 키워드는 인프라, 에너지, 안보, 기후변화 대응입니다. 즉 미국 정부는 향후 지속적으로 전력 및 에너지 인프라 확충에 대한 재정을 집행할 가능성이 큽니다.

현재 가장 시급한 문제는 전력망 부족입니다. AI 데이터센터가 기하급수적으로 증가하면서 전력 수요가 급등하고 있습니다. 데이터센터들이 빠르게 전기를 공급받아야 하는데, 미국의 전력망은 1960~1970년대 원자력 발전소 건설 붐이 일었을 때 대부분 구축된 것이라 이미 교체 주기를 초과한 상태입니다. 그 결과 전력망 부족으

❙ 미국 연방정부 재정지출 추이 및 전망

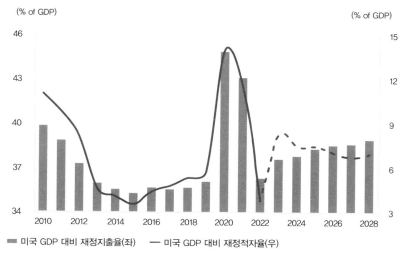

(% of GDP)

(% of GDP)

■ 미국 GDP 대비 재정지출율(좌)　— 미국 GDP 대비 재정적자율(우)

자료: Refinitiv, 신한투자증권(2023.08)

❙ 재정 세부 지출 계획

(단위: 십억 달러)

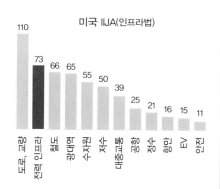

미국 IIJA(인프라법)

미국 IRA(인플레이션감축법)

■ 에너지안보 및 기후변화 대응
■ 메디케어 기간 연장
■ 서부지역 가뭄 대응

자료: The White House, 신한투자증권(2023.08)

구분	전체 발전소 설치 용량	계통 연결 신청 용량
2010년	972GW	462GW
2023년	1,279GW	2,598GW(기설치 물량 2배)

ㅣ 미국 전체 발전소 설치 용량 vs. 계통 연결 신청 용량 비교

로 인해 발전소를 제때 건설하지 못하는 문제가 발생하고 있습니다.

상단 표의 수치를 보면 미국 내 발전소 추가 설치에 대한 수요가 폭발적으로 증가하고 있음을 알 수 있습니다. 2010년 당시 기존 발전소 용량이 972GW였으며, 전력망 연결을 신청한 신규 발전소 용량이 462GW였습니다. 그러나 2023년 기준 미국 내 기존 발전소 용량은 1,279GW이지만, 계통 연결을 신청한 신규 발전소 용량이 2,598GW로 두 배 이상 증가했습니다.

물론 신청된 모든 발전소가 실제로 건설되는 것은 아니지만, 전력 인프라 투자가 급증하고 있으며, 전력 발전 프로젝트의 수요가 계속해서 증가하고 있다는 점을 확인할 수 있습니다.

이러한 변화는 AI와 데이터센터의 폭발적인 성장과 맞물려 있으며, 전력망 및 발전소 인프라 확충에 대한 투자 기회가 더욱 커질 것이라는 점을 시사합니다.

현재 미국의 전력 수요는 AI 산업이 주도하고 있습니다.

과거 미국의 전력 수요는 꾸준히 증가해왔지만, 2007년 이후로 정체되었습니다. 1950~2007년까지 미국의 발전량은 연평균 4.5% 성장하며 비교적 견조한 증가세를 보였습니다. 2007~2023년은 금

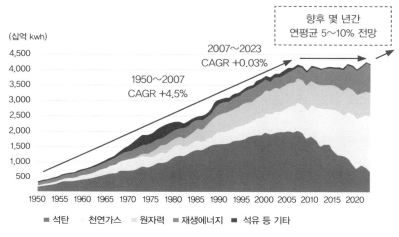

Ⅰ 미국 연도별 발전량 추이

(십억 kwh)

4,500
4,000
3,500
3,000
2,500
2,000
1,500
1,000
500

1950 1955 1960 1965 1970 1975 1980 1985 1990 1995 2000 2005 2010 2015 2020

향후 몇 년간
연평균 5~10% 전망

2007~2023
CAGR +0.03%

1950~2007
CAGR +4.5%

■ 석탄 천연가스 ■ 원자력 ■ 재생에너지 ■ 석유 등 기타

자료: USA EIA(2024.02), 삼성액티브자산운용

융위기와 제조업 해외 이전 등의 영향으로 연평균 성장률이 0.03%에 불과했습니다. 하지만 앞으로 몇 년간 전력 수요 증가율이 연평균 5~10% 수준으로 상승할 것으로 전망되고 있습니다.

2024년 10월 베인 앤 컴퍼니(Bain & Company)가 발표한 연구에 따르면, 2023~2028년 동안 미국에서 새롭게 발생하는 전력 수요의 주요 원인은 다음과 같습니다.

전력 수요 증가 요인	비중	설명
AI 데이터센터	44%	AI 서버 및 데이터센터 운영
주택(전기차 포함)	27%	전기차 충전 및 주택용 전력 증가
제조업(리쇼어링)	17%	미국 내 공장 이전 및 생산 확대

AI 데이터센터(44%)는 가장 큰 전력 수요 증가 요인으로, 향후 전력 소비 증가의 절반 가까이를 차지할 것으로 예상됩니다. 주택용 전력 수요(27%) 역시 전기차 보급이 확대되면서, 주택용 전력 소비도 함께 증가하고 있습니다. 제조업(17%) 관련해서는 글로벌 공급망 변화로 인해 공장들이 미국으로 이전(리쇼어링)하면서 전력 수요가 늘어나고 있습니다.

피크아웃인가, 장기 성장인가?

2024년 초, 많은 투자자가 "전력 인프라 관련 주식이 2023년에 너무 많이 올랐으니 이제 피크아웃(고점 도달 후 하락)하는 것 아니냐"라는 질문을 던졌습니다. 그러나 저는 전력 인프라 산업은 단기 사이클이 아니라 몇 년 이상 지속될 장기 성장 산업이라고 판단하고 있습니다.

그 근거 중 하나는 미국의 대표적인 전력기기 기업 이튼(Eaton)의 실적 발표 자료에서 확인할 수 있습니다. 2021년부터 2024년 3분기까지 누적된 전력 인프라 제조 프로젝트 규모가 1.6조 달러에 달하지만, 현재까지 착공된 비중은 겨우 16%에 불과합니다. 앞으로도 수년간 전력 인프라 투자가 지속될 가능성이 매우 높다는 것을 의미합니다.

또 하나의 근거가 있습니다. 미국 발전 유틸리티 섹터의 압도적인 시가총액 1위 기업은 넥스트에라 에너지(Nextera Energy)입니다. 이 기업의 CAPEX(자본 지출) 증가율을 보면, 향후 투자 규모가 지속적으로 확대되고 있음을 알 수 있습니다.

일반적으로 산업이 피크아웃되면 CAPEX 증가율이 둔화되지만, 넥스트에라 에너지는 오히려 투자를 더욱 늘리고 있는 상황입니다. 이는 발전소와 전력망 확충이 향후 수년간 계속될 것이라는 강력한 신호입니다.

일부 투자자들은 "중국산 전력 기기가 들어오면 미국 전력 인프라 기업들의 경쟁력이 약화될 것"이라고 우려합니다. 그러나 미국에서 중국산 전력 기기의 비중은 극히 낮으며, 앞으로도 낮은 수준을 유지할 가능성이 큽니다.

미국 변압기 수입 시장에서 중국산 비중은 약 3%에 불과합니다. 안보 문제와 직결되기 때문입니다.

2024년 초, 미국 FBI 등 정보기관이 발표한 보고서에 따르면, 중국 해커들이 미국 전력망을 공격할 가능성이 높다는 경고가 나왔습니다. 이에 따라 미국 정부는 중화권 인력 및 중국산 기자재 사용을 적극적으로 배제하는 정책을 강화하고 있습니다. 특히 고압 변압기 및 핵심 전력 인프라에서는 중국산 제품이 거의 사용되지 않고 있습니다. 즉 중국산 전력 기기가 미국 전력 인프라 산업에 미치는 영향은 제한적이며, 미국 기업들이 여전히 주도권을 유지하리라 생각됩니다.

❙ 넥스트에라 에너지 향후 CAPEX 가이던스

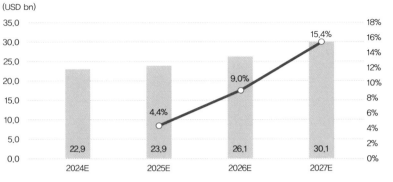

(USD bn)

- ▬ 넥스트에라 에너지 CAPEX 가이던스   -○- YoY 성장률(우)

❙ 미국의 변압기 수입 현황

(단위: US, 백만, %)

순위	국가·지역	2022	2023	2024.4	비중 (2023)	비중 (2024.4)	증감률 (2023/2022)
–	전체	578.7	1,066.6	480.3	100.0	100.0	84.3
1	멕시코	403.3	473.5	147.9	44.4	30.8	17.4
2	한국	39.6	222.5	130.8	20.9	27.2	461.9
3	브라질	2.8	125.4	63.6	11.8	13.2	4,378.6
4	캐나다	102.7	110.1	44.5	10.3	9.3	7.2
5	대만	2.2	51.1	39.2	4.8	8.2	2,222.7
6	콜롬비아	6.6	22.7	15.3	2.1	3.2	243.9
7	중국	6.3	17.9	14.2	1.7	3.0	184.1
8	인도	0.2	11.1	5.5	1.0	1.1	5,450.0
9	페루	–	1.8	3.7	0.2	0.8	–
10	필리핀	0.02	3.2	2.8	0.3	0.6	15,900.0

자료: KOTRA(2024.07), Global Trade Atlas

그리고 2024년 2월 28일, 일론 머스크는 '커넥티드 월드 2024' 행사에서 전력 공급 문제를 직접 언급했습니다. "2023년에는 차량용 반도체가 부족해서 전기차를 못 만들었지만, 지금은 전기와 변압기가 부족해서 힘들다."

그의 발언 이후, 변압기 업체 주가가 하루 만에 10% 이상 급등하는 현상이 나타났습니다. 이는 미국 전력 부족 사태가 상당히 심각한 수준에 도달했으며, 향후 변압기 및 전력 인프라 관련 기업들의 성장 가능성이 크다는 것을 보여줍니다.

대세는 여전히 재생에너지, 부활하는 가스와 원자력

미국의 전력 공급이 증가할 것이라는 점은 명확합니다. 이제 어떤 발전원이 주도할 것인지 궁금할 텐데요. 현재로서는 재생에너지가 주도적인 역할을 하겠지만, 천연가스와 원자력도 점차 중요한 역할을 하게 될 전망입니다. 반면 석탄은 경쟁력을 잃어가고 있으므로 투자 관점에서 크게 주목할 필요는 없습니다.

2024년 기준 미국에서 새롭게 설치되는 발전소 용량을 보면, 태양광이 36GW로 가장 높은 비중을 차지하고 있고 배터리 ESS가 15GW, 풍력이 7.3GW로 그 뒤를 잇고 있습니다.

천연가스 발전소도 신규 설치가 이루어지고는 있지만, 바이든 행

자료: US EIA(Short-Term Energy Outlook, 2024.06)

정부의 규제로 인해 기존 발전소 폐쇄 속도가 더 빨라서 순설치량이 마이너스입니다. 그러나 향후 천연가스 발전소가 다시 확대될 가능성이 크다고 보고 있습니다.

미국의 발전 설비는 70% 이상이 민간 업체 소유로, 한국처럼 정부가 주도하는 구조와 다릅니다. 즉 정치적 이슈보다는 발전 단가와 경제성이 가장 중요한 기준이 됩니다.

새로운 발전소 건설 시 발전 단가(IRA 세제 혜택 제외)를 기준으로 살펴보면, 가장 저렴한 것은 유틸리티 태양광, 그다음이 가스 복합화력 발전소, 육상 풍력, 태양광 + ESS 복합 단지 순입니다.

반면 석탄과 원자력은 비용이 높아 새로 건설되기 어렵습니다.

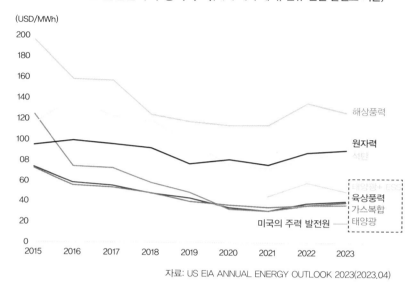

I **미국 발전원별 발전단가 추정치 추이**(세제 혜택 제외, 신규 건설 발전소 기준)

(USD/MWh)

해상풍력

원자력

석탄

태양광+ ESS

육상풍력
가스복합
태양광

미국의 주력 발전원

자료: US EIA ANNUAL ENERGY OUTLOOK 2023(2023.04)

특히 대형 원전은 비용 부담이 크기 때문에 SMR(소형모듈원자로)이 본격적으로 상용화되는 2030년대 초중반부터 확대될 전망입니다. 해상 풍력은 아직 비용이 높아 본격적인 확대까지는 시간이 필요합니다.

일각에서는 IRA가 폐기되면 태양광·풍력 발전이 타격을 입지 않겠느냐고 우려합니다. 그러나 트럼프 인수위의 정책 방향이 공개된 결과, 태양광·풍력에 대한 세액공제 혜택은 유지될 가능성이 큽니다. 그 이유는 IRA 통과 이후 수천억 달러 규모의 투자가 이미 진행되었으며, 그중 상당수가 공화당 지역에서 이루어졌기 때문입니다. 실제로 2024년 8월 7일, 공화당 하원의원 18명이 "IRA 재생에너지

세액공제 폐지는 절대 불가"라는 성명 발표를 하기도 했습니다.

특히 AI 데이터센터의 전력 수요가 폭발적으로 증가하는 상황에서, 태양광·풍력 발전을 위축시키면 데이터센터 건설 자체가 어려워지는 문제가 발생합니다. 따라서 재생에너지 지원 정책이 유지되리라 생각됩니다.

반면 전기차 시장은 IRA의 지원이 축소될 가능성이 있어 다소 타격을 받을 수 있습니다. 현재 미국 전력망이 AI 데이터센터 수요 대응에도 버거운 상황이므로, 전기차까지 전력 지원을 확장하는 것이 부담으로 작용할 수 있습니다.

또한 전기차 전환 과정에서 높은 비용 문제로 인해 자동차 제조사들이 대규모 감원을 단행하고 있습니다. 2024년 상반기 미시간주 자동차 공장들(지엠, 포드 등)은 인력을 대거 감축했습니다. 이에 따라 정치권에서도 전기차 전환 속도를 조절하려는 움직임이 나타나고 있습니다. 실제로 바이든 행정부는 연비 규제 완화 행정명령을 발표했으며, 트럼프 행정부가 들어설 경우 규제 완화가 더욱 확대될 가능성이 큽니다.

정리하자면 미국 전기차 시장의 성장 속도는 다소 둔화될 가능성이 있으나, 미국 내 공장을 운영하는 전기차 및 배터리 업체들은 여전히 보조금 혜택을 받을 수 있어 장기적으로는 경쟁력을 유지할 것으로 예상됩니다.

미국 태양광 산업은 정책적 지원과 경제성 덕분에 꾸준히 성장하고 있습니다. 2017~2020년 트럼프 행정부 기간에도 미국 태양광 설치량은 감소하지 않고 오히려 증가했습니다. 트럼프 행정부는 2018년 중국산 태양광 인버터·모듈에 30% 관세를 부과했으며, 이에 따라 미국 내 태양광 기업들이 급성장하는 계기가 되었습니다.

풍력 산업 역시 트럼프 행정부 시기 꾸준히 성장했지만, 2020년 이후 설치량이 감소했습니다. 2021년 바이든 행정부가 추진한 'BBB(Build Back Better) 법안'이 통과되지 않으면서 풍력 업계에 대한 투자가 위축되었지만, 2022년 8월 해당 법안이 IRA로 전환되며 지원 정책이 재개되었습니다.

이에 따라 2023년부터 풍력 산업의 발주량이 회복되며 성장 궤도에 다시 진입했습니다. 다만 풍력 산업이 빠르게 성장하는 데는 한계가 있습니다. 전력망 부족 문제로 인해 발전소 설치 속도가 지연되고 있어 회복 속도가 더딜 가능성이 높습니다.

천연가스 산업
빅테크 기업의 진출

천연가스 발전소는 오랜 기간 동안 바이든 행정부의 규제로 인해 위축되었지만, 최근 민간 시장에서는 수요가 빠르게 증가하고 있습니다.

2023년부터 천연가스 발전소 신규 발주가 증가하기 시작했으며, 미국 최대 가스 발전소 기업인 GE Vernova는 2024년 3분기 누

┃ 각 사 가스터빈 신규 수주

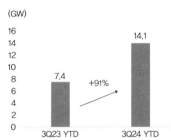

미쓰비시 중공업 가스터빈 신규 수주액

(십억 엔)

GE Vernova 가스터빈 신규 수주

(GW)

자료: 각 사, 삼성액티브자산운용

적 가스터빈 수주량이 전년 대비 91% 증가한 14.1GW를 기록했습니다. 특히 4분기와 2025년의 실적 전망도 긍정적인 상황입니다.

이처럼 정책과 상관없이 민간 부문에서는 이미 천연가스 발전소의 필요성이 커지면서 발주가 꾸준히 증가하고 있으며, 가스 발전소의 가동률도 지속적으로 상승하고 있습니다.

빅테크 기업들은 데이터센터 운영을 위해 태양광, 풍력뿐만 아니라 원자력 및 가스 발전소와의 전력 구매 계약을 확대하고 있습니다.

2023년 6월 마이크로소프트가 원자력 발전소와 첫 전력 구매 계약(PPA)을 체결한 이후, 2025년에는 여러 빅테크 기업들이 가스 발전소와의 계약을 논의 중입니다. 이는 데이터센터의 전력 수요 증가와 맞물려 가스 발전소가 안정적인 전력 공급원으로 자리 잡을 가능성이 높다는 점을 시사합니다.

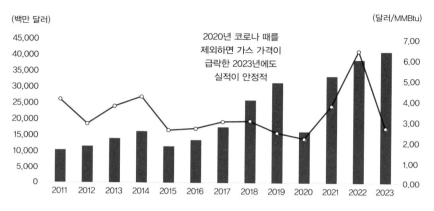

자료: Bloomberg, 삼성액티브자산운용(2024.11)

많은 투자자가 천연가스 가격 변동성을 우려하지만, 천연가스 산업에서는 가격보다는 물동량 증가가 실적에 더 중요한 영향을 미칩니다.

트럼프 행정부가 출범하면 천연가스 생산량이 증가하면서 가격이 하락할 수도 있습니다. 하지만 천연가스 인프라 기업들은 가격보다 물동량 증가에 의해 실적이 결정되므로, 투자 시에는 가격 변동성보다 가스 파이프라인(운송) 및 발전소(다운스트림) 부문에 주목해야 합니다.

미드스트림(운송)과 다운스트림(발전소) 부문은 물동량 증가 시 안정적인 수익을 창출하는 구조를 가지고 있어 장기적인 투자 전략으로 적합해 보입니다.

자산구성의 필수요소
채권 투자법

전(前) 제이피모건 이사
(외화 채권 담당)

진율

20년 기관 투자자 대상 채권 영업 전문가가 기관 대상이 아닌 개인 투자 목적으로서의 채권 투자를 설명한다. 채권의 기초 개념부터 투자를 위한 기초지식, 수익률 증대, 그리고 개인 포트폴리오를 구성하는 요소로서의 채권의 활용에 대해 최대한 쉽게 알아보자.

많은 사람이 채권 투자는 개인이 접근하기 어렵고 이해하기도 복잡하다고 생각합니다. 하지만 자산을 안정적으로 키워가는 진짜 부자들은 채권을 적극적으로 활용하고 있습니다. 지금부터 채권 자체를 투자 수단으로 활용하는 방법과, 포트폴리오 내에서 채권을 활용해 안정성과 수익성을 높이는 전략을 알아보겠습니다.

채권이란
무엇인가

사전적으로 채권은 일정 기간 후 원금 상환과 이자 지급 조건이 확정된 차용증서를 의미합니다. 쉽게 말해 투자 시점에 원금과 이자가 정해지고 만기 시에 원금을 돌려받는 구조입니다.

주식과 달리 채권은 투자하는 순간 수익이 확정된다는 점에서 차이가 있습니다. 주식은 가격 변동성이 커서 예측이 어렵지만, 채권은 투자 시점부터 받을 수 있는 금액이 정해져 있습니다. 이 때문에 채권을 '본드(Bond)'라고 보통 표현하지만, 금융업계에서는 '픽스트 인컴(Fixed Income)', 즉 고정된 수익이 있는 금융상품으로 분류하고 있습니다.

債權(채권)과 債券(채권)

채권은 두 가지 의미로 구분될 수 있습니다. 첫 번째는 유가증권으로서의 채권(債權)입니다. 금융시장에서 거래되는 국채, 회사채 등은 유가증권으로 발행되며, 증권사를 통해 매매할 수 있습니다.

두 번째는 법률적 의미의 채권(債券)입니다. 이는 단순한 차용증서가 아니라 채무를 이행받을 수 있는 권리까지 포함하는 개념입니다. 예를 들어 누군가에게 돈을 빌려주었거나 대출을 해주었다면, 이는 금융상품으로서의 채권이 아니라 민법상 채권의 개념에 해당합니다.

일반적으로 개인 투자자는 유가증권으로서의 채권에만 집중하는 경우가 많습니다. 하지만 민법상 채권까지 고려하면 투자 기회가 더욱 넓어질 수 있습니다.

채권 투자에서 가장 중요한 것은 수익률과 금리 변동성입니다.

단순히 국채나 회사채만 고려하는 것이 아니라, 보다 폭넓은 채권 개념을 활용하면 투자 수익성을 높일 수 있습니다.

채권 투자가 어렵게 느껴질 수 있기 때문에, 이해를 돕기 위해 정기예금과 비교해 설명해보겠습니다.

정기예금은 일반적인 입출금 계좌와 달리 일정 금액을 일정 기간 동안 맡겨 두고 약정된 금리를 받는 금융상품입니다. 예를 들어 1년 미만의 정기예금이라면 원금을 은행에 예치한 후 일정 기간이 지나면 이자와 함께 원금을 돌려받습니다.

아마 대부분 정기예금은 익숙하게 이용했을 것입니다. 정기예금과 채권은 기본적인 구조가 유사하지만 몇 가지 차이점이 존재합니다.

예를 들어 연이자율이 3%이고 만기가 2년이며, 원금이 100인 정기예금을 가입했다고 가정해 보겠습니다. 원금 100을 예치하면, 1년 후 이자로 3을 받고, 2년 후에는 원금 100과 함께 이자 3을 추가로 받아 총 103을 수령합니다. 이러한 현금 흐름은 채권과 동일합

| 예금의 구조

연 이자율 3.00%, 만기 2년, 원금 100의 정기예금 가정

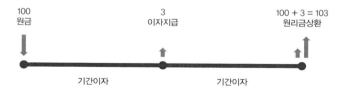

❙ 정기예금과 채권의 차이점

항목	정기예금	채권
취급 기관	은행	증권사, 금융기관
발행 주체	은행	정부, 기업 등
리스크	은행 부도 위험	발행사(국가, 기업) 부도 위험
중도 해지	가능 (이자 일부 포기)	불가능
원금 보호	예금자 보호법 적용 (5천만 원 한도)	보호 없음
매매 가능 여부	불가능	가능 (시장 가격 변동 있음)

니다. 즉 채권도 투자 시점에 원금과 이자가 정해지고, 만기 시 이자와 함께 원금을 돌려받는 구조입니다.

정기예금과 채권의 가장 큰 차이점은 리스크와 원금 보호 여부입니다. 정기예금은 은행이 부도나지 않는 한 원금과 이자가 보장되며, 예금자 보호법에 따라 5천만 원(향후 1억 원 증액 예정)까지 보호됩니다. 반면 채권은 발행사의 신용에 따라 원금과 이자를 받을 수 없을 위험이 있으며, 예금자 보호 대상이 아닙니다.

또한 중도 해지 가능 여부에서도 차이가 있습니다. 정기예금은 일정 이자를 포기하면 중도 해지가 가능하지만, 채권은 중도 해지가 불가능합니다.

매매 가능 여부도 중요한 차이점입니다. 정기예금은 가입 후 만기까지 유지해야 하고 타인에게 양도할 수 없습니다. 반면 채권은 시장에서 사고팔 수 있으며, 금리 변동에 따라 가격이 변할 수 있습니다.

따라서 안정성과 유동성을 중요하게 생각한다면 정기예금이 더 적합할 수 있으며, 장기적인 투자와 수익률을 고려한다면 채권을 활용하는 것이 유리할 수 있습니다

채권의 가격은
어떻게 변동될까

채권은 중도 해지가 불가능하기 때문에 보유한 채권을 매각해야 하는 경우 금리 변동에 따른 가격 리스크가 발생합니다.

예를 들어 100을 투자해서 연 3%의 이자를 받고 만기에 103을 받는 채권이 있다고 가정해 보겠습니다. 만약 시장 금리가 변동하면

ㅣ 채권의 가격 변동

연 이자율 3.00%, 만기 2년, 원금 100의 채권 가정

채권의 가격도 영향을 받습니다.

• 금리가 하락할 경우 •

연 3% 이자를 지급하는 채권을 보유하고 있는데, 시장 금리가 1%로 하락하면 새로운 투자자들은 이제 1% 이자만 받을 수 있습니다. 따라서 기존의 3% 이자를 주는 채권은 상대적으로 더 가치가 높아지게 됩니다. 이 경우 시장에서 프리미엄을 받고 103~104 수준의 가격에 채권을 매각할 수 있습니다.

• 금리가 상승할 경우 •

반대로 시장 금리가 5%로 상승하면, 신규 투자자들은 5% 이자를 지급하는 채권을 쉽게 구입할 수 있습니다. 따라서 기존에 3% 이자를 지급하는 채권은 매력이 떨어지게 되고, 이를 매각하려면 가격을 할인해야 합니다. 보통 96~97 수준에서 거래되며, 기존 채권 보유자는 손실을 볼 가능성이 높아집니다.

간단히 말하자면 금리와 채권 가격은 반대 방향으로 움직입니다. 금리가 하락하면 채권 가격은 상승하고, 금리가 상승하면 채권 가격은 하락합니다. 이는 채권의 고정 금리(Fixed Income) 구조 때문입니다. 한 번 발행된 채권의 금리는 변하지 않기 때문에, 시장 금리가 변동할 때 상대적인 가치가 달라지게 됩니다.

다양한 기준으로
분류되는 채권

채권은 다양한 기준에 따라 분류할 수 있으며, 대표적으로 발행 주체, 담보 유무, 원금 상환 방식, 이자 지급 방식에 따라 나눌 수 있습니다.

먼저 발행 주체에 따라 채권은 국채, 지방채, 통안증권, 공사채, 금융채, 회사채 등으로 구분됩니다. 국채는 정부가 발행하는 채권으로 가장 안전한 채권으로 평가되며, 지방채는 지방자치단체가 발행하는 채권입니다. 또한 한국은행이 발행하는 통안증권은 국채와 유사한 성격을 가지며, 공기업이 발행하는 공사채, 금융기관이 발행하는 금융채, 일반 기업이 발행하는 회사채도 각각의 목적에 따라 발행됩니다.

담보 유무에 따라 채권은 무담보부 채권과 담보부 채권으로 나뉩니다. 대부분의 채권은 담보 없이 발행되는 무담보부 채권이며, 기업이 보유한 부동산이나 기타 자산을 담보로 설정한 담보부 채권도 존재합니다. 담보부 채권은 무담보 채권보다 안전성이 높아 금리가 낮은 편입니다.

원금 상환 방식에 따라 채권은 블릿 채권과 아모타이징 채권으로 구분됩니다. 블릿 채권은 만기 시 원금을 한 번에 지급하는 구조로 가장 일반적인 형태입니다. 반면 아모타이징 채권은 만기까지 일정 기간마다 원금 일부를 상환하는 방식으로, 유동성이 낮아 거래가

| 채권의 종류

발행주체	담보 유무	원금상환 방식
• 중앙정부 – 국채 • 지방정부 – 지방채 • 공기업 – 공사채 • 금융기관 – 금융채 • 기타법인 – 일반회사채 등	• 담부부 사채 • 무담보부 사채	• 블릿(Bullet) • 아모타이징 (Amortizing)

이자지급 방식	각종 구조화 증권의 기본 구성 요소 ⇒ 원금보장형 구조, ELS, DLS, MBS, ABS 등
• 고정채 • 변동채	

활발하지 않은 특징이 있습니다.

이자 지급 방식에 따라 채권은 고정금리 채권과 변동금리 채권으로 나뉩니다. 고정금리 채권은 발행 시점에 정해진 금리를 만기까지 유지하는 채권으로, 대부분의 채권이 이에 해당합니다. 반면 변동금리 채권은 기준금리에 연동해 이자율이 변동하는 채권입니다. 변동금리 채권은 금리 변동에 따른 가격 변동 위험이 적지만, 우리나라에서는 유동성이 낮아 거래가 활발하지 않은 편입니다.

사실 채권은 단순한 투자 상품을 넘어 다양한 금융상품의 기반이 되기도 합니다. 원금보장형 상품은 일정 금액을 채권에 투자해 원금을 보장하고, 일부 자금을 고위험 자산에 투자하는 방식으로 운영됩니다. 또한 주가연계증권(ELS)이나 파생결합증권(DLS)처럼 채권을 기반으로 한 구조화 상품도 존재하며, 주택저당채권(MBS)이나 자산유동화증권(ABS) 등 부동산 및 다양한 자산을 기초로 발행되는 채권도 활용됩니다.

이처럼 채권은 발행 주체와 상환 방식, 이자 지급 방식에 따라 다양한 유형이 있으며, 단순한 투자 상품을 넘어 금융상품의 기초 자산으로도 이용합니다.

채권은 정말 어려울까?
채권과 주식 비교

많은 사람이 채권 투자는 어렵다고 생각합니다. 주식 투자는 익숙하기 때문에 쉽게 접근하지만, 채권은 제대로 알아보지도 않고 어렵고 복잡한 투자라고 생각하는 경향이 있습니다.

그러나 저는 오랜 경험을 통해 채권이 주식보다 훨씬 예측 가능성이 높은 투자라고 확신합니다. 채권은 수학적 계산과 리스크 분석이 가능하지만, 주식은 실적 예측조차 어렵기 때문입니다.

예를 들어 2024년 말 삼성전자의 실적을 정확히 예측하는 것은 거의 불가능에 가깝습니다. 여러 가지 정보를 바탕으로 주가를 예상할 수 있지만, 실제 시장에서 어떻게 반응할지는 불확실성이 큽니다. 반면 채권은 기업이 만기까지 원금과 이자를 지급할 수 있는지만 분석하면 됩니다.

| 기업의 재무상태표

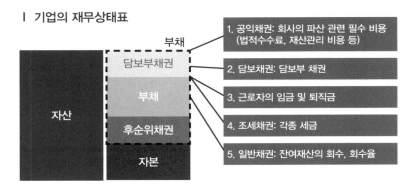

기업의 재무상태표를 보면, 자산과 부채, 그리고 자기자본으로 구성됩니다. 여기서 부채 항목이 바로 채권과 관련된 부분입니다. 채권은 기업이 자금을 조달하는 대표적인 방법 중 하나이며, 유가증권 형태로 발행될 수도 있고, 대여금이나 대출금 같은 민법상의 채권 개념으로 포함될 수도 있습니다.

만약 기업이 부도가 난다면, 보유 자산을 매각해서 채권자들에게 순차적으로 변제하는 절차를 진행합니다. 가장 먼저 변제되는 것은 공익 채권, 즉 법원 비용과 법적 수수료 같은 필수 비용입니다. 그다음으로 담보부 채권이 변제됩니다. 부동산이나 자산을 담보로 설정한 대출이나 채권이 여기에 해당합니다. 이후 근로자의 임금 및 퇴직금, 미납 세금, 일반 채권 순으로 변제가 이루어지며, 그다음이 후순위 채권, 마지막이 주식입니다.

일반적으로 기업이 부도났을 때 일반 채권이 100% 변제되는 경우는 거의 없습니다. 보통 회수율(Recovery Rate)은 회사마다 다르지만, 경우에 따라 60~70% 수준이 될 수도 있고, 심하면 0~20%까지 내려갈 수도 있습니다.

주식 투자자들은 채권자보다 변제 순위가 낮기 때문에, 기업이 부도날 경우 투자금을 전혀 회수하지 못할 가능성이 큽니다. 저는 지금까지 주식 투자자들이 기업 청산 절차에서 돈을 받아가는 사례를 본 적이 없습니다. 이 점을 고려하면, 채권 투자는 기업의 부도 위험만 잘 분석하면 예측 가능성이 높은 투자 방법이 될 수 있습니다.

주식 가격을 결정하는 요인은 복잡하고, 같은 요인이 시장에서 다르게 반응하는 경우도 많습니다. 예를 들어 유가가 상승하면 어떤 때는 주가가 오르고, 어떤 때는 주가가 하락하는 등 변수가 고정된 방식으로 작용하지 않습니다. 개인 투자자는 기관 투자자보다 정보 접근성이 낮고, 분석할 수 있는 데이터의 양도 제한적이므로, 주식 투자로 성공하기란 쉽지 않습니다.

반면 채권은 훨씬 단순한 투자 방식입니다. 보통 채권은 2년, 3년, 5년 등의 만기를 기준으로 거래됩니다. 우리가 채권에 투자할 때 고민해야 할 핵심은 "이 기업이 채권 만기까지 부도가 나지 않고 원금과 이자를 상환할 수 있을까?"입니다.

채권 투자자는 기업이 만기까지 버틸 수 있는가만 판단하면 되며, 그에 따라 적절한 금리를 받고 투자 여부를 결정합니다. 이는 주식처럼 실적 변동, 경쟁 구도, 시장 심리 등을 예측해야 하는 것보다 훨씬 간단한 투자 방식입니다. 이런 이유로 저는 채권 투자가 주식보다 훨씬 쉽다고 생각합니다.

채권의 가격 변동과
듀레이션

채권은 기본적으로 일정한 이자를 지급하며 만기 시 원금을 돌려받는 구조이지만, 시장 금리 변화에 따라 가격이 변동할 수 있습니다. 이런 가격 변동성을 평가하는 개념이 듀레이션(Duration)입니다.

듀레이션은 금리가 변동했을 때 채권 가격이 얼마나 변하는지를 나타내는 척도입니다. 일반적으로 금리가 하락하면 채권 가격이 상승하고, 금리가 상승하면 채권 가격이 하락합니다.

예를 들어 현재 연 3% 이자를 지급하는 2년 만기 채권이 있다고 가정해보겠습니다. 시장 금리가 2%로 떨어지면, 기존 3% 이자를 지급하는 채권의 가치는 상승합니다. 만약 같은 조건의 채권이 10년 만기라면, 2%의 추가 이자를 10년 동안 받을 수 있기 때문에 가격 상승 폭이 더 커집니다. 반대로 금리가 5%로 상승하면, 기존 3% 이자를 지급하는 채권은 매력이 떨어지므로 가격이 하락하게 됩니다.

듀레이션이 높은 채권은 금리 변화에 따라 가격이 크게 움직이며, 듀레이션이 낮은 채권은 금리 변화에 영향을 덜 받습니다. 일반적으로 만기가 긴 채권일수록 듀레이션이 높아지며, 금리 변동에 따른 가격 변동이 커집니다.

듀레이션 개념을 보다 정밀하게 다룰 때 DV01(Dollar Value of 01bp)이라는 용어도 사용됩니다. DV01은 금리가 1bp(0.01%) 변동할 때 채권 가격이 얼마나 변하는지를 나타내는 지표입니다.

만약 금리가 하락할 것으로 예상된다면 듀레이션이 높은 장기 채권에 투자해 가격 상승에 따른 이익을 기대할 수 있습니다. 반대로 금리가 상승할 것으로 예상된다면 듀레이션이 낮은 단기 채권에 투자해 가격 하락 위험을 줄이는 것이 좋습니다.

채권 투자의
두 가지 방식

채권 투자 방식은 크게 두 가지로 나뉩니다. 첫 번째는 채권 가격 변동을 이용한 투자(Capital Gain)이며, 두 번째는 채권을 보유하면서 발생하는 이자 수익(Income Gain)을 얻는 투자입니다.

• 채권 가격 변동을 활용한 투자 •

주식 투자와 유사하게 채권 가격이 오르면 매도해 차익을 얻는 전략입니다. 하지만 주식과 비교했을 때 채권 가격은 상대적으로 변동성이 낮기 때문에, 가격 변동만으로 큰 수익을 기대하기 어렵습니다. 듀레이션이 높은 장기 채권을 활용해야 어느 정도의 가격 변동성을 기대할 수 있습니다.

이 때문에 채권 가격 변동을 이용한 투자는 개인이 직접 하기보다는 기관 투자자들이 레버리지를 활용해 접근하는 방식이 일반적입니다. 예를 들어 채권을 담보로 대출을 받아 추가로 채권을 매입하는 방식(레포 마켓 활용)이나, 채권 선물을 이용한 투자 방법이 있습니다. 이처럼 채권을 활용한 레버리지 투자는 변동성이 낮은 채권의 특성을 보완해 좀 더 높은 수익을 기대할 수 있도록 합니다.

• 채권을 보유하면서 이자 수익을 얻는 투자 •

채권의 가장 큰 특징은 일정 기간 동안 고정된 이자를 받을 수 있다는 점이며, 이는 시장 변동성과 무관하게 안정적인 현금 흐름을 제공합니다.

채권 투자를 고려할 때는 수익률이 높을수록 유리하지만, 감당할 수 있는 수준의 위험을 고려해야 합니다. 일반적으로 기업의 신용도가 낮을수록 이자율이 높아지지만, 그만큼 부도 위험도 커집니다. 따라서 개인 투자자는 고위험 고수익 채권보다는 안정적인 기업의 채권을 선택하는 것이 더 현실적인 전략이 될 수 있습니다.

또한 채권의 만기가 짧을수록 예측이 용이하기 때문에, 개인 투자자는 장기 채권보다는 단기 채권에 투자하는 것이 바람직합니다. 예를 들어 30년짜리 애플 채권이 있다고 해도, 애플이 30년 동안 부도나지 않을 것이라고 장담하기는 어렵습니다. 반면 1~3년 만기의 애플 채권이라면 상대적으로 안전성이 높고, 금리 변동에 따른 가격 리스크도 적어집니다.

결론적으로, 개인 투자자라면 채권의 가격 변동을 노리기보다는 만기가 짧고 신용도가 높은 채권을 통해 안정적인 이자 수익을 얻는 방식이 더 적절한 투자 전략이라고 볼 수 있습니다.

채권의 위험 대비 수익률, 얼마가 적당할까?

채권 투자의 핵심은 만기 시 원금과 이자를 받을 수 있는가입니다. 기업이 부도날 가능성이 높을수록 투자자는 더 높은 수익률(이자)을 요구하고, 신용도가 높은 기업일수록 낮은 금리에도 투자자가 몰립니다. 즉 채권의 수익률은 투자 리스크와 밀접한 관계가 있습니다.

금융업계에서는 흔히 "하이 리스크, 하이 리턴"이라는 말을 사용합니다. 하지만 저는 이 표현을 그대로 받아들이는 것에 회의적입니다. 낮은 리스크가 낮은 수익률(로우 리턴)을 의미하는 것은 맞지만, 리스크가 높다고 해서 반드시 높은 수익률을 보장하는 것은 아닙니다.

실제로 금융상품을 설계하는 증권사나 금융사들은 리스크가 높은 상품이라도 충분한 리스크 프리미엄을 제공하지 않는 경우가 많습니다. 투자자가 감수하는 위험 대비 기대할 수 있는 수익이 충분히 높지 않은 경우가 많다는 뜻입니다. 예를 들어 ELS(주가연계증권) 같은 상품은 고위험 상품이지만, 실제 수익률이 낮거나 손실 가능성이 과소평가된 경우가 많습니다.

이는 금융회사들이 높은 수수료와 비용을 붙여 고위험 상품을 중위험-중수익 또는 저위험-중수익처럼 보이게 만들기 때문입니다. 따라서 리스크가 높다고 무조건 높은 수익을 기대해서는 안 되며, 금융기관이 제공하는 수익률이 과연 그 리스크를 감당할 만큼 충분한지를 철저히 분석해야 합니다.

채권의 신용등급은 발행 주체의 신용도를 나타내는 지표로, 신용평가사(신평사)가 이를 평가합니다. 신용등급은 크게 투자 등급(Investment Grade)과 투기 등급(Speculative Grade)으로 나뉩니다.

- 투자 등급(AAA~BBB-): 안정적인 기업이 발행한 채권. 기관 투자자들도 주로 이 범위 내에서 투자합니다.
- 투기 등급(BB+ 이하): 부도 위험이 상대적으로 높은 채권. 높은 수익률을 제공하지만 리스크가 커 투자 시 신중한 접근이 필요합니다.

신용등급은 AAA, AA, A, BBB, BB, B, CCC, CC, C, D 등의 단계로 구분되며, 각 등급 내에서 '+'(플러스)와 '-'(마이너스) 기호를 붙여 세분화됩니다. 일반적으로 BBB 이상은 투자 등급, BB 이하는 투기 등급으로 여깁니다.

개인이 투자할 수 있는 채권은 보통 BBB~A 등급 수준이 현실적입니다. AAA 등급 국채나 최상위 기업이 발행하는 채권은 안전하지만, 금리가 너무 낮아 투자 매력이 떨어집니다. 반면 BB 등급 이하의 채권은 수익률이 높지만 부도 위험이 커서 개인 투자자가 접근하기 쉽지 않습니다.

채권 투자만으로
고수익을 얻을 수 있을까?

채권을 통한 보유 수익(이자 수익)만으로 연 20% 이상의 수익을 얻는 것은 현실적으로 불가능합니다. 현재 대부업법상 법정 최고금리가 20%이며, 이는 연체 이자와 중도상환 수수료 등을 포함한 금리입니다. 즉 법적으로도 20% 이상의 수익을 제공하는 채권 상품을 찾기는 어렵습니다.

또한 채권의 수익률이 높아질수록 발행자의 부담도 커집니다. 주식은 매각 시 차익을 얻는 방식이지만, 채권은 발행자가 정기적으로 이자를 지급해야 합니다. 만약 연 20%의 이자를 지급해야 하는 기업이라면, 과연 이 기업이 정상적으로 원금과 이자를 지급할 수 있을까요? 오히려 이러한 고금리가 기업의 부도 가능성을 높여 투자자에게 더 큰 위험으로 작용할 수도 있습니다.

이런 이유로 20%가 넘는 수익률을 보장하는 채권은 현실적으로 존재하지 않으며, 설령 있다고 해도 극도로 높은 부도 위험을 동반한다고 한 것입니다.

그렇다면 현실적으로 기대할 수 있는 채권 투자 수익률은 어느 정도일까요? 저는 8~12% 정도가 가능하며, 실제로는 5~10% 수준이 적절한 목표 수익률이라고 생각합니다. 다만 이러한 수익률을 제공하는 채권은 전통적인 회사채나 국채가 아니라, 다른 형태의 채권 또는 대체 투자 상품에 가깝습니다.

I 현실적인 수익률을 기대할 수 있는 다른 형태의 채권 또는 대체 투자 상품

| 프로젝트파이낸싱
(PF, Project Financing)
브릿지론 | P2P 부동산담보대출 | 증권계좌담보대출 |

• 프로젝트 파이낸싱(PF) 부동산 개발 자금 •

부동산 개발 사업에서 중간 단계에 해당하는 브리지론(Bridge Loan)은 연 10~12%의 수익을 제공하기도 합니다. 하지만 이는 매우 높은 위험을 수반하며, 대규모 자금이 필요해 개인 투자자가 접근하기 어렵습니다.

• P2P 부동산 담보 대출 •

전통적인 유가증권(채권)은 아니지만, 부동산 담보를 기반으로 한 P2P 대출 상품은 채권과 유사한 구조를 가지고 있습니다. 선순위 담보가 설정된 대출일 경우, 만약 차입자가 원금을 상환하지 못하더라도 부동산 경매 등을 통해 원금을 회수할 가능성이 높습니다. 현재 시장에서는 연 9% 내외의 수익률을 제공하는 상품이 존재하며, 개인 투자자가 참여할 수 있습니다.

• 증권 계좌 담보 대출 •

증권 계좌를 담보로 대출을 실행하는 구조입니다. 만기가 짧고, 수익률은 8~9% 수준입니다. 차입자가 대출금을 상환하지 못하면

담보로 잡힌 증권(주식 등)을 강제 청산해서 원금을 회수할 수 있습니다.

전통적인 회사채나 국채의 경우, 개인이 직접 투자하기에는 수익률이 낮거나, 접근이 어렵습니다. 하지만 부동산 담보 대출이나 증권 계좌 담보 대출과 같은 대체 채권 투자 상품을 활용하면 연 8~12%의 수익률을 기대할 수 있습니다. 이러한 상품들은 부담 가능한 수준의 리스크를 감수하면서도, 비교적 안정적인 구조를 갖추고 있어 채권과 유사한 투자 대안이 될 수 있습니다.

채권을 활용한
포트폴리오 구성

• 포트폴리오 1: 주식채권혼합전략 •

주식 60%	채권 40%

가장 전통적인 투자 전략 중 하나로 주식과 채권을 혼합하는 방식입니다. 일반적으로 '60/40 전략(60/40 Portfolio)'으로 알려져 있습니다. 이 전략은 안정적인 포트폴리오 운용을 목적으로 하며, 채

권과 주식을 적절히 배분해 변동성을 줄이고 안정적인 수익을 추구하는 방식입니다.

60/40 전략에서 주식 60%, 채권 40%를 기본 비율로 유지합니다. 하지만 투자자의 나이, 투자 성향, 은퇴 여부 등에 따라 비율을 조정할 수 있습니다. 은퇴자나 보수적인 투자자는 주식보다 채권 비중을 높이는 것이 안정적입니다. 반면 젊은 투자자나 공격적인 투자자는 주식 비중을 더 높여 장기적인 성장을 추구할 수 있습니다.

60/40 전략에서는 주식과 채권의 비율이 변동된다면 이를 조정하는 리밸런싱이 핵심 요소입니다. 주식 가격이 상승하면 포트폴리오 내 주식 비중이 증가하게 됩니다. 이때 일정 비율을 매각해 채권을 추가 매입함으로써 원래의 60 대 40 비율을 유지합니다. 반대로 주식 가격이 하락하면 주식 비중이 감소하게 됩니다. 이 경우 채권을 일부 매각하고 주식을 추가 매입해 다시 균형을 맞춥니다.

리밸런싱했을 때의 장점은 세 가지입니다. 첫째, 주식이 과열될 때 일부 수익을 실현하고 안정적인 채권으로 자금을 이동해 포트폴리오의 위험을 줄일 수 있습니다. 둘째, 주식 가격이 하락할 때 리밸런싱을 통해 주식을 추가 매입하면 상승장이 왔을 때 높은 수익을 기대할 수 있습니다. 셋째, 일정한 비율을 유지함으로써 감정적인 투자 결정을 줄이고, 변동성이 큰 주식시장에서도 안정적인 자산 배분이 가능합니다.

채권과 주식은 일반적으로 반대 방향으로 움직이는 경우가 많습니다. 주식시장이 좋지 않을 때 채권이 안정적인 수익을 제공하는 경향이 있습니다. 리밸런싱을 통해 시장 상황에 따라 균형을 맞추면, 장기적으로 변동성을 줄이고 안정적인 수익을 얻을 수 있을 것입니다.

• 포트폴리오 구성 2: 원금보장형 투자전략 •

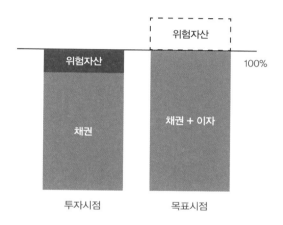

원금 보장형 투자 전략은 채권을 활용해 원금을 보호하면서 일부 자금을 위험 자산에 투자하는 구조입니다. 20~30년 전부터 금융권에서 활용되었으며, 일정 수준의 안정성을 보장하면서도 추가적인 수익을 기대할 수 있는 방식입니다.

1년 만기의 채권을 예로 들어 원금 보장형 전략의 기본 구조를 설명하겠습니다. 현재 금리가 3%라고 가정할 때, 97원을 채권에 투자하면 1년 후에 100원이 됩니다. 즉 원금은 보장됩니다. 나머지 3원을 상대적으로 위험한 자산에 투자합니다. 코스피 콜옵션, 개별 주식, 심지어 로또와 같은 변동성이 큰 자산이 포함될 수 있습니다. 만약 이 투자에서 3원이 두 배(6원)가 되면, 추가적인 3%의 수익이 발생하게 됩니다. 반면 위험 자산이 완전히 손실이 나더라도, 채권에서 원금을 보장받기 때문에 최소 원금은 유지됩니다.

이 전략의 핵심은 채권의 금리 수준입니다. 금리가 높을 때는 채권에서 보장받을 원금이 더 적은 자금으로도 확보되므로, 위험 자산에 투자할 수 있는 금액이 많아집니다. 예를 들어 금리가 5%라면 95원만 채권에 투자해도 1년 후 100원이 되므로, 위험 자산에 5원을 투자할 수 있습니다. 이는 잠재적인 추가 수익을 더 크게 만들 수 있습니다.

반면 금리가 낮을 때, 즉 저금리 환경에서는 원금을 보장하기 위해 채권에 투자해야 하는 비율이 높아지고, 위험 자산에 투자할 금액이 줄어듭니다. 예를 들어 금리가 1%라면 99원을 채권에 넣어야 하므로, 위험 자산에 투자할 수 있는 금액은 단 1원뿐입니다. 따라서 저금리 환경에서는 원금 보장형 구조의 효과가 미흡할 수 있습니다.

• 포트폴리오 3: CPPI •

CPPI(Constant Proportion Portfolio Insurance)는 위험 자산의 가치 변동성을 고려해 원금을 보장하면서도 수익성을 극대화하려는 전략입니다. 앞서 설명한 원금 보장형 투자보다 한 단계 발전된 개념으로, 시장 상황에 따라 자산 배분을 조정하는 방식입니다.

CPPI는 위험 자산(주식, 옵션 등)과 안전 자산(채권 등)의 비율을 동

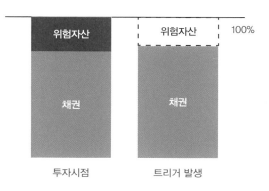

위험자산	위험자산	100%
채권	채권	
투자시점	트리거 발생	

적으로 조정해 원금 보호를 유지하면서 최대한의 수익을 추구합니다.

전체 자산에서 반드시 지켜야 할 최소 원금(보호 금액)을 정합니다. 보호 금액을 채권 등에 투자해 원금을 보장합니다. 남은 금액(쿠션, Cushion)을 주식, 옵션 등의 위험 자산에 투자합니다. 주가가 상승하면 위험 자산에 대한 투자 비중을 높이고, 주가가 하락하면 빠르게 위험 자산을 매도하고 안전 자산(채권)으로 이동해 원금을 지킵니다.

CPPI는 특정 손실 수준(트리거 포인트)에 도달하면 위험 자산을 자동으로 매도하고 안전 자산으로 전환하는 방식으로 원금을 보호합니다. 예를 들어 포트폴리오에서 30% 손실이 발생하면 위험 자산을 모두 매도하고 채권으로 이동해 원금을 보장하는 식입니다. 이를 통해 추가 손실을 방지하고, 시장 변동에 따라 유연하게 대응할 수 있습니다.

다만 급격한 하락장에서 대응이 어려울 수 있으므로 트리거 포인트를 신중하게 설정하는 것이 중요합니다.

PART 4

다가올 미래를 위한
노후 준비와 절세

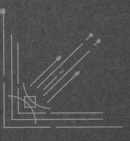
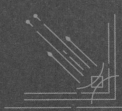

직장인의
진짜 노후 준비법

한국 머니트레이닝랩 대표
김경필

이 시대를 살아가는 모든 이들이 정년 이후의 안정된 노후 생활을 준비하기 위해 알아야 할 몇 가지가 있다. 자산 가격의 결정 원리와 경제 지표를 통해 자산 시장을 파악하는 방법, 그리고 노후 준비를 위한 5개의 파이프라인 구축이다. 특히 간과하기 쉬운 인플레이션에 대비하기 위한 세컨드 라이프 설계 방법도 함께 알아보자.

2025년, 직장인들은 투자와 관련해 무엇을 해야 할지 고민이 많습니다. '지금 투자하지 않으면 뒤처지는 게 아닐까?'라는 공포와 두려움에서 비롯된 것이죠. 하지만 저는 그 두려움을 내려놓고 재테크를 하지 않아도 되는 관점에서 이야기를 풀어가겠습니다.

노후 준비, 어떻게 하는 것이 좋을까요? 특정 연령층이 아닌 모든 세대를 아우르는 이야기를 들려드리고자 합니다.

라이프스타일을 이해하고
노후를 준비해야 한다

인생을 세 권의 문제집에 비유할 수 있습니다. 첫 번째 문제집은

성장기로 이미 다 풀었습니다. 두 번째 문제집은 활동기로 현재 풀고 있는 중이죠. 세 번째 문제집은 노후기로 미래의 고민입니다. 많은 분이 세 번째 문제집, 즉 노후를 걱정합니다. 하지만 너무 걱정할 필요는 없습니다. 왜냐하면 두 번째 문제집(활동기)이 길어졌기 때문입니다.

100세 시대라고 합니다. 1990년대생의 평균 기대수명은 96세로, 특별히 건강하지 않아도 100세까지 사는 시대가 되었습니다. 최근 조사에 따르면 근로 희망 연령은 73.3세로 나타났습니다. 이제 '회사에서 한 20년 일했으니 슬슬 꺾이겠지'라는 생각은 시대에 맞지 않습니다. 경제활동 기간이 40년 이상으로 늘어났기 때문입니다.

첫 번째 메시지는 "5060에 은퇴? 이제는 안 된다"입니다. 여러분이 기억해야 할 핵심은 두 번째 문제집을 잘 풀면, 세 번째 문제집은 저절로 풀린다는 것입니다. 반대로 활동기(두 번째 문제집)가 풀리지 않으면 노후(세 번째 문제집)도 풀리지 않습니다.

〈개미와 배짱이〉 이야기는 어릴 때부터 많이 들었습니다. 개미는 여름날 열심히 일하며 겨울을 준비했습니다. 반면 배짱이는 놀기만 했죠. 그래서 개미는 성실한 캐릭터로, 배짱이는 게으르고 무책임한 존재로 묘사됩니다.

개미는 왜 그렇게까지 겨울을 준비했을까요? 그 이유는 단순합니다. 겨울에는 먹이를 구할 수 없다는 사실을 정확히 알고 있었기 때문입니다. 미물 같은 곤충이지만, 자신의 미래에 닥칠 겨울을 예상하고 철저히 대비한 것이죠.

그럼 배짱이는 왜 그렇게 놀기만 했을까요? 배짱이는 여치과에 속하는 한해살이 곤충입니다. 겨울이 되면 어차피 생을 마감합니다. 가을이면 알을 낳고 죽고, 알로 동면했다가 봄이 오면 다시 부화하는 생태를 가지고 있습니다. 즉 배짱이가 개미처럼 먹이를 모으지 않은 이유는 애초에 겨울을 살아갈 필요가 없었기 때문입니다.

이 이야기가 주는 메시지는 분명합니다. 개미도, 배짱이도 자신의 라이프스타일을 정확히 알고 그에 맞춰 준비했다는 것입니다.

그런데 우리는 어떤가요? 100세 시대가 되면서 경제활동은 적어도 70세까지 지속될 수밖에 없는 시대가 되었습니다. 하지만 많은 사람이 여전히 "나는 50~60대가 되면 은퇴해야지"라고 생각합니다. 개미와 배짱이도 자신의 인생 패턴을 알고 준비하는데, 우리는 우리의 라이프스타일조차 제대로 알지 못합니다. 세상이 바뀌었습니다. 이제는 100세 시대에 맞는 새로운 경제활동과 노후 준비 방식이 필요합니다.

두 번째로 드리는 메시지는 "주식하지 마라"입니다. 제가 주식하지 말라고 하는 이유는 단순합니다. 어차피 말려도 할 사람은 합니다. 하지만 중요한 것은 투자의 판단이 자기 생각에서 나온 것이냐는 점입니다. 자신의 확신으로 결정했다면 해도 됩니다. 하지만 주변에서 하는 이야기를 듣고 불안해진 나머지 '나만 뒤처지는 게 아닐까?' 하는 마음으로 투자하려 한다면, 그건 하지 말아야 합니다.

2022년 바닥일 때 주식을 샀고, 지금까지 버틴 사람이라면 천하무적입니다. 앞으로 주가가 오르든 조정이 오든 이미 충분한 수익이 있으므로 흔들릴 이유가 없습니다. 하지만 지금 막 들어가려는 사람은 다릅니다. 남들이 다 한다고 해서 불안감에 휩싸여 시작하는 투자는 결코 좋은 결과로 이어지지 않습니다.

노후는
재테크 승부가 아니다

제가 2021년 1월 1일에 〈월간 신동아〉에 쓴 칼럼이 있습니다. 제목이 "새해 투자 손실 위험, 안 하는 손해가 더 크다"였습니다. 즉 그때는 주식을 무조건 해야 한다고 말했습니다. 왜냐하면 2021년은 인류 역사상 주가가 가장 많이 오른 해였기 때문입니다.

그러면 지금은 어떨까요? "지금은 주식이 떨어질 것 같아서 하지 말라는 거네?" 그게 아닙니다. 솔직히 저도 모릅니다. 주가가 더 갈지, 조정을 받을지 예측할 수 없습니다. 경제는 예측하는 것이 아니라 흐름을 보는 것입니다.

트럼프 이야기도 잠깐 짚고 넘어가야겠습니다. 트럼프는 정상적인 인물이 아닙니다. 그는 미국을 세계 질서에서 중요한 역할을 하는 나라가 아니라 250개 국가 중 하나의 나라로 만들어버린 사람입니다. 원래 미국은 글로벌 경제, 안보, 정치, 인권 등에서 중심적인 역할을 해왔지만, 트럼프는 그런 것보다 "우리나라에 이익이 되면 동맹, 아니면 적국"이라는 단순한 논리로 나라를 운영하려 합니다. 쉽게 말해 기업 경영하듯이 나라를 운영하려는 것이죠.

이런 흐름 속에서 한국 경제가 2025년에 어려울 수밖에 없습니다. 이미 환율이 오르는 현상 자체가 이런 불확실성을 반영하고 있습니다. 그렇다면 이게 우리의 노후 준비와 무슨 관계가 있을까요?

지금 도로가 꽉 막혀 있다고 가정해봅시다. 많은 사람이 이렇게 생각합니다. '나만 빨리 갈 방법이 없을까?' 이게 바로 재테크의 본질입니다. 시간 안 쓰고, 노력 안 하고, 땀 흘리지 않고 결과를 바꾸는 방법을 찾으려는 것입니다.

물론 어떤 분들은 이렇게 반박할 수도 있습니다. "나는 미국 주식 보느라 새벽에 일어나서 하루 종일 차트를 분석하고 있는데, 어떻게 노력하지 않는다고 할 수 있느냐?" 하지만 본질적인 마인드는 똑같습니다. 더 쉽고 빠른 길을 찾아 한 방을 노리는 것과 다르지 않다는 것입니다. 결국 재테크란 시간과 노력 없이 쉽게 결과를 바꾸려는 시도입니다.

2025년을 앞둔 지금, 저는 '아무것도 하지 않는 것이 최고의 재테크'라고 생각합니다. 노후 준비는 재테크로 승부가 나는 것이 아닙니다. 재테크는 노후 준비의 수단이 될 수 없다는 점을 강조하고 싶습니다.

노후 준비가 재테크 하나 잘해서 해결될 거라고 생각하나요? 혹시라도 "아파트 하나 잘 사고, 땅 하나 잘 사고, 주식 하나 잘 사서 100세 시대를 편안하게 살겠다"라고 생각하는 분이 있다면, 그건 과거 세대를 보고 잘못된 기대를 하는 것입니다. 할머니, 할아버지 세대에서는 어디 땅 하나 잘 사두거나, 금고에 돈을 넣어 두는 것만으로도 노후가 해결되는 경우가 있었습니다. 하지만 이제는 그런 시대가 아닙니다. 재테크는 거들 뿐입니다.

한번 세계 5대 부자를 떠올려보세요. 요즘 순위가 조금 바뀌긴 했지만, 여전히 가장 부유한 사람들입니다. 이들 중에서 주식을 재테크 수단으로 사용해서 부자가 된 사람이 있을까요? 흔히 워렌 버핏을 떠올릴 수 있습니다. 하지만 워렌 버핏도 단순히 주식을 사고팔아 돈을 번 것이 아닙니다. 그는 버크셔 해서웨이라는 투자 회사를 성공시킨 사업가입니다. 그리고 나머지 부자들은 모두 자신이 하는 일을 성공시켜서 부자가 된 사람들입니다. 노후 준비는 단순한 재테크로 바뀌는 것이 아닙니다. 가장 중요한 것은 본업에서의 성공과 지속 가능한 경제활동을 유지하는 것입니다.

노후는 수익률보다
안정성

노후 준비는 수익률의 게임이 아니라 안정성의 게임입니다. 이를 쉽게 이해할 수 있도록 예를 들어보겠습니다.

여러분이 매달 500만 원의 노후 자금이 필요하다고 가정해봅시다. 그렇다면 상가 건물에서 월세 500만 원을 받는 게 나을까요, 아니면 아파트에서 300만 원을 받는 게 나을까요? 단순히 금액만 보면 당연히 상가에서 500만 원을 받는 것이 더 좋아 보입니다. 같은 금액을 투자했는데도 아파트에서는 월세 300만 원밖에 나오지 않지만, 상가에서는 500만 원이 나오니, 수익률만 보면 상가 건물이 더 좋죠. 하지만 노후 생활은 뭐라고요? 수익률이 아니라 안정성입니다.

상가 건물을 가지고 있으면 월세 500만 원이 안정적으로 들어올 거라 생각하지만 현실은 다릅니다. 공실 걱정, 임차인의 계약 종료, 시설 수리 요청 등으로 인해 매번 신경을 써야 합니다. 임차인에게 연락이 올 때마다 가슴이 철렁합니다. "이번에 나가려는 건가?", "수리해 달라고 하는 건가?", "계약을 연장할까, 아니면 바꿔야 하나?" 이런 고민이 계속됩니다.

반면 아파트 월세는 어떨까요? 저는 제 집을 월세로 내준 지 4년이 되었는데, 한 번도 월세가 오늘 들어올까, 안 들어올까 고민해본 적이 없습니다. 자동이체로 그냥 매달 일정한 금액이 들어오니 신경 쓸 일이 없습니다.

❘ 코스피 차트

강조하지만 노후는 수익률이 아니라 안정성입니다. 노후 준비는 단순히 높은 수익을 쫓는 것이 아닙니다. 얼마나 안정적으로 지속 가능한 자산을 확보할 수 있느냐가 핵심입니다.

코스피 차트를 한번 살펴보겠습니다. 지난 10년 동안 여러분과 저 같은 개미 투자자들이 가장 많이 유입된 시점이 네 군데 있습니다. 그런데 이 네 곳을 보면 어떤 생각이 드세요? 웃음이 나올 겁니다. 왜냐하면 개미들이 가장 많이 들어간 자리마다 이후에 폭락이 왔기 때문입니다.

반대로 차트를 봤을 때 저점 구간에서 들어갔다면 어땠을까요? 신경 쓰지 않아도 무조건 수익을 낼 수 있었을 겁니다. 하지만 개미들은 늘 반대의 선택을 합니다. 시장이 한창 뜨겁고 주가가 고점을 찍을 때, 즉 뉴스와 유튜브가 떠들썩할 때 몰려들고는 이후에 하락장을 맞이합니다.

제가 지금 무슨 이야기를 하고 있는지 감이 오시죠? 여러분이 극도의 공포감을 느낄 때가 가장 위험한 순간입니다. "나만 바보 되는 거 아닌가?", "이제라도 들어가야 하나?" 이런 생각이 들 때가 가장 위험한 순간이라는 것입니다.

하지만 걱정하지 마세요. 아무 일도 일어나지 않습니다. 지나고 보면 시장은 늘 같은 패턴을 반복합니다. 중요한 것은 남들이 불안해서 몰려갈 때 휩쓸리지 않는 것입니다. 공포심에 휘둘려 따라가는 투자는 실패할 가능성이 높습니다. 지금 당장 뭔가 해야 할 것 같은 불안감이 들 때, 오히려 가만히 있는 것이 답일 수도 있습니다.

많은 사람이 신뢰하는 미국 나스닥 종합지수를 한번 보겠습니다. 최근 24년간 지수가 기가 막히게 올라갔습니다. 하지만 과거를 보면 전혀 다른 모습도 있었습니다.

24년 전, 나스닥 지수가 4,698포인트에서 1,440포인트로 1년 반 만에 70% 하락한 적이 있었습니다. 지수가 70% 빠졌다는 것은, 개별 종목으로 보면 90% 가까이 폭락한 기업도 많았다는 뜻입니다.

여기서 누가 말합니다. "그래도 결국 버티면 회복됐잖아요. 기다리면 다 오르지 않나요?" 하지만 그 회복이 얼마나 걸렸을까요? 4,698포인트를 다시 회복하는 데 15년이 걸렸습니다. 인플레이션까지 고려하면 실질적으로 20년이 지나서야 같은 가치를 회복했습니다. 이처럼 주식 시장에서는 단기적인 변동성뿐만 아니라 길고 긴 회

| 미국 나스닥 지수

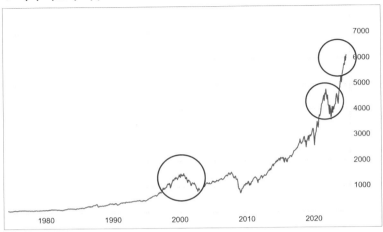

자료: tradingeconomics.com

| 미국 GDP 총량

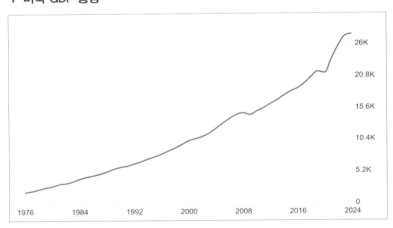

자료: tradingeconomics.com, World Bank

복 기간도 고려해야 합니다.

이제 미국 나스닥과 미국 GDP 성장률을 비교해봅시다. 지난 50년간 나스닥 종합지수와 미국 GDP 성장률을 보면, 큰 흐름에서는 둘 다 우상향합니다. 하지만 중요한 것은 기울기 차이입니다.

나스닥 차트와 GDP 성장률 차트를 겹쳐놓고 보면, 몇 가지 패턴이 보입니다.

첫 번째, 주가가 GDP 성장률보다 너무 가파르게 올라갈 때마다 결국 폭락이 왔습니다. 두 번째, 코로나19 시기를 보면 GDP는 급격히 하락했는데 주가는 엄청나게 상승했습니다. 그 결과 결국 2022년에 조정을 받으며 급락했습니다.

그렇다면 지금은 어떨까요? 현재 나스닥은 다시 한번 경제 성장률을 훨씬 뛰어넘는 오버슈팅을 하고 있습니다. 물론 GDP 성장률만으로 주식 시장을 설명할 수는 없습니다. 그러나 지금의 주가 상승 속도가 경제 성장 속도와 괴리를 보이는 것은 분명한 사실입니다.

여기서 제가 이야기하고 싶은 핵심은 지금 2022~2023년부터 꾸준히 주식을 보유하고 있는 사람들에게 하는 이야기가 아닙니다. 그들은 이미 바닥에서 매수했고, 지금 일부 조정을 받더라도 큰 손해를 보지 않습니다. 문제는 지금까지 주식을 한 번도 사지 않다가, 이제야 노후 준비를 위해 진입하려는 사람들입니다.

기다려야 합니다. 시장은 언젠가 다시 기회를 줍니다. 하지만 문제는 그 기회가 왔을 때 자본이 있어야 한다는 것입니다. 돈이 없는 사람은 기회를 알아도 활용할 수 없습니다.

경기 침체의 위험에 대비하라

이제 경기 침체의 위험을 살펴보겠습니다. 미국의 기준금리 변화와 경기 침체의 관계를 보면, 한 가지 공통적인 특징이 있습니다. 지난 50년 동안 이런 급격한 금리 인상이 있었던 경우는 총 6번(화살표)이었습니다. 그리고 공교롭게도 그 직후마다 경제 위기가 발생했습니다.

왜 이런 일이 반복될까요? 단순하게 생각해봅시다. 미국이 금리를 빠르게 올리면 미국 경제에는 단기적으로 유리합니다. 금리가 올라가면 달러의 가치가 상승하기 때문입니다.

달러 가치가 올라가면 미국은 외국에서 물건을 싸게 사 올 수 있습니다. 반면 우리나라 같은 신흥국들은 정반대의 상황을 맞이합니다. 원화 가치가 떨어지고 달러 환율이 오르기 때문에 에너지를 포함한 수입품 가격이 상승합니다. 이것이 바로 지금 우리나라의 물가가 잡히지 않는 이유입니다.

그런데 뉴스에서 "물가 상승률이 1%대로 낮아졌다"라는 기사를 보셨을 겁니다. 여기서 중요한 것은 물가가 낮아진 것이 아니라, 물가 상승률이 낮아졌다는 것입니다. 예를 들어 전교 500등 하던 학생이 공부를 조금만 하면 200등으로 오를 수 있지만, 전교 5등 하던 학생은 아무리 공부해도 1등이 되기 어렵습니다. 마찬가지로 물가 자체는 이미 너무 높아져 있고, 더 이상 급등하지 않는 것뿐입니다.

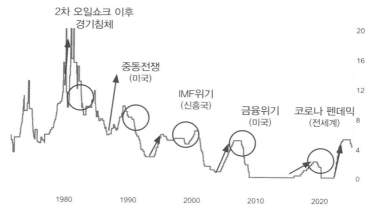

자료: tradingeconomics.com, Federal Reserve

미국이 금리를 급격하게 올리면 미국 경제만 좋아지고 나머지 국가는 어려워지는 구조가 됩니다. 문제는 미국이 혼자만 살아갈 수 있는 나라가 아니라는 것입니다. 다른 나라들이 경제적으로 어려움을 겪으면, 결국 2~3년의 시차를 두고 그 여파가 미국으로 다시 돌아옵니다. 이 패턴이 반복되면서 과거에도 미국은 금리 인상 후 일정 시점이 지나면 경기 침체를 겪었습니다.

이번에도 마찬가지입니다. 금리 인상 이후 경기 침체가 언제 올지는 정확히 예측하기 어렵지만, 반드시 옵니다. 그렇기 때문에 지금처럼 자산 가격이 급격하게 오버슈팅된 상황에서 경기 침체가 오면 자산 가격에 큰 충격이 가해질 가능성이 높습니다.

노후 준비를 고려할 때는 안정성을 최우선으로 둬야 하기에 지금처럼 변동성이 높은 시기에 급격한 위험 자산으로의 편입은 피하는 것이 좋습니다.

지금 어르신들의 가장 큰 고민 중 하나가 집 문제입니다. 가지고 있는 집을 주택연금으로 활용할지, 팔아서 전세나 월세로 이동하며 다운사이징할지, 혹은 자녀들에게 물려줄지 고민이 많습니다. 그런데 이 문제를 둘러싸고 가족 간에도 의견이 엇갈립니다. 부모는 노후를 대비해 유동성을 확보하고 싶지만, 자녀들은 "엄마, 무슨 소리야? 그 집은 물려줘야지!" 하면서 반대하는 것입니다.

하지만 이 문제를 해결하려면 큰 경제 흐름을 이해하는 것이 먼저입니다. 대한민국 경제가 앞으로 어떻게 흘러갈지를 고려해야 합니다. 특히 한 가지 변하지 않는 사실이 있습니다. 그것은 바로 양극화입니다.

ㅣ 경기순환 사이클

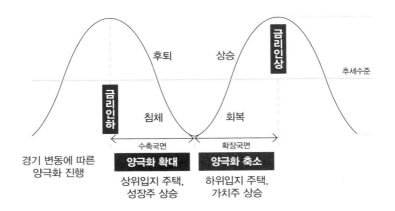

2025 대한민국 재테크 트렌드

불과 몇 년 전까지만 해도 경제학자들은 양극화를 연구하며, 이 현상이 계속될지 아닐지를 분석했습니다. 하지만 이제는 연구 자체를 하지 않습니다. 왜냐하면 양극화는 변수가 아니라 상수가 되었기 때문입니다. 더 이상 피할 수 없는 흐름이라는 것이죠.

양극화를 설명하기란 쉽지 않습니다. 하지만 딱 한마디로 정의할 수 있습니다. 양극화란 서울과 창원의 집값 차이입니다. 혹은 엔비디아와 SK텔레콤의 주가 차이라고도 볼 수 있습니다.

이 차이는 앞으로 벌어질까요, 좁아질까요? 경제 흐름에 따라 확대되었다가, 축소되었다가 반복합니다. 그런데 최근에는 서울 집값이 상승하면서 서울과 창원의 집값 차이가 더 벌어졌습니다. 지금은 경기가 하락 구간에 있기 때문입니다. 반대로 경기가 좋아지면 서울과 창원의 집값 차이는 다시 좁아질 것입니다.

비슷한 사례로 2021년을 떠올려봅시다. 그 당시 우리나라 경기는 뜨거웠습니다. 왜냐하면 기준금리가 0.5%로 매우 낮았고, 주택담보대출 이자율이 1%대였으며, 정부에서 현금을 지원해 소비를 장려했고, 기업들은 소비 폭발을 기대하며 공장을 짓고 채용을 늘렸습니다.

그 결과 2021년 당시 지방 부동산 시장도 급등했습니다. 서울 아파트 매매지수가 5% 상승한 반면, 서울을 제외한 지방과 전국은 12% 상승했습니다. 이는 경기 확장기였기 때문에 가능했던 일입니다. 지금 우리는 경기 수축기에 있습니다. 지금처럼 경기 수축기에는 자산을 조심스럽게 움직여야 합니다.

현실적인
노후 생활비 계산

저는 직장 생활을 10년 정도 했고, 그 이후에 은퇴를 했습니다. 그런데 왜 지금도 이렇게 나와서 이야기하고 있을까요? 은퇴(리타이어먼트, Retirement)라는 개념 자체를 새롭게 이해했기 때문입니다. 일반적으로 은퇴는 '일을 그만두는 것'이라고 생각하기 쉽지만, 사실 하기 싫었던 일을 그만두고 좋아하는 일로 바꾸는 것이 진정한 의미의 은퇴입니다.

여기서 중요한 힌트가 있습니다. 은퇴는 일을 완전히 그만두는 것이 아닙니다. 놀고 쉬는 것만이 은퇴가 아닙니다. 여행이 즐거운 이유는 일상이 있기 때문입니다. 어르신들을 크루즈 여행에 보내드리면 기분은 좋지만, 집에 돌아오면 "그래도 집이 최고야"라고 하시죠. 주말이 좋은 이유도 마찬가지입니다. 평일이 있기 때문에 주말이 소중한 것입니다.

그렇다면 노후 준비에서 가장 먼저 해야 할 것은 무엇일까요? 현실적인 노후 생활비를 계산하는 것입니다. 계산기는 필요 없습니다. 아주 간단합니다.

먼저 현재 월 지출에서 교육비와 대출이자를 빼세요. 그 금액이 바로 순수 생활비입니다. 그다음 그 생활비에 2배를 곱하세요. 그러면 노후 생활비가 나옵니다.

월 지출 − 교육비 − 대출 이자 = 순 생활비

노후 생활비 = 순 생활비 ×2배

"왜 생활비가 늘어나지?"라고 의아할 수도 있습니다. 하지만 우리는 평소에 월요일부터 금요일까지 회사를 다니면서 바쁜 일상을 보내고, 주말에만 여가를 즐깁니다. 그러나 은퇴 후에는 월요일부터 일요일까지 모든 날이 여가입니다. 그렇다면 소비가 줄어들까요? 아닙니다. 오히려 더 늘어납니다.

옛날에는 노후 재정을 이렇게 설계했습니다. 젊었을 때 돈을 아끼고 모아서, 나이 들었을 때 꺼내 쓰는 방식이었습니다. 그 이유는 돈의 가치가 나이에 따라 달라지기 때문입니다.

지금은 나이가 들어도 돈의 가치가 크게 오르지 않습니다. 왜냐하면 과거보다 인플레이션이 심하고, 문화·레저 소비가 기본적인 생활비에 포함되어 있기 때문입니다. 결국 '안 쓰는 것이 곧 모으는 것'이라는 기존의 개념은 이제 더 이상 유효하지 않습니다. 노후를 준비하는 방식 자체가 바뀌어야 합니다. 젊었을 때 무조건 아끼는 것이 아니라, 노후에도 지속적으로 소득을 창출할 수 있는 구조를 만드는 것이 가장 중요한 과제입니다.

노후 생활의
4대 파이프라인

이제는 예전처럼 100만 원도 안 되는 기초연금과 자식들이 주는 용돈만으로 노후를 꾸려나가는 것이 어려운 시대입니다. 처음부터 강조했듯이 세컨 잡(Second Job), 즉 노후의 새로운 경제활동이 필수적인 시대가 되었다는 점을 말씀드리고 싶습니다. 아마 많은 분이 이 개념을 처음 들어보셨을 수도 있습니다.

국민연금이 고갈될 것이라는 이야기가 많지만, 완전히 지급이 중단될 가능성은 낮습니다. 국가가 국민연금 지급을 보증하기 때문입니다. 물론 중간에 정책 변경이 있을 수 있지만, 현재 국민연금공단 홈페이지에서 조회되는 예상 연금 수령액은 보장됩니다. 다만 국민연금은 말 그대로 교통비와 기본 용돈 수준이므로, 노후 생활을 안정적으로 유지하기에는 턱없이 부족합니다.

그렇다면 국민연금 외에 무엇이 필요할까요? 바로 공적연금, 퇴직연금, 그리고 임대소득입니다. 하지만 여기서 주의해야 할 점이 있습니다. 임대소득을 상가 건물에서 받으려 하면 안 됩니다. 앞서 말했듯이 상가 건물은 공실이 발생할 가능성이 크고, 임차인 문제로 스트레스를 받을 가능성이 높기 때문입니다. 대신 주택에서 받는 임대소득이 더 안정적입니다.

제가 지금 강조하는 가장 중요한 포인트는 노후 소득원이 한 곳에서만 나오면 안 된다는 것입니다. 돈이 한 군데에서 왕창 나오는 것보다 여러 곳에서 안정적으로 들어오는 것이 더 중요합니다. 최소한 4개의 파이프라인이 필요합니다.

많은 분이 "주택에서 임대소득을 받으려면 2주택자가 되어야 하나?"라고 생각할 수 있습니다. 하지만 꼭 그런 것은 아닙니다. 저도 1주택자이지만 월세를 받고 있습니다. 좋은 입지의 주택을 보유하고, 본인은 상대적으로 외곽 지역으로 이동하면 됩니다. 그러면 그 차액만큼 임대소득을 확보할 수 있습니다. 중요한 것은 단순히 수익률이 아니라 안정적으로 소득을 창출하는 구조를 만드는 것입니다.

4개의 파이프라인, 그리고 세컨 잡

마지막으로 세컨 잡입니다. "이미 60세, 65세가 넘었는데 너무 늦은 거 아닌가?"라고 생각할 수도 있습니다. 맞습니다. 늦었다고 생각하면 정말 늦은 것입니다. 하지만 중요한 것은 늦었다는 것을 인식했다는 것 자체가 변화의 시작이라는 점입니다.

그렇다면 세컨 잡을 어떻게 설계해야 할까요? 많은 분이 '돈이 되는 일'을 먼저 설정해놓고, 거기에 자신을 맞추려고 합니다. 그런데 이 방법은 실패할 가능성이 높습니다.

한번 잘 생각해보세요. "내가 하고 싶은 일이 뭐지?"라고 물었을 때, "피아노 배우고 싶어요", "운동 배우고 싶어요" 같은 답이 떠오를 수도 있습니다. 하지만 그건 내가 하고 싶은 일이 아니라 내 피로를 해결하는 일입니다. 진짜 하고 싶은 일이 아니라면 돈이 될 가능성도 없습니다.

요즘 많은 분이 내일 배움 카드로 중장비 면허를 따거나, 지게차를 배우려고 합니다. 노후에 안정적인 일자리를 찾기 위해서 말이죠. 하지만 이런 접근 방식이 실패하는 이유는 간단합니다. 생각해보세요. 여러분이 60대에 지게차 면허를 따면 20~30대 젊은 친구들과 경쟁해야 합니다. 기업이 굳이 나이 든 사람을 채용할까요? 마찬가지로 공인중개사 자격증을 따면 안정적인 직업이 될까요? 현재 공인중개사 유휴 인력만 5만 명이 넘습니다. 이렇듯 돈 되는 일을 먼저 찾고 거기에 자신을 맞추는 방식은 효과적이지 않습니다.

많은 사람이 "세컨 잡을 하면 돈이 돼야 하지 않냐?"라고 반문합니다. 그런데 저는 돈을 버는 것보다 중요한 것이 있다고 생각합니다. 바로 돈을 덜 쓰는 것입니다.

최근 CBS 라디오 〈그대 창가에 알렉스입니다〉에서 진행자인 알렉스가 이런 메시지를 소개했습니다. "휴일인데도 나와서 일을 하고 있어요." 그 말에 대해 알렉스가 이렇게 덧붙이더군요. "다른 사람이 돈을 쓸 때, 나는 일하면서 돈을 벌고 있으니 두 배로 버는 것!"이 말이 정말 중요합니다. 좋아하는 일을 하면서 세컨 잡을 운영하면, 돈을 벌 뿐만 아니라 자연스럽게 돈을 덜 쓰게 됩니다.

여러분이 잘하고, 좋아하는 일에 집중하세요. 시간이 지나면 그게 결국 돈이 될 수도 있습니다.

앞으로의 인플레이션과 노후 준비

앞으로 인플레이션이 어디에서 나타날지 주목해야 합니다. 이 세 가지 영역을 이해해야 노후 준비를 제대로 할 수 있습니다.

Ⅰ 인플레이션에 대비하는 노후 준비

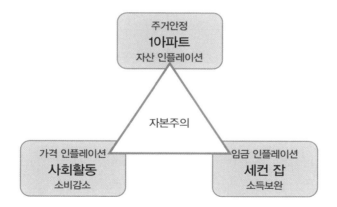

자산 인플레이션은 이미 진행되고 있습니다. 주식은 미친 듯이 비싸지고 있고, 부동산 가격도 여전히 높은 수준입니다. 자산 가격이 오르면 결국 어디로 영향을 미칠까요? 바로 가격 인플레이션(물가 상승)으로 이어집니다.

가격 인플레이션이 발생하면 결국 임금 인플레이션으로 옮겨갑니다. 임금이 오르면 좋은 것 같지만, 문제는 이미 모든 물가가 오른 뒤 마지막으로 임금이 상승한다는 점입니다. 즉 올려준 것 같지만 실질적으로는 별 효과가 없는 상황이 벌어집니다. 그리고 중요한 점은, 우리가 천년만년 직장을 다닐 수 있는 것이 아니라는 사실입니다.

자산 인플레이션에 어떻게 대비해야 할까요? 더 이상 아파트는 여러분을 부자로 만들어주는 수단이 아닙니다. 그러나 인플레이션을 방어하는 기능은 여전히 강력합니다. 아파트를 소유한다고 해서 부자가 되는 것은 아니지만, 경제적으로 어려울 때 활용할 수 있는 자산이 됩니다. 주택연금을 활용할 수도 있고, 월세로 돌리고 본인은 저렴한 곳으로 이사할 수도 있습니다. 이런 식으로 아파트는 현금흐름을 만들어낼 수 있는 수단이 됩니다.

가격 인플레이션을 방어하려면, 은퇴 후에도 사회 활동을 지속해야 합니다. 제가 여기서 '경제 활동'이 아니라 '사회 활동'이라는 표현을 쓴 이유가 있습니다. 꼭 돈을 벌지 않아도 됩니다. 중요한 것은 사회적 활동을 지속하는 것입니다. 자원봉사 활동을 하든, 취미 모임에 참여하든, 지역 사회에서 역할을 하든, 이런 활동을 하면 자연스럽게 소비가 줄어듭니다. 이것이 바로 은퇴 후 사회 활동의 핵심적인 역할입니다.

만약 사회 활동이 세컨 잡으로 발전할 수 있다면 더욱 효과적입니다. 예를 들어 은퇴 전까지 월 500만~600만 원을 벌던 사람이 은퇴 후 100만~150만 원 정도의 소득을 벌 수 있는 세컨 잡을 가졌다고 가정해봅시다.

만약 아무것도 안 했다면, 이 시간에 150만 원을 소비했을 것입니다. 그런데 세컨 잡을 하면서 150만 원을 벌면, 150만 원 소비를 줄인 효과에 150만 원 추가 소득을 얻은 효과까지 실질적으로 300만 원의 효과가 발생하는 것입니다. 이것이 바로 세컨 잡을 설계해야 하는 이유입니다.

노후 준비를 자산의 게임으로 생각해서는 안 됩니다. 노후 준비는 소득의 게임입니다.

70세가 넘어서야 깨달은
은퇴 준비의 핵심

행복100세 자산관리 연구회 대표

강창희

생애설계와 자산관리 연구자로서 70세가 넘어 깨닫게 된 은퇴 준비의 핵심에 대해 이야기하려 한다. 간접경험과 평생현역의 중요성, 일본 은퇴자들의 현실, 재테크보다 중요한 3층 연금 등을 살펴본다.

저는 금융투자업계에서 51년째 일하고 있으며, 20년 전부터는 노후 설계와 투자 교육을 해오고 있습니다. 이제 나이 77세가 되었는데, 돌이켜보면 젊었을 때 몰랐던 것들을 깨닫게 됩니다. '그때 이렇게 했어야 했는데, 저렇게 준비했어야 했는데'라는 생각이 많아지지만, 지금 깨달아도 이미 늦은 경우가 많습니다. 그에 맞춰 사는 방법밖에 없죠.

제 유튜브에 한 번은 이런 댓글이 달렸습니다. "올해 34세인데, 지금 이 영상을 본 것을 행운으로 생각합니다." 이 댓글을 보고 깜짝 놀랐습니다. 30대도 노후 문제를 고민하고 준비하기 시작했다는 것이지요. 저 역시 77세까지 일할 수 있었던 것은 우연처럼 보이지만, 돌이켜보면 젊었을 때 미리 깨달았던 것들이 큰 도움이 되었던 것 같습니다.

40년 전 일본에서
깨달은 점

1975년, 저는 입사 3년 차에 일본 동경증권거래소에서 연수를 받았습니다. 일본은 우리보다 20~30년 앞서 고령 사회에 접어든 나라입니다. 당시 저는 일본의 모습을 직접 보았습니다. 동경증권거래소 지하에는 주식과 채권을 보관하는 창고가 있었는데, 그곳에서 머리가 희끗한 70대 노인 100여 명이 주식을 세고 있었습니다. 궁금해서 안내 직원에게 물었죠.

"저분들은 원래 어떤 일을 하시던 분들입니까?"
"예전에는 기업 간부, 공무원 등 사회적으로 자리 잡았던 분들이었습니다."
"임금은 얼마나 받나요?"
"시간당 500엔(한화로 약 5천 원)입니다."

당시 일본의 노인 비율은 8%에 불과했지만 이미 노인들이 체면을 내려놓고 일할 준비가 되어 있었습니다. '나도 오래 살 텐데. 저렇게 준비를 해야겠다'라는 생각이 들었고, 그 깨달음이 제 인생에 큰 도움이 되었습니다.

2000년대 초반, 일본의 베이비붐 세대(1947년생부터)가 정년을 앞두면서 은퇴 관련 서적이 쏟아졌습니다. 저 역시 같은 1947년생이기에 이 책들을 미리 사서 읽어보았습니다.

당시 우리나라에서는 노후 준비라고 하면 '돈 몇 억 모으면 된다' 는 식의 단순한 개념이 대부분이었습니다. 하지만 일본에서는 노후 준비를 '돈만으로 해결되지 않는다'고 강조했습니다. 건강 문제, 예상보다 긴 수명(장수 리스크), 자녀 문제, 그리고 퇴직 후 일이 없을 때 오는 공허함까지 종합적으로 대비해야 한다는 것이었습니다.

2010년대에 접어들자 일본에서는 베이비붐 세대가 은퇴하면서 부부 갈등 문제가 대두되었습니다. 황혼 이혼이 늘어나고, '은퇴 후 부부가 사이좋게 지내는 법', '퇴직 후 남편 활용 설명서', '은퇴 남편 길들이기' 같은 제목의 책들이 서점에 쏟아졌습니다. 저는 이런 책들을 미리 읽으면서 은퇴 후 부부 생활이 얼마나 중요한지 깨달았습니다. 낮 동안 나만의 시간을 가지는 것이 부부 갈등을 줄이는 데 도움이 된다는 것도 알게 되었습니다.

우리가 일본 사례를 많이 참고하는 이유는 단순합니다. 그들의 변화를 보면서 20~30년 후 우리 사회를 대비할 수 있기 때문입니다. 지금부터 그런 문제들을 함께 고민해보고자 합니다.

퇴직 후 무엇을 하면서 살 것인가

현재 일본의 65세 이상 노인 비율은 29.1%이며, 2025년에는 30%에 이를 예정입니다. 우리나라도 2025년에 20%를 넘어 초고령 사회로 진입합니다. 일본의 사카모토 다카시가 쓴 『정년 후 진실』
이라는 책이 있는데, 아주 흥미로운 내용이 많았습니다.

일본의 평균 퇴직자는 연 수입이 약 300만 엔(한화 약 3천만 원)으
로, 월 25만 엔(한화 약 250만 원) 정도를 받습니다. 하지만 생활비는
월 30만 엔 정도로, 매달 5만~10만 엔(한화 50만~100만 원)은 추가로
벌어야 한다는 겁니다. 그래서 일본에서는 70세 남성의 절반 정도가
아르바이트를 구하거나 취업을 하고 있습니다. 가장 경쟁이 치열한
직업이 아파트 관리인으로, 경쟁률이 무려 50 대 1에 달한다고 합니
다. 이 외에도 컴퓨터 강사, 가사 대행 서비스 등 다양한 분야에서 일
하고 있습니다.

특히 최근 일본에서는 '노노케어'라는 개념이 확산되고 있습니
다. 젊은 노인이 나이 든 노인을 돕는 일자리가 늘어나고 있는 것이
죠. 일본의 요양시설 앞에는 "60~80대까지 건강한 시니어를 환영합
니다. 와서 일하세요"라는 안내문이 붙어 있는 경우가 많습니다. 이
처럼 70대의 절반 정도가 여전히 사회에서 경제활동을 하고 있는
것이 일본의 현실입니다.

제가 가장 강조하고 싶은 것은 '퇴직 후 얼마나 돈을 모아야 하는
가'보다 '퇴직 후 무엇을 하면서 살 것인가'가 더 중요하다는 점입니
다. 실제로 2022년 잡코리아의 조사에 따르면, 우리나라 40세 이상
직장인이 체감하는 평균 퇴직 연령은 51.8세였습니다. 이를 반올림
해 52세에 퇴직한다고 가정해봅시다.

우리나라의 현재 평균 기대수명은 83.6세입니다. 하지만 기대

수명만 계산해서는 부족합니다. '20% 생존 확률 연령'을 고려해야 합니다. 1980년생, 올해 44세인 남성의 20%는 100세까지, 여성은 102세까지 생존할 확률이 있습니다. 다시 말해 '최소 100세까지 산 다'라는 가정을 해야 합니다.

과거에는 "인생은 짧고 예술은 길다"라는 말을 많이 들었지만, 이제는 "인생도 길고 예술도 길다"라고 인식을 바꿔야 합니다. 선진국에서는 노후 대비 방식이 크게 두 가지로 나뉩니다. 하나는 '충분한 자산을 축적한 사람이 어떻게 노후를 보낼 것인가'이고, 다른 하나는 '노후 생활비가 부족한 사람이 어떻게 생계를 유지할 것인가'입니다. 안타깝게도 우리나라에서는 후자, 즉 노후 생활비가 부족한 사람이 70~80%에 달할 것으로 보입니다.

인생에서 가장 많은 재산을 보유하는 시기가 50대라고 합니다. 통계청 자료에 따르면, 우리나라 50대 가구의 평균 자산은 약 6억 450만 원입니다. 하지만 부채를 제외하면 실질적인 순자산은 약 4억 9,700만 원입니다.

겉보기에는 50대 후반에 4억 9,700만 원이 있으면 노후를 걱정할 필요가 없어 보입니다. 그러나 그중에서 거주하는 집값이 4억 2,700만 원을 차지합니다. 실질적으로 남는 현금 자산은 7천만 원에 불과합니다. 이 돈으로 30~40년을 어떻게 살아갈 수 있을까요?

그렇다면 집이 과연 노후에 도움이 될까요? 제가 일본에서 근무할 때 사귄 친구가 도쿄 수도권에서 28평 아파트를 보유하고 있었습니다. 일본에서는 집에 큰 비용을 투자하지 않는다고 합니다. 이

| 50대 가구 보유자산 현황

총 자산	6억 450만 원
부채	− 1억 700만 원
순 자산	= 4억 9,750만 원
부동산	− 4억 2,700만 원
가용 순금융자산	= 7,050만 원

친구는 1984년에 우리 돈으로 약 1억 2천만 원에 아파트를 샀고, 일본 부동산 가격이 최고점을 찍었던 1991년에는 3억 6천만 원까지 올랐습니다. 하지만 최근 그 집의 가치는 3천만~4천만 원 수준으로 폭락했습니다. 이처럼 주택 가격이 미래에도 계속 오를 거라는 보장이 없습니다.

반면 선진국에서는 재산이 많지 않더라도 최소한의 생활비는 연금으로 해결하는 경우가 많습니다. 하지만 우리나라는 다릅니다. 안정적인 연금을 받는 사람은 교사, 공무원, 군인 출신 일부뿐이고, 일반인들은 국민연금 하나에 의존하는 경우가 대부분입니다.

놀라운 사실은 우리나라 65세 이상 고령자 중 국민연금을 몇십만 원이라도 받는 사람이 68%에 불과하다는 것입니다. 더 심각한 문제는 연금 수령액이 월 60만 원 미만인 사람이 73.8%나 되며, 100만 원 이상 받는 사람은 10%에 불과하다는 점입니다.

퇴직연금도 마찬가지입니다. 2023년에 적립된 금액을 가입자 수로 나누어 보니 1인당 평균 4,800만 원이었습니다. 개인연금의 경우 계좌 수를 기준으로 나눠 보면 1인당 평균 1,800만 원 수준이었습니다. 두 개를 합쳐도 1~2년이면 모두 소진될 금액입니다. 결국 노후에 의지할 수 있는 자산은 집 한 채뿐입니다.

일본이 겪은 고령화 문제를 우리도 그대로 따라가고 있습니다. 결국 생활비가 부족해지면 체면을 내려놓고라도 일을 찾아야 하는 상황이 올 수밖에 없습니다. "나는 먹고살 돈이 충분하니 그냥 쉬면 되지 않을까?"라고 생각하는 분들도 있을 겁니다. 하지만 현실은 그렇지 않습니다.

도시에 사는 사람일수록 퇴직 후 아무 일도 하지 않으면 오히려 정신적으로 더 힘들어집니다. 하루이틀도 아니고 30~40년 동안 소일거리 없이 지내는 것은 견디기 어려운 일입니다. 그래서 선진국에서는 퇴직 후에도 취미 활동, 사회공헌 활동, 그리고 약간의 용돈벌이를 병행하는 사람들이 많습니다.

우리는 인생에서 세 번의 정년을 맞이 합니다. 회사에서 퇴직하는 '고용 정년', 퇴직 후에도 일을 계속하는 '일의 정년', 그리고 '인생 정년'입니다. 재테크보다 중요한 과제는 이 세 번의 정년을 어떻게 준비해야 하는가입니다.

노후의 불안을 없애려면
소일거리가 필요하다

우리가 노후에 가장 불안하게 느끼는 요소는 돈, 건강, 외로움입니다. 이 세 가지 불안을 해소하는 가장 확실한 방법은 돈이 되는 일이든, 취미 활동이든, 사회공헌 활동이든, 소일거리를 갖는 것입니다.

일본의 은퇴설계 전문가 오가와 유리는 한 달에 한 번씩 에세이를 보내는데, 얼마 전 그의 에세이 제목이 "퇴직 후 인기 있는 남편 1위는 누구인가?"였습니다.

그 내용을 살펴보면, 퇴직 후에도 인기 있는 남편은 요리를 잘하는 남편, 건강한 남편, 싹싹한 남편, 집안일을 잘 도와주는 남편이 아니라 낮에 집에 없는 남편이었습니다.

지금 일본에서는 퇴직한 남편들 때문에 아내들이 심각한 스트레스를 받고 있습니다. '남편 재택 스트레스 증후군'이라는 용어까지 등장할 정도입니다. 주요 증상으로는 우울증, 고혈압, 천식, 공황장애, 암 공포증, 십이지장궤양, 그리고 '키친드링커(주방에서 혼자 술을 마시는 것)' 현상까지 나타나고 있습니다. 우리나라는 아직 거기까지는 가지 않았지만, 이 문제를 미리 고민해야 합니다.

왜 남편이 퇴직하면 가정에 문제가 생길까요? 우리나라와 일본은 부부가 각자의 세계에서 따로 생활하다가 퇴직 후 갑자기 함께하는 시간이 늘어나는 구조입니다. 남편은 현역 시절 회사에서, 아내는 가정에서 각자의 역할을 해오다가, 30~40년 만에 하루 종일 함께 지내게 되면서 갈등이 생기는 것입니다.

　노후에는 은퇴 창업 실패, 금융 사기, 질병 문제, 성인 자녀 리스크, 그리고 황혼이혼이라는 리스크가 있습니다. 특히 황혼이혼 리스크는 심각합니다. 1970년대만 해도 우리나라의 연평균 이혼 건수는 약 1만 5천 건이었습니다. 하지만 2022년에는 연 9만 3천 건으로 급증했습니다. 어머니 세대는 결혼에 실망하면 '팔자려니' 하고 체념했지만, 요즘 여성들은 결혼에 실망하면 남편을 버린다고 합니다.

　과거에는 결혼 후 4년 이내의 신혼 이혼 비율이 높았습니다. 하지만 2022년에는 결혼 20년 이상 된 중년 부부의 황혼이혼 비율이 37%에 달했습니다. 1990년대만 해도 황혼이혼 비율은 전체의 5%에 불과했는데, 지금은 무려 37%까지 증가한 것입니다. 이혼 사유는 다양하겠지만, 퇴직 후 남편이 집에 머물며 아내에게 스트레스를 주는 것이 중요한 원인 중 하나로 꼽힙니다.

　퇴직 후 부부 갈등을 줄이고, 경제적으로도 안정된 노후를 보내려면 소일거리를 반드시 가져야 합니다. 노후의 3대 불안 요소인 돈, 건강, 외로움을 해소하는 최선의 방법은 단순한 재테크가 아니라 평생 현역으로 사는 것입니다.

　퇴직 후에도 일해야 하는 이유는 단순히 돈 때문만이 아닙니다. 건강을 지키고, 부부 관계를 원만하게 유지하며, 사회적 관계를 지속하기 위해서도 필요합니다. 돈이 있든 없든, 중요한 것은 계속해서 의미 있는 활동을 하며 살아가는 것입니다.

문제는
노후 자산의 유형

퇴직자들이 가장 많이 갖고 있는 자산은 집 한 채입니다. 하지만 이 집 한 채가 과연 노후를 책임질 수 있을까요? 현실은 그렇게 간단하지 않습니다.

대다수가 일본이 더 부유하다고 생각하지만, 사실 우리나라가 더 부자입니다. 한국은행 자료에 따르면, 물가 구매력 평가 환율 기준으로 우리나라의 가구당 순자산은 62만 달러(약 7억 원)인데, 일본은 52만 달러입니다. 1인당으로 계산해도 우리나라가 26만 달러, 일본이 22만 달러로, 일본보다 우리가 더 많은 자산을 보유하고 있습니다.

그런데 왜 노후가 불안할까요? 문제는 가계 자산의 구조에 있습니다. 우리나라 가계 자산의 76%가 부동산이며, 노인층만 보면 80~90%가 부동산에 묶여 있습니다. 반면 미국은 34%, 일본은 37%에 불과합니다. 우리는 부동산 가격이 비싸기 때문에 부자처럼 보일 뿐이며, 만약 부동산 가격이 하락하면 상황은 완전히 달라집니다.

실제로 우리나라 부동산이 얼마나 비싼지 일본과 비교해보죠. 남한의 면적은 일본의 1/4에 불과하지만, 땅값은 일본의 3/4에 해당합니다. 우리나라 땅값이 일본보다 평균적으로 3배 비싸다는 뜻입니다. 1980년대만 해도 일본의 땅값은 우리나라의 15배에 달했습니다. 하지만 지금은 격차가 크게 줄어들었습니다. 지난 30년 동안 일본 부동산은 폭락했고, 한국 부동산은 급등했기 때문입니다.

2025 대한민국 재테크 트렌드

Ⅰ 가계순자산의 한·일 비교

구분	시장환율 기준 가구당 순자산	구매력평가 환율 기준 가구당 순자산	시장환율 기준 1인당 가계순자산	구매력평가 환율 기준 1인당 가계순자산
한국	44만 3천 달러	62만 달러	18만 7천 달러	26만 2천 달러
일본	42만 1천 달러	52만 2천 달러	18만 3천 달러	22만 9천 달러

자료: 2023년 국민대차대조표(잠정), 한국은행

Ⅰ 한·미·일 가계의 부동산과 금융자산 비율

(단위: %)

국가		부동산	금융자산
한국(2023년 1분기)		76	24
미국(2023년 3분기)		34	66
일본	1990	60	40
	2020	37	63

자료: 가계금융복지조사(2023), 미국 FRB(2023.03), 일본국민계정(2020)

일본의 도쿄, 오사카, 나고야 같은 대도시의 택지 가격을 보면, 1982년을 기준으로 9년 동안 3배 상승했지만, 이후 20년 동안 1/3 수준으로 폭락했습니다. 이런 경험을 하면서 일본 사람들의 부동산에 대한 인식이 바뀌었습니다. 과거에는 한국처럼 집을 소유하는 것이 필수라고 생각했지만, 이제는 "집이 없어도 금융자산이 몇억 있으면 되지 않나? 굳이 집을 사서 세금 내고 수리하며 골치 아플 필요가 있나?"라는 인식이 확산된 것입니다.

반면 우리는 여전히 자기 돈이 없어도 대출을 받아 집을 사는 것을 당연하게 여깁니다. 사실 일본도 1980년대에는 한국과 비슷했습니다. 당시 일본 경제가 호황을 누리며 수출이 증가하자, 미국과 유럽이 일본에 경제 압박을 가했고, 그 결과 엔화 가치를 두 배로 올렸습니다. 이에 따라 수출 경쟁력이 약화되었고, 일본 정부는 금리를 절반으로 낮추며 돈을 대거 풀었습니다. 개인들은 "집을 못 사면 큰일 난다"라며 무리하게 집을 구매했고, 이 과정에서 부동산 거품이 심각해졌습니다.

우리나라 역시 코로나19 이후 초저금리로 돈을 왕창 풀면서 부동산 시장이 급등했습니다. 하지만 문제는 앞으로입니다. 일본이 겪었던 것처럼, 인구 감소와 고령화가 본격화되면 우리도 부동산 시장이 타격을 받을 가능성이 큽니다.

앞으로 부동산 시장의 변화를 결정짓는 요인은 세 가지입니다.

첫째, 베이비붐 세대의 내 집 마련이 끝나는 순간입니다. 일본도 베이비붐 세대가 집을 사면서 집값이 급등했지만, 그 세대가 내 집 마련을 끝내자 집값이 떨어지기 시작했습니다. 우리나라는 아직 내 집 마련이 끝나지 않았지만 곧 마무리될 것입니다.

둘째, 도시화율이 한계에 도달했습니다. 과거에는 사람들이 시골에서 도시로 이주하면서 집값이 올랐지만, 현재 우리나라 도시화율은 91%로 세계 최고 수준입니다. 더 이상 시골에서 도시로 이주할 인구가 없고, 이제는 도시에서 지방으로 역류하는 현상이 나타나고 있습니다.

셋째, 선진국에서는 실물 부동산보다 금융 부동산을 선호하는 경향이 뚜렷합니다. 일본과 미국에서는 직접 집을 소유하는 대신 리츠(REITs)나 부동산 펀드 같은 금융 상품을 통해 간접 투자하는 경우가 많습니다. 세입자의 권리가 강해 직접 부동산을 소유하면 여러 가지 문제가 발생할 가능성이 크기 때문입니다. 이러한 이유로 일본과 미국의 금융자산 비중은 60~70%에 달하지만, 우리나라는 여전히 부동산에 편중되어 있습니다.

노후에 어디서, 누구와, 어떻게 살 것인가

몇 년 전 서울시에서 65세 이상 부부를 대상으로 조사한 결과, 배우자가 먼저 세상을 떠났을 경우 자녀와 함께 살겠다고 응답한 비율은 20%에 불과했습니다. 50%는 자녀와 멀지 않은 곳에서 혼자 살겠다고 했고, 30%는 실버타운 같은 노인 전용 시설로 가겠다고 답했습니다. 약 80%가 자녀들이 함께 살기를 원하지 않아서가 아니라, 본인들이 불편해서 혼자 살겠다고 한 것입니다.

부부가 함께 살다가 어느 한 사람이 아프면 부부 간병의 시간이 시작되고, 결국 한 사람이 먼저 세상을 떠나면 남은 사람도 홀로 지내야 합니다. 노후의 긴 시간 동안 이런 상황이 반복될 수 있는데, 나는 그때마다 어디에서, 누구와, 어떻게 살아야 할지 미리 생각해두어야 합니다.

우리나라에서는 100세 이상 노인을 '백세인'이라고 부릅니다. 2023년 기준 우리나라의 백세인은 8천 명이었고, 일본은 9만 2천 명, 2024년에는 10만 명을 넘어설 것이라고 합니다. 과거 백세인들은 공기 좋고 경치 좋은 장수 지역에서 살았지만, 현재 백세인의 절반은 요양병원에서 생활하고 있습니다. 과거와는 다른 현실을 마주해야 합니다.

일본에서는 유명 탤런트 오하라 레이코가 사망한 지 사흘 만에 발견되면서 '고독사' 문제가 사회적 이슈가 되었습니다. 어느 도시의 뉴타운 단지를 조사해보니, 3년 동안 고독사한 사람이 25명이었고, 이들이 발견되기까지 평균 21.3일이 걸렸다고 합니다.

왜 이런 일이 발생했을까요? 주변에 사람이 들락날락하는 환경에서 살지 않기 때문입니다. 자녀들도 따로 살고, 이웃과의 교류도 없기 때문에 위급한 상황이 발생해도 아무도 모릅니다. 이런 것도 고려해서 주거를 정해야 합니다.

최근 일본에서는 노후화된 아파트들이 재건축되지 못해 슬럼화가 진행되고 있다는 보고가 나왔습니다. 일본에서 아파트를 '구분 소유 주택'이라고 부르는데, 이를 재건축하려면 주민 80%의 찬성이 필요합니다. 하지만 고령의 주민들은 재건축을 귀찮아했습니다.

또한 재건축을 성공시키려면 위치가 좋아야 하고, 저층이어야 합니다. 고층 아파트를 다시 지으려면 비용을 충당할 방법이 있어야 하는데, 이미 고층으로 지어진 아파트들은 재건축이 어려웠습니다.

이 때문에 일본에서는 낡은 아파트들이 슬럼화되고, 그 지역 전체의 땅값까지 떨어지는 상황이 벌어졌습니다.

일본에서 30년 이상 된 28평짜리 아파트에 사는 친구에게 "너희 아파트도 재건축하면 가격이 오르지 않겠냐?"라고 물었더니, "죽어도 재건축 안 된다"라고 하더라고요. 330세대가 살고 있는데 대부분 노인들이고, 재건축을 위해 돈을 모아둔 사람도 없다고 했습니다. 우리는 흔히 강남 재건축이 돈이 돼서 허가만 나면 공짜로 할 수 있다고 생각하지만, 현실은 다릅니다. 재건축을 하려면 일단 나가서 공사 기간 동안 전세를 살아야 하고, 이후 분담금을 내야 합니다. 적어도 십몇억 원은 있어야 가능했습니다.

그래서 일본 친구에게 다시 물었습니다. "그럼 너희 아파트는 앞으로 어떻게 할 거냐?" 친구는 "모른다. 그냥 살다 죽으면 그만이지. 나라에서 알아서 하겠지"라고 답합니다. 일본에서 재건축에 성공한 아파트들도 일부 있긴 했는데, 그중 80%가 지진으로 무너진 곳이었다고 합니다.

이런 문제들을 겪으면서 일본에서는 새로운 주거 트렌드가 등장하고 있습니다. 부부만 남았거나 사별 후 혼자가 되면 대도시로 이주하는 것입니다. 최근 일본에서는 18평에서 20평짜리 아파트를 선호하는 경향이 있습니다. 이유는 단순합니다. 병원이 가까워야 하고, 문화·예술 공간이 근처에 있어야 하며, 쇼핑할 곳이 가까워야 합니다. 결국 나이가 들수록 집의 크기나 고층 여부보다 누구와 함께하고, 어디에서 살아갈 것인가가 더 중요한 문제라는 것을 깨닫게 됩니다.

자산구조를
변화시켜야 한다

일본은 가계 부채가 많지 않습니다. 그러다 보니 집값이 떨어져도 그냥 살다 가면 그만이라는 인식이 강합니다. 제 일본 친구도 마찬가지입니다. 본인이 살고 있는 집값이 지금 3천만~4천만 원 수준으로 떨어졌는데도 아무렇지도 않다고 합니다. 자식들은 이미 집을 마련했고, 자신은 빚도 없으니 문제 될 것이 없다는 것입니다.

반면 우리나라는 상황이 다릅니다. 60세 이상에서도 저축 대비 부채가 거의 절반에 달합니다. 퇴직 후에도 주택담보대출을 갚아야 하는 경우가 많고, '하우스푸어'로 전락할 가능성이 여전히 있습니다. 그렇기 때문에 저는 함부로 "집을 사라" 또는 "집을 팔라"라는 말을 하지 않습니다.

결론은 간단합니다. 투자에는 리스크가 따릅니다. 따라서 재산이 한 곳에 집중되어 있으면 안 됩니다. 만약 보유 자산의 100%가 부동산이라면, 부동산 가격이 오를 때는 문제가 없지만, 장기적으로 봤을 때 10~20% 정도는 금융자산으로 바꿔둘 필요가 있습니다.

나이가 들어갈수록 금융자산의 비중을 점차 늘려가는 것이 바람직합니다. 최소한 환갑이 되었을 때는 선진국 수준까지는 아니더라도 부동산과 금융자산의 비중이 5 대 5 정도는 되어야 합니다.

선진국의 노인들은 노후를 위해 몇억 원씩 저축해두는 것이 아닙니다. 세상을 떠날 때까지 최소한의 생활비를 연금으로 받을 수 있는 체계를 갖춘 것입니다. 미국, 일본, 독일의 노인들은 매달 고정적으로 연금을 받는다고 응답하는 비율이 60~80%에 달합니다.

반면 우리나라에서 안정적인 연금을 받는 사람들은 주로 학교 선생님, 공무원, 군인 출신을 포함한 일부 계층뿐이며, 전체적으로 보면 29%에 불과합니다.

그렇다면 과거 우리나라 노인들은 어떻게 생활비를 마련했을까요? 1980년대까지만 해도 자녀가 부모를 부양하는 비율이 72%에 달했습니다. 하지만 최근 들어 이 수치는 급격히 감소해 현재는 12% 수준입니다. 몇 년 후 다시 조사를 하면, 우리나라에서도 자녀가 부모의 주된 생활비를 부담한다는 응답 비율이 미국(0.7%), 일본(1.9%), 독일(0.4%) 수준으로 낮아질 가능성이 높습니다.

그래서 저는 젊을 때부터 부부가 함께 국민연금에 가입해야 한다고 강조합니다. 가정주부는 가입 의무가 없지만 임의가입이 가능합니다. 최소 가입 금액이 월 9만 원인데, 30세부터 60세까지 30년

┃ 선진국의 노후 주요 수입원

(단위: %)

	한국		미국	일본	독일
	1980	2023			
자녀의 도움	72	12	0.7	1~2	0.4
공적·사적연금	0.8	29	60~70	60~70	80~90
기타	27	59	30~40	30~40	10~20

자료: 2023 통계청 사회조사

간 납부하면 세상을 떠날 때까지 매달 58만 3천 원을 받을 수 있습니다. 물가가 오르면 연금도 따라서 올라갑니다. 남편의 국민연금까지 합하면, 최소한 노후에 굶을 걱정은 하지 않아도 됩니다.

직장인은 퇴직연금도 고려해야 합니다. 요즘은 1인 기업이나 자영업자도 세제 혜택을 받으면서 IRP(개인형 퇴직연금)에 가입할 수 있습니다. 하지만 국민연금과 퇴직연금만으로 부족할 수 있기 때문에 한 달에 10만~20만 원이라도 개인연금에 추가 가입하는 것이 바람직합니다. 이렇게 해서 국민연금(1층), 개인연금(2층), 퇴직연금(3층)으로 노후의 최소한의 생활비를 미리 확보할 필요가 있습니다.

어느 나라보다 심각한
자녀 리스크

그다음으로 자식 문제도 생각해야 합니다. 우리는 과소비가 문제라고 하지만, 중남미나 이탈리아 같은 나라와 비교하면 우리나라처럼 근검절약하는 나라도 없습니다. 하지만 자식에게 들어가는 돈만큼은 세계에서 1등입니다.

2023년에 미국 CNN 방송에서 주요국의 0세부터 18세까지 자녀 양육비 총액을 국민 소득과 비교한 결과, 비율이 가장 높은 나라가 한국이었습니다. 2위는 중국, 3위는 이탈리아였습니다. 우리나라는 세계에서 소득 대비 자식에게 가장 많은 돈을 쓰는 나라입니다.

우리는 자녀들에게 영어와 수학은 철저하게 가르쳤지만, 돈 관리와 경제적 자립에 대해서는 제대로 가르치지 않았습니다. 막말로 영어와 수학을 못 해도 먹고살 수 있습니다. 하지만 돈을 제대로 관리할 줄 모르면 평생 경제적으로 힘든 삶을 살 수밖에 없습니다.

얼마 전 책을 집필하면서 조사해보니, 미국 고등학교 교과서에는 돈 관리와 경제적 자립에 관한 내용이 40여 페이지에 걸쳐 나와 있었습니다. 반면 우리나라에서는 경제 과목을 선택하는 학생 자체가 적습니다. 수능에서 경제 과목을 선택하는 비율은 겨우 1.5%에 불과합니다. 배우지 않으니 대학을 졸업해도 '저축'과 '투자'의 차이조차 모르는 경우가 많습니다.

미국에서는 중학교만 나와도 이런 기본적인 경제 개념을 이해합니다. 학교에서 가르치지 않는다면, 부모라도 가르쳐야 합니다. 지금 우리 세대뿐만 아니라 우리 자녀들에게도 제대로 된 자립 교육이 필요합니다. 자립에는 세 가지 요소가 있습니다.

첫째, 행위의 자립입니다. 자기 스스로 해야 할 일을 남에게 맡겨서는 안 됩니다. 둘째, 의식의 자립입니다. 마지막으로, 경제적 자립입니다. 경제적으로 자립해야 부모에게든 남에게든 폐를 끼치지 않고 살 수 있습니다.

그런데 우리는 '경제적 자립'이라고 하면 단순히 돈을 버는 능력이나 재테크 실력만을 떠올립니다. 하지만 진정한 경제적 자립이란 주어진 경제적 상황에 맞춰 살아가는 능력을 의미합니다. 즉 절약할 줄 아는 것이야말로 경제적 자립의 핵심입니다.

저성장 결핍의 시대
생각을 바꿔라

제가 어디 가서 절약을 이야기하면, 많은 분이 김새는 표정을 짓습니다. "재테크 이야기를 하려나 해서 왔더니, 종목을 찍어주는 것도 아니고 겨우 한다는 말이 절약하라고?" 하는 반응이죠. "유치원 때부터 듣던 이야기인데, 새삼스럽게 절약을 강조할 필요가 있나?" 하는 듯한 표정을 짓는 분들도 많습니다.

하지만 우리가 꼭 알아야 할 사실이 있습니다. 지난 30~40년 동안 우리는 전례 없는 고성장 시대를 살아왔습니다. 세계의 역사에서도 찾아보기 힘든 특별한 시기였습니다. 그렇기 때문에 우리는 의식하지 못한 채 '우리는 충분히 절약하고 있다'라고 착각하고 있습니다.

미국이나 일본 같은 선진국 사람들이 우리를 보면, 너무나 낭비 요인이 많다는 사실을 지적합니다. 필요 없는 자동차, 과도한 교육비, 결혼 비용, 경조사비 등 우리가 당연하게 지출해온 많은 항목이 사실은 거품이었습니다. 앞으로는 작심하고 아끼지 않으면 노후 준비가 불가능한 시대가 될 것입니다.

1970년대부터 1990년대까지 우리는 매년 10%대의 경제 성장률을 기록했습니다. 그때는 작년보다 금년이, 금년보다 내년이 더 좋아지는 시대였습니다. 30~40년 동안 계속 성장하는 경제 환경 속에서 살아왔기 때문에, 우리의 사고방식에는 '고성장 마인드'가 깊숙이 자리 잡고 있습니다.

그러나 몇 년 전부터 경제 성장률이 급격히 하락했습니다. 4%, 3%, 2%로 떨어지더니, 2022년에는 마이너스 성장을 기록했고, 2025년에는 1%대 성장률까지 하락할 전망입니다. 이제 저성장과 결핍의 시대가 오고 있습니다.

저성장 결핍의 시대에는 사고방식을 완전히 바꿔야 합니다. 일에 대한 생각, 자녀 교육에 대한 생각, 주택에 대한 생각, 결혼에 대한 생각, 노후에 대한 생각 등 이 모든 것을 180도 빠르게 전환해야 합니다. 그 변화의 핵심이 바로 절약입니다.

20여 년 전, 일본의 서점을 방문했을 때 절약에 관한 책들이 서가를 가득 채우고 있는 것을 보고 신기하게 생각했습니다. 그 당시에는 "돈 버는 책도 많은데, 굳이 절약에 대한 책을 읽을 필요가 있을까?"라고 생각했었죠. 그런데 지금 우리나라 서점에 가보면, 절약과 관련된 책들이 눈에 띄게 많아졌습니다.

우리는 결국 선진국이 걸어간 길을 따라가고 있습니다. 앞으로 절약의 중요성은 더욱 커질 것입니다. 필요 없는 자동차, 과도한 교육비, 결혼 비용 등을 줄이는 것에서부터 노후 준비는 시작됩니다.

시대가 변했습니다. 이제는 '돈을 어떻게 더 벌 것인가'가 아니라 '어떻게 지출을 줄일 것인가'가 핵심 과제가 된 시대입니다. 지금부터라도 절약을 생활화하지 않으면, 앞으로의 노후 준비는 더욱 어려워질 것입니다.

누구나 알아야 할
양도·상속·증여 절세법

세무법인 다솔 대표

안수남

부모님의 피와 땀으로 일군 재산을 어떻게 잘 물려받을 것인가. 양도·상속·증여는 절세보다 가족의 화목과 형제간의 우애가 더 중요하다. 가족 간 갈등을 줄이면서 최고의 절세전략을 수립해온 비법을 공개한다. 부모님의 유산승계가 자녀들에게 축복이 되는 지혜를 얻는 기회를 잡자.

현재 세계 경제는 불확실합니다. 우리나라 경제 성장률도 둔화되어 1% 수준으로 떨어질 것으로 예상됩니다. 인구와 일자리 감소로 인해 세수 부족이 발생하고 있으며, 약 32조 원의 재정 부족이 예상됩니다. 반면 부동산 자산에 대한 세금 부담은 증가할 전망입니다. 2025년 예정 공시지가가 발표되면서 전체적으로 세금 부담이 늘어날 가능성이 큽니다.

증여와 양도는 시기 조절이 가능하지만, 상속은 개인이 조정할 수 없는 문제입니다. 정부는 상속세 부담을 줄이기 위해 공제를 확대하고 세율을 낮추겠다고 발표했으나, 2024년 연말 국회에서 세법 개정안이 통과되지 않았습니다.

당초 민주당은 배우자 공제를 5억 원, 일괄 공제를 3억 원으로 늘려 총 8억 원 공제를 제안했으며, 여당은 자녀 공제를 5억 원으로 확대하고 기초 공제 2억 원을 추가해 총 10억 원 공제를 주장했습니다. 세율 조정에 대해서도 여당은 OECD 최고 수준인 상속세율을 낮추자는 입장이었지만, 야당은 이를 부자 감세로 보고 반대했습니다.

다만 법안이 통과되지 않았으나, 국민과의 약속인 만큼 2025년 임시국회에서 논의가 재개될 가능성이 큽니다.

다주택 중과세는 2025년 5월 9일까지 유예가 끝난 후 시행 여부가 관심사입니다. 하지만 부동산 경기가 위축된 상황에서 중과세를 강행하면 시장이 더욱 위축될 가능성이 크기 때문에, 정부는 이를 유예할 듯합니다.

3주택 이상 보유자에 대한 종합부동산세 중과세 완화 역시 여야 합의로 법이 개정된 만큼 추가적인 변화는 없을 것입니다.

다만 취득세 중과의 경우 2022년 12월 20일 발표된 2주택자 중과세 폐지 및 3주택 이상 중과세 완화 내용은 아직 법 개정이 이루어지지 않았습니다. 정부가 국민과의 약속을 지키기 위해 소급 적용 가능성을 열어두고 있으나, 여야 합의가 필요한 사안입니다.

일부 상담자들은 정권이 야당으로 바뀌면 과세권이 강화될 것이라 우려하고 있습니다. 그러나 현행 세법이 그대로 유지되지는 않을 가능성이 큽니다. 특히 다주택자에 대한 양도세 중과세율을 20%p 올려 최고 82.5%로 부과하는 방식은 글로벌 기준에서도 매우 높은 수준으로, 이러한 과세 체계가 그대로 유지되기는 어려울 것입니다.

또한 야당 국회의원 중에는 기획재정부 및 국세청 출신의 정통 세제 관료들이 다수 포함되어 있어, 비합리적인 세제가 도입될 가능성은 낮습니다. 일반 국민들이 받아들일 수 있는 방향으로 세제가 조정될 가능성이 크므로, 지나친 우려는 불필요하다고 판단됩니다.

향후 세법 개정은 현재 정치 상황에 따라 달라질 수 있습니다. 따라서 지나치게 우려할 필요는 없으며, 정부 정책과 국회 논의를 지속적으로 모니터링하는 것이 중요합니다.

지나치게 높은 상속세율
조정이 필요하다

현재 상속세의 가장 큰 문제점은 OECD 국가 중 한국의 상속세율이 가장 높다는 점입니다. 일본의 최고 세율이 55%, 한국이 50%로 표기되어 있어 우리가 두 번째로 높은 것처럼 보이지만, 두 나라의 과세 방식에는 큰 차이가 있습니다.

일본은 유산 취득세 방식을 채택하고 있어, 상속인이 실제로 받은 금액을 기준으로 세금을 부과합니다. 예를 들어 5남매가 100억 원을 상속받아 20억 원씩 나눠 가질 경우, 20억 원에 해당하는 세율이 적용됩니다. 또한 일본의 최고 세율인 55%는 50억 원을 초과하는 경우에만 적용되므로 실질적인 세 부담은 한국보다 낮습니다.

반면 한국은 유산 과세 방식을 적용해 부모가 남긴 전체 유산을 기준으로 세금을 부과합니다. 이로 인해 실질적인 상속세 부담이 일본보다 훨씬 높습니다.

현재 이러한 과세 구조로 인해 자산의 해외 유출이 증가하고 있습니다. 실무 현장에서 많은 부자가 해외로 이주해 상속세 부담을 회피한 후 5~10년 뒤 다시 국내로 돌아오는 사례를 많이 보았습니다. 정책 결정자들이 이러한 현실을 인지할 필요가 있습니다.

또한 상속세는 이중과세 문제도 안고 있습니다. 이미 소득세를 납부한 자산에 다시 상속세를 부과하는 구조이기 때문입니다. 10억 원의 소득을 올려 50%의 소득세를 납부한 후 남은 5억 원에 다시 50%의 상속세가 부과되면, 결국 10억 원 중 7억 5천만 원이 세금으로 빠져나가고 상속인은 2억 5천만 원만 갖게 됩니다.

이미 납부한 소득세만큼 공제해주거나, 자산 가치 증가분에 대해서만 상속세를 부과하는 방식으로 개선이 필요합니다. 그러나 현재의 세제는 이러한 점을 고려하지 않고 있어 좀 더 합리적인 개편이 요구됩니다.

유산 승계를 어렵게 하는
상속세 부담

유산 승계의 가장 큰 문제점은 상속세 부담이 급격하게 증가했다는 점입니다. 상속세를 본격적으로 내기 시작한 것은 불과 5년 전부터이며, 그 이전까지만 해도 상속세를 납부하는 인원이 1만 명 미만이었습니다. 그러나 현재 상속세 납부 인원이 1만 6천 명을 넘어섰고, 서울에 아파트 한 채만 있어도 상속세 부과 대상이 되는 상황입니다. 하지만 우리는 아직 상속세를 대비하는 방법을 충분히 학습하지 못했습니다.

또한 가정마다 유산 승계에 대한 상황이 다르기 때문에 예측이 어렵습니다. 상속이나 증여를 통해 재산을 넘겼더니 자녀들이 이를 잘 관리하며 살아가는 경우도 있지만, 반대로 가족 간 분쟁이 발생하는 경우도 많습니다. 며느리나 사위에게 재산을 증여했더니 이혼 등의 문제로 인해 법적 분쟁이 생기는 사례도 적지 않습니다.

절세 측면에서 보면 세법상 아들이나 딸보다 며느리나 사위에게 증여하는 것이 유리합니다. 다만 신뢰의 문제가 생깁니다. 자녀 수를 늘리고 수증자를 많이 만들수록 절세에 유리하지만, 이를 완벽하게 방어할 수 있는 방안이 부족한 것이 현실입니다. 신탁 제도를 잘 활용하면 이러한 리스크를 줄일 수도 있지만, 여전히 많은 부분에서 한계가 있습니다.

또한 장남 선호 또는 남아 선호 사상이 강한 사회적 배경과 현행 상속법이 충돌하는 점도 문제입니다. 현행 상속법은 아들과 딸을 구별하지 않고 모든 상속인이 n분의 1로 균등하게 나누도록 규정하고 있습니다. 그러나 70~90대 부모 세대의 입장에서는 특정 자녀에게 더 많은 재산을 주고 싶은 경우가 많아, 법적 규정과 부모의 의도 사이에서 괴리가 발생하게 됩니다. 이러한 문제를 해결하기 위해서는 보다 지혜로운 유산 승계 전략이 필요합니다.

유류분 관련 소송이 최근 급격히 증가하고 있습니다. 유류분은 법정 상속 지분에 따라 일정 부분을 보장받을 수 있는 상속재산 권리입니다. "유류분 제도가 없어지지 않았나요?"라고 묻지만, 이는 사실이 아닙니다. 2024년 위헌 판결이 난 것은 형제간 유류분 청구 소송에 대한 부분으로, 아들·딸은 여전히 유류분을 청구할 수 있습니다.

다만 이에 대한 헌법 불합치 결정이 내려졌습니다. 예를 들어 자녀가 사망하면 부모가 상속을 받게 되는데, 이와 관련해 큰 논란이 되었던 사례가 바로 '구하라법'입니다. 가수 구하라가 사망한 후, 부모가 아무런 역할을 하지 않았음에도 상속을 받을 수 있었던 것이 문제로 지적되었습니다. 이에 따라 부모가 자녀에 대한 부양 의무를 다하지 않았을 경우 유류분 청구를 제한해야 한다는 논의가 이루어졌고, 이를 반영한 법 개정이 추진되고 있습니다.

현재 계획에 따르면 2024년 안에 유류분 제한 규정이 민법에 추가될 예정입니다. 만약 법이 제정되지 않으면 유류분 위임 자체가 무효화될 가능성이 큽니다.

상속재산 분할 소송이 급증하고 있습니다. 상속재산이 200억 원이 넘어가면 가족 관계는 비즈니스 관계로 변합니다. 4남매나 5남매가 빌딩 한 채를 공동으로 상속을 받게 되는데, 문제는 이 과정에서 가족 간 의견이 일치하지 않는다는 점입니다. 장남이 건물 관리를 맡기로 했다면 신뢰하고 맡기면 좋겠지만, 꼭 막내가 이의를 제기합니다. 작은 불만이 쌓이다 보면 결국 상속재산 분할 청구 소송으로 이어지게 됩니다.

이런 소송이 제기되면, 법원에서 건물을 물리적으로 분할해줄 수 없기 때문에 결국 경매로 처분한 후 현금으로 나누게 됩니다. 결국 부모님이 남겨주신 건물이 사라지고, 가족들이 부모님 제삿날 만날 장소조차 없어지는 현실이 벌어지는 것입니다. 특히 강남에 있는 건물들이 경매로 나오는 이유는 대부분 이런 상속 분쟁 때문입니다. 단순히 이자 부담 때문이 아니라, 상속인 간의 갈등이 해결되지 않아 발생하는 문제입니다.

원활한 유산 승계를 위해 "유산 계획을 공개하라"

이러한 상속 분쟁에서 가장 큰 문제는 감정적인 갈등입니다. 감정이 상하면 가족이 남보다 더 멀어집니다. 그렇기 때문에 부모님이 건강하고 정신이 맑을 때 미리 대비하는 것이 중요합니다.

상속세 절세보다 더 중요한 것은 가족 간의 화목입니다. 형제간의 우애가 상속보다 더 큰 가치입니다. 부모들이 재산을 남기는 이유는 자녀들이 행복하고 편하게 살기를 바라는 마음 때문입니다. 하지만 남긴 재산이 오히려 가족 간 분쟁의 원인이 되기도 하죠.

워렌 버핏은 "유산 계획을 공개하라"라고 말했습니다. 부모가 생전에 아무 말 없이 있다가 사후에 "너희들끼리 잘해봐라"라고 유언을 남긴다면, 가족 간 갈등이 생길 가능성이 높습니다. 자녀들을 잘 키웠다며 괜찮으리라 생각할 수 있지만, 현실은 그렇지 않습니다.

부모가 생전에 해야 할 가장 중요한 일 중 하나는 유언장을 작성하는 것뿐만 아니라, 자녀들에게 그 내용을 미리 공개하는 것입니다.

유언장에는 단순히 '재산을 어떻게 분배할 것인지'만이 아니라, 부모가 살아온 가치관과 철학, 그리고 자녀들에게 전하고 싶은 지혜가 담겨야 합니다. '내가 인생을 살면서 너희들에게 바라는 것은 무엇인지, 너희들이 내가 떠난 후 어떻게 살아가기를 바라는지'를 유언장에 남기는 것이 가장 좋은 상속이라고 생각합니다. 마지막으로 부모가 남긴 유산이 자녀들이 본업을 이어가는 데 도움이 되기를 바라는 마음을 담아야 합니다. 이런 상속이야말로 가족 간 갈등을 줄이고, 보다 건강한 유산 승계의 길을 여는 방법이 될 것입니다.

만약 자녀들이 "왜 이렇게 상속을 해야 합니까?" 혹은 "왜 이렇게 받아야 합니까?"라고 질문한다면, 이에 대해 합리적으로 답변해줄 수 있어야 합니다. 또한 자녀들이 부모의 결정이 불합리하다고 지적했을 때, 그 의견이 더 타당하다면 부모 역시 이를 반영해 변경할 수 있어야 합니다.

가족들이 충분한 대화를 통해 합의를 이루고 유산 상속이 진행되어야 그나마 가족 간 화목을 유지할 수 있습니다. 상속 문제는 단순히 재산을 나누는 것이 아니라, 가족 간 신뢰와 이해를 바탕으로 조율해야 하는 중요한 과정이라는 점을 꼭 기억하세요.

유산 승계
실패 사례와 성공 사례

한 가족이 중환자실에 있는 아버지를 두고 150억 원짜리 빌딩을 처분해 양도세로 30억 원을 납부하고, 남은 120억 원을 4명이 나눠 가졌습니다. 당시 증여세 신고를 하지 않았는데, 아버지가 4년 만에 돌아가셨고, 결국 증여세 64억 원과 상속세 10억 원을 추가로 부담해야 했습니다. 결과적으로 총 104억 원의 세금을 납부해야 하는 상황이 발생한 것입니다.

이처럼 부모님이 건강하지 않은 상태에서 부동산을 처분하는 것은 매우 위험한 결정입니다. 만약 부동산을 처분한 후 부모님이 10년 이내에 사망하면, 해당 거래는 상속재산으로 간주되어 추가 세금 부담이 발생합니다. 세무당국은 모든 금융 거래를 조사해 자금의 흐름을 파악하고, 불법적인 세금 회피를 방지합니다. 따라서 부모님이 건강하지 않은 상태에서 부동산을 매각하거나 증여를 고려할 때는 반드시 장기적인 계획을 세워야 합니다.

또한 유류분 문제도 상속 과정에서 큰 변수가 됩니다. 300억 원짜리 빌딩을 보유한 한 아버지가 2018년 기준시가 100억 원으로 두 아들에게 증여했습니다. 이 과정에서 세금을 절감하기 위해 증여세 40억 원을 납부했지만, 2023년 아버지가 사망하자 예상치 못한 일이 벌어졌습니다. 사위가 유류분 청구 소송을 제기한 것입니다. 증여가 무효화되고, 상속재산으로 다시 포함되었습니다. 결국 두 아들은 증여세 환급을 받았지만, 상속세 140억 원을 새롭게 부담해야 했습니다. 만약 증여할 때 법정 지분의 절반인 1/2을 사위에게도 분배했다면 이러한 문제를 피할 수 있었을 것입니다.

유류분 문제는 항상 상속 분쟁의 중심에 있습니다. 상속세는 사전 증여한 재산 중 10년 이내의 것만 포함하지만, 유류분 청구 소송에서는 10년이 넘은 증여재산도 포함될 수 있습니다. 따라서 아무리 오래전에 증여한 재산이라도 유류분 청구가 들어오면 다시 상속재산으로 간주될 수 있으며, 이에 따른 세금 부담이 새롭게 발생할 수 있습니다.

또 다른 사례를 예로 들어보겠습니다. 92세 된 아버지가 시가 500억 원짜리 빌딩과 현금 60억 원을 보유하고 계십니다. 가족으로는 배우자와 세 명의 자녀가 있습니다. 그런데 아버지는 사전 증여를 전혀 하지 않고 재산을 꼭 쥐고 계십니다. 그리고 자식들에게 남긴 유언이 무엇인지 아세요? "나 죽고 난 다음에 반은 세금 내고, 나머지 반은 너희 셋이 똑같이 나눠 가져라."

하지만 이 유언대로 재산을 상속받을 수 있을까요? 아닙니다. 이 경우 상속세만 260억 원이 나오는데, 이를 감당할 방법이 없습니다. 상속세를 내기 위해서는 빌딩을 팔아서 납부할 수밖에 없습니다. 이런 방식은 결국 가족에게 큰 부담을 안겨줍니다. 상속세를 감당할 수 있는 유동성이 부족하면, 남겨둔 부동산을 헐값에 급매로 처분해야 하는 상황이 벌어질 수도 있습니다. 만약 아버지가 생전에 일부를 사전 증여했거나, 적절한 절세 전략을 마련했더라면 이러한 문제를 예방할 수 있었을 것입니다.

당연히 상속세 절감을 위한 모범 사례도 있습니다. 한 가정에서 아내가 재개발 예정인 다가구 주택을 단독 소유하고 있었습니다. 현재 시가는 40억 원이지만, 재개발·재건축이 완료되면 60억 원으로 상승할 가능성이 큽니다. 또한 아내가 소유한 상가의 기준시가는 10억 원입니다. 만약 10년 후에 사망한다고 가정하면, 상속재산의 총가치는 100억 원, 예상 상속세는 30억 원에 달합니다.

이를 대비하기 위해, 남편이 보유한 아파트를 둘째 아들에게 증여한 후 본인은 재산을 보유하지 않는 방법을 선택할 수 있습니다. 이후 아내 소유의 다가구 주택을 남편에게 1/2씩 증여하는 전략을 사용합니다. 다가구 주택의 경우 기준시가로 증여할 수 있기 때문에, 공시지가 20억 원짜리 부동산에서 보증금 10억 원을 제외하고 남은 50%를 남편에게 증여하면, 취득세 4천만 원만 부담하면 됩니다.

이렇게 증여를 진행한 후, 만약 재개발·재건축이 완료된 시점에서 남편이 먼저 사망하게 된다면, 아내가 생존해 있는 상태이므로 상속세 부담이 거의 발생하지 않습니다. 남편 사망 시 상속재산은 30억 원이지만, 배우자 공제 25억 원을 적용하면 최종적으로 납부해야 할 상속세는 1억 원 정도밖에 되지 않습니다.

이 전략의 핵심은 배우자 간 증여를 활용하면 상속세 부담을 크게 줄일 수 있다는 점입니다. 상속세 규정에 따르면 상속인이 아닌 자에게 증여한 재산은 5년 이내 사망 시 상속재산에 합산되지만, 상속인에게 증여한 경우에는 10년 이내 사망 시 합산됩니다. 하지만 증여받은 사람이 먼저 사망하면, 이후 증여해준 사람이 사망하더라도 해당 재산은 상속재산에 합산되지 않습니다.

즉 아버지가 재산이 없고 먼저 사망할 가능성이 높다면, 오히려 아버지에게 재산을 증여하는 것이 더 효과적인 절세 전략이 됩니다. 배우자 공제를 활용해 세금 부담을 최소화할 수 있으며, 이후 자녀들이 상속받을 때도 과세 대상이 되는 상속재산을 줄일 수 있습니다. 이를 통해 원래 100억 원으로 평가될 재산을 절반씩 분산해 절세 효과를 극대화할 수 있습니다. 결과적으로 전체 세금은 8억 원 수준으로 낮아지고, 22억 원의 절세 효과를 거둘 수 있습니다.

과세를 위한
상속재산 계산법

상속이 개시되면 아버지가 보유한 상속재산에 대해 세무조사가 진행됩니다. 특히 사망 전 일정 기간 동안의 자금 이동을 면밀히 조사합니다. 사망 전 1년 이내에 2억 원 이상, 2년 이내에 5억 원 이상 인출된 금액이 있다면 그 돈은 상속재산으로 추정합니다. 하지만 인출된 돈의 사용처를 명확히 입증할 수 있다면 상속재산에서 제외됩니다. 만약 입증하지 못하면 국세청은 이를 사전 증여된 것으로 판단하고 과세를 진행합니다. 따라서 사망 직전에 현금을 인출하는 것은 매우 신중해야 합니다.

상속재산 계산

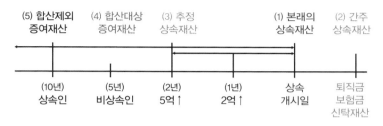

총 상속재산 : (1) + (2) + (3) + (4)

　제 사무실을 방문한 한 고객의 사례를 보면, 아버지가 요양병원에 계신 동안 어머니 계좌로 매일 500만~800만 원씩 이체해놓았습니다. 오늘 3시에 인출한 돈을 4시에 어머니 계좌로 옮기고, 2시에 인출한 돈을 3시에 옮기는 식이었습니다. 하지만 이런 방식은 '눈 가리고 아웅'에 불과합니다. 계좌에서 인출된 돈은 2년 이내라면 사용처를 입증해야 하며, 그렇지 못하면 상속재산으로 간주합니다.

　그렇다면 2년이 지난 후 현금으로 인출된 6억 원이 있다고 가정해봅시다. 이런 경우 국세청이 직접 조사를 통해 아버지가 이 돈을 증여한 것인지, 빌려준 것인지, 혹은 빌려 받은 것인지 소명해야 합니다. 즉 2년 이전에 현금으로 인출한 금액은 소명 책임이 납세자가 아닌 국세청에 있기 때문에 문제가 되지 않습니다.

　많은 분이 세무사에게 "아버지가 돌아가시기 전에 현금을 인출해서 쓰면 괜찮습니까? 세금 문제에 걸립니까?"라고 질문합니다. 그럼 "2년이 지나면 상속재산에서 제외됩니다."라고 답합니다. 하지만

5년 이내에 상속인이 아닌 사람에게 증여한 재산, 10년 이내에 상속인에게 증여한 재산은 상속재산에 포함되므로, 미리 증여하려면 최소 10년 이상 생존해야 합니다. 따라서 증여는 부모님이 건강하실 때 진행하는 것이 가장 효과적입니다.

그런데 92세 아버지가 중환자실에 계신 상태에서 증여하는 것은 의미가 있을까요? 그래도 실익은 존재합니다. 만약 6년 전에 증여를 진행했고, 아버지가 6년 후 사망했다면, 증여 당시의 가액으로 상속재산에 합산되므로, 이후 재산 가치 상승분에 대한 세금 부담이 줄어듭니다. 또한 증여 이후 발생한 임대소득은 수증자에게 귀속되므로 절세 효과가 있습니다. 따라서 부모님이 연세가 많더라도, 가급적 빨리 증여를 진행하는 것이 유리합니다.

퇴직금과 보험금도 상속 간주 재산으로 포함되어 상속세 과세 대상이 됩니다. 결국 상속세는 사망 이후 절세할 방법이 거의 없기 때문에, 미리 계획하지 않으면 대책이 없습니다.

사망 후에는 세 가지 핵심 이슈만 남습니다.

- 상속재산을 누가 받을 것인가?
- 상속재산을 어떻게 평가할 것인가?
- 상속재산을 언제 처분할 것인가?

상속 절차를 진행하기 전 이 세 가지를 고려해 전문가와 상담하고 체계적인 계획을 세우는 것이 중요합니다.

사전 증여를 활용한
상속세 절세 전략

사전 증여를 활용하면 상속세를 절세할 수 있습니다. 상속세 부담을 줄이기 위해서는 10년 단위로 증여 계획을 세우는 것이 효과적입니다. 상속인이 아닌 사람에게 증여하는 경우 5년 이내, 상속인에게 증여하는 경우 10년 이내에 사망하면 해당 증여 재산은 상속 재산에 합산됩니다. 따라서 미리미리 증여를 진행해야 합니다.

상속세 부담을 줄이는 또 하나의 전략은 저평가되는 자산을 보유하는 것입니다.

| 고평가 재산 vs. 저평가 재산

재산 구분	고평가 재산		저평가 재산	
	재산종류	평가기준	재산종류	평가기준
현금성 자산	현금, 예금, 금, 주식, 채권, 펀드	잔고, 시가		
상업용 건물	대형 상업용건물, 일정 규모 이상 집합상가	감정평가액, 국세청 일괄고시가	소형상가, 집합건물, 구분상가	토지: 개별공시지가 건물: 건물기준시가
주거용 건물	아파트, 연립주택 등 공동주택	유사매매 사례가액	단독주택, 다가구주택, 다세대주택	개별주택 고시가
기타 부동산	일정규모 이상의 토지 등	감정가액	소규모 토지 등	토지: 개별공시지가 건물: 건물기준시가

ㅣ상속세 산출사례

재산가액	30억	50억	100억	200억	500억	1천억
배우자 생존 시	1.4	7.2	27	76.0	227	477
배우자 사망 시	7.6	16.9	42	91.9	242	492

* 자녀 2명의 경우, 배우자법정지분공제, 금융공제 2억 원만 적용

　예를 들어 전 재산이 아파트라면 상속세 부담이 커집니다. 아파트는 매매 사례가가 명확하게 존재하기 때문에 상속세 평가 시 전부 시가로 반영됩니다. 상업용 건물도 일정 규모 이상이면 감정평가를 통해 시가가 드러나므로, 상속세 부담이 높아집니다.

　반면 소형 집합건물, 단독주택, 다가구 주택, 다세대 주택, 소규모 토지 등은 기준시가로 평가되기 때문에, 상속세가 상대적으로 낮게 책정됩니다. 같은 200억 원의 자산을 보유한 두 사람이라도, 한 사람은 시가 평가되는 아파트와 상업용 건물을 주로 보유하고 있고, 다른 한 사람은 기준시가 평가되는 단독주택과 소규모 토지를 보유하고 있다면, 상속재산 평가액이 2배까지 차이 날 수 있습니다.

　현재 보유한 자산 규모에 따라 상속세 부담이 달라집니다. 100억 원의 자산을 보유한 경우 배우자가 있으면 상속세가 27억 원이지만, 배우자가 없으면 42억 원으로 증가합니다. 200억 원을 보유한 경우 배우자가 있을 때 상속세는 77억 원이고, 배우자가 없으면 92억 원에 달합니다. 1천억 원 이상의 자산을 보유한 경우에는 배우자의 유무에 따른 차이가 상대적으로 크지 않습니다.

1. 60대	재산가액	150억	세금 16억
	사전증여	60억	
	잔 액	90억	
		× 130%	
2. 70대	재산가액	117억	세금 16억
	사전증여	60억	
	잔 액	57억	
		× 130%	
3. 80대	상속재산	74억	세금 15억

사전증여 후 상속할 경우

증여세 32억
상속세 15억   ➡   합계 47억

사전증여 없이 상속한 경우

150억 × 130% ×130% =	253억
공제	35억
	218억
상속세	104억
최종 세액 차이 (104억 − 47억)	57억

　본인의 자산 가치를 고려해 예상되는 세금 부담을 계산해보고, 적절한 절세 전략을 계획하도록 합시다.

• 사전증여 절세효과 •

150억 원의 자산을 보유한 자산가가 아들 두 명과 손자녀 둘씩, 총 6명에게 사전 증여를 진행했다고 가정해보겠습니다. 1인당 10억 원씩 총 60억 원을 증여하면, 증여세는 16억 원이 발생합니다. 이후 10년마다 자산 가치가 30%씩 상승한다고 가정하고, 동일한 방식으로 두 번 더 60억 원을 증여한 뒤, 남은 자산을 상속하게 되면 총 세금 부담은 어떻게 될까요?

두 번의 증여로 32억 원(16억 원×2)의 증여세를 납부하고, 이후 남은 재산을 상속하면서 상속세 15억 원을 추가로 부담하게 됩니다. 최종적으로 납부한 세금은 총 47억 원입니다.

그러나 만약 한 번도 사전 증여를 하지 않고 그대로 상속을 진행하면, 150억 원의 자산이 10년마다 30%씩 가치가 상승해 총 253억 원으로 평가됩니다. 이 경우 상속공제 35억 원을 적용한 뒤, 상속세 부담은 104억 원으로 증가합니다.

즉 사전 증여를 진행한 경우와 그렇지 않은 경우의 세금 차이는 57억 원에 달합니다. 이를 통해 사전 증여가 상속세 절세에 미치는 영향이 얼마나 큰지 알 수 있습니다. 미리 증여를 진행하면 증여 당시의 낮은 가액을 기준으로 세금이 부과되며, 이후 자산 가치가 상승해도 추가적인 세금 부담을 피할 수 있습니다. 따라서 상속을 대비할 때는 사전 증여를 적극 활용하는 것이 절세 전략의 핵심이라고 할 수 있습니다.

상속·증여세 절세 목적의
가족 법인

　가족 법인은 법률 용어가 아니라, 주주가 가족 구성원으로 이루어진 법인을 의미합니다. 우리나라의 대기업들도 가족 중심으로 운영되는 경우가 많지만, 삼성·현대와 같은 기업은 외부 주주가 포함되어 있어 일반적으로 말하는 가족 법인과는 구별됩니다. 여기서는 부동산 투자 목적의 가족 법인만 대상으로 합니다.

　가족 법인의 가장 큰 장점은 세금 부담이 줄어든다는 점입니다. 개인 사업자는 소득세율이 6~45%에 달하지만, 법인은 법인세율이 9~24%로 상대적으로 낮습니다. 다만 2024년부터 부동산 임대 법인에 대해서는 최저세율이 9%에서 19%로 인상될 예정이므로 세 부담이 다소 증가할 가능성이 있습니다.

▍개인기업 vs. 법인기업

구분	개인기업	법인기업
세율적용	6~45%	9~24%
대표자 급여 비용처리	불인정	인정
소득의 종류	사업소득, 양도소득	사업소득, 근로소득, 퇴직소득, 배당소득, 양도소득
귀속시기	발생년도 귀속	귀속시기 조정 가능

또한 개인 사업자는 대표자의 급여를 비용으로 인정받을 수 없지만, 법인은 대표이사의 급여를 법인 비용으로 처리할 수 있어 절세가 가능합니다.

소득 분산 효과도 큽니다. 개인 사업자는 사업소득과 양도소득만 발생하는 반면, 법인은 사업소득, 근로소득(대표이사 급여), 배당소득, 퇴직소득, 양도소득 등 다양한 방식으로 소득을 분산할 수 있습니다. 개인 사업자는 소득이 발생한 다음 해에 반드시 세금을 내야 하지만, 법인은 배당을 하지 않으면 배당소득세를 유예할 수 있습니다.

상속세와 증여세 절세 효과도 큽니다. 특히 의사 등과 같은 고소득자들은 임대소득이 발생하면 최고 45%의 소득세율을 부담해야 하는데, 법인 전환을 통해 세율을 낮출 수 있습니다. 또한 증여세 절세를 위해 증여 대상자를 늘리는 것이 일반적인 방법이지만, 개인 지분을 너무 세분화하면 등기가 복잡해지고 관리가 어려워집니다. 반면 법인은 법인 명의로 부동산을 보유한 후 주식을 세분화해 증여하면 등기 없이 지분이 변경되므로 외부에서는 이를 알 수 없습니다. 즉 감정평가 없이 증여할 수 있는 방법이 다양해집니다.

가족 법인은 의사결정을 용이하게 한다는 장점도 있습니다. 상속이나 증여를 개인 명의로 하게 되면 수증자(손자녀, 사위, 며느리 등)가 많아질수록 의사결정이 복잡해지고 법정대리인 문제도 발생할 수 있습니다. 반면 법인은 대표이사가 의사결정을 하면 소액주주는 이를 따라야 하므로 보다 효율적인 관리가 가능합니다. 또한 개인 명의로 증여하면 배우자(사위·며느리)가 이혼할 경우 재산 분쟁이 발생할 수 있습니다. 하지만 법인의 소액주주로 편입하면 지분을 보유한 상태에서도 의결권을 행사할 수 없고, 배당을 받을 권리만 존재하므로 재산 보호 측면에서 유리합니다.

법인 전환을 하면 양도소득세 부담을 줄일 수도 있습니다. 개인이 보유한 100억 원짜리 부동산을 법인으로 전환하면 양도소득세 30억 원이 발생할 수 있습니다. 하지만 법인 전환 시 양도세는 부동산을 매각할 때까지 이월 과세되므로, 실제로 법인이 해당 부동산을 매각할 때까지 세금 납부가 유예됩니다. 또한 법인 전환 후 5년이 지나면 법인의 부채로 인정되어 주식 평가액이 낮아지고, 결과적으로 증여세 부담이 줄어듭니다.

법인은 개인보다 세금 부담이 적고, 소득을 유보해 재투자할 수 있다는 점도 장점입니다. 개인이 부동산을 처분하면 양도 차익의 최대 50%를 세금으로 납부해야 하지만, 법인은 법인세(19~21%)만 부담하고 나머지 이익을 유보해 재투자할 수 있습니다. 즉 법인으로 운영하면 자산을 불리는 속도가 개인보다 훨씬 빠릅니다.

또한 법인 명의로 부동산을 매입할 경우 대출 비율이 개인보다 유리할 수 있으며, 법인 대표자가 법인에 1인당 최대 20억 원까지 무이자로 대여할 수 있습니다. 반면 개인 간의 대여는 2억 원까지만 무이자로 인정됩니다.

마지막으로 가족 간 부동산 거래는 세무서의 철저한 감시 대상이지만, 법인이 소유한 자산의 경우 특수관계자 간 거래 규제가 상대적으로 완화됩니다.

내 돈 지키는
상속 증여 절세의 기술

신한투자증권 연구위원(세무사)

이점옥

서울 아파트 중위 매매가격이 10억 원을 넘었다. 이제는 집 한 채만 있어도 꼭 알아야 하는 상속·증여세. 매년 개정되는 세법, 어려운 법률 용어로 인한 개인의 섣부른 선택은 과도한 세금으로 돌아온다. '지피지기 백전백승' 상속·증여세 스트레스를 한 방에 날려줄 맞춤형 절세 비법을 사례를 통해 쉽게 풀어보자.

2005년에 제가 국세청에 입사했을 때만 해도 상속세는 대한민국 상위 1%가 내는 세금이었습니다. 실제로 2005년 통계를 보면 상속세 과세 대상이 0.8%로 1% 미만이었습니다. 그러나 현재 서울 아파트의 중위 매매 가격은 10억 원을 넘어선 지 오래이며, 최근에는 13억 원에 도달했다고 합니다. 이제는 서울 아파트 한 채만 보유해도 상속·증여세 문제에 직면하는 시대가 되었습니다.

상속·증여 관련 정보는 넘쳐나지만, 검증되지 않은 내용이거나, 정확한 정보라 하더라도 세법 개정으로 인해 기존 정보를 그대로 신뢰하고 실행했다가 낭패를 보는 경우가 적지 않습니다. 이번에는 상담 사례를 중심으로 최근 동향과 상속·증여세 절세 전략을 차분히 알려드리겠습니다.

집 한 채만 있어도
상속·증여세가?

지난 20년간의 조세 수입 추이를 보면 조세 부담률은 급격히 상승하고 있습니다. 과거에는 국세 수입이 100조 원 증가하는 데

l 연도별 조세부담율

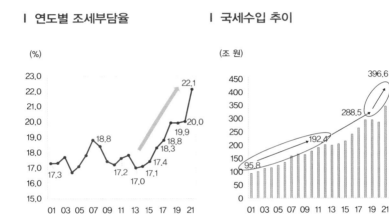

l 국세수입 추이

l 연도별 역외탈세 세무조사 실적

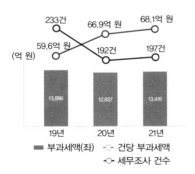

l 세무조사 건당 부과세액 비교

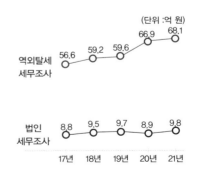

10년이 걸렸다면, 최근에는 같은 증가폭을 기록하는 데 단 3년밖에 걸리지 않았습니다.

자산 가치는 꾸준히 상승했지만, 세법은 여전히 20년 전과 동일한 상태를 유지하고 있습니다. 현재 우리나라의 상속·증여세 부담은 OECD 국가 중 2위 수준입니다. 이에 따라 이민을 고려하는 사례도 많아지고 있지만, 외국으로 이주한다고 해서 모든 세금 문제가 해결되는 것은 아닙니다.

실제 관련 자료를 보면 역외 탈세 관련 세무 조사 건수는 줄어들고 있지만, 추징 세액은 오히려 증가하는 추세입니다.

상속·증여세와 관련해 의미 있는 자료가 있어 가져왔습니다. 왼쪽은 상속세, 오른쪽은 증여세입니다. 증여세의 경우 과세 대상 재산액과 신고 인원이 일정한 패턴을 보이는 반면, 상속세는 일관된

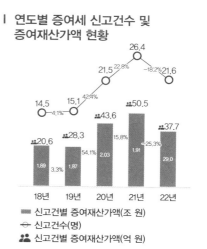

┃ 연도별 상속세 납세인원 및
　총상속재산 현황

┃ 연도별 증여세 신고건수 및
　증여재산가액 현황

흐름을 보이지 않습니다. 이는 증여세가 생전 증여자의 의지에 따라 조절될 수 있는 것에 비해 상속세는 사망을 원인으로 재산이 이전되기 때문에 사전 조정이 불가능하기 때문으로 보입니다.

현재 집 한 채만 있어도 상속·증여세 이슈에 노출되는 상황이지만, 여전히 현장에서는 상속과 증여의 개념을 명확하게 이해하지 못하는 경우가 많습니다. 재산 이전과 관련된 세금을 정확하게 알지 못한다면 예상치 못한 문제를 초래할 수 있습니다. 중요한 것은 해당 세금이 본인에게 어떻게 적용되는지 정확히 아는 것입니다.

증여세와
상속세

증여세와 상속세를 그림으로 정리해보았습니다. 증여세는 살아 생전에 증여하는 사람과 받는 사람이 일대일 계약 관계이며, 세금도 각각 납세 의무자가 되어 신고·납부합니다. 반면 상속세는 사망을 원인으로 모든 권리와 의무 관계가 이전되며, 세금은 피상속인을 기준으로 계산된 후 상속인이 분담하는 구조입니다.

상속세와 증여세의 세율은 동일하지만, 과세표준이 커질수록 높은 세율이 적용되는 누진 과세 체계입니다. 따라서 피상속인의 전체 재산을 기준으로 과세하는 상속세의 경우 일반적으로 세 부담이 더 높아지는 경향이 있습니다.

| 증여세와 상속세 과세 원리

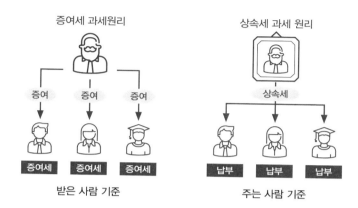

상담 사례를 살펴보겠습니다. 미성년 자녀에게 증여를 고려하는 경우, 할아버지가 2천만 원, 아버지가 2천만 원을 각각 증여하면 비과세 혜택을 받을 수 있을까요?

친족 간 증여 시 적용되는 증여재산 공제는 배우자는 6억 원, 직계비속은 성인 5천만 원, 미성년자는 2천만 원까지 가능합니다. 또한 자녀가 부모에게 증여하는 경우 직계존속 공제 한도는 5천만 원이며, 기타 친족 간에는 1천만 원까지 공제가 적용됩니다. 다만 이 증여 공제는 증여할 때마다 받을 수 있는 것이 아니라 10년 동안 동일한 관계 내에서 한 번만 적용됩니다.

한 지인은 배우자로부터 증여받아 신고했는데, 3년 후 이혼했습니다. 그런데 재혼한 뒤 새 배우자로부터 증여를 받았습니다. 이에 대해 '배우자 간 6억 원 공제가 적용되는지' 물어보더라고요. 증여재

❙ 각 관계 그룹별로 10년간 합산 적용

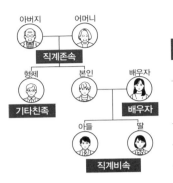

	수증자	공제액
	배우자	6억 원
직계비속	성인(만 19세 이상)	5천만 원
	미성년자(만 19세 미만)	2천만 원
	직계존속	5천만 원
	그밖의 친족*	1천만 원

*그밖의 친족의 범위: 6촌 이내의 혈족, 4촌 이내의 인척(며느리, 사위 등)

산 공제는 '관계' 내에서 적용되므로, 이전 배우자로부터 이미 6억 원을 공제받았다면 재혼 후 새로운 배우자로부터 증여받더라도 다시 공제받을 수 없습니다. 즉 10년 동안 배우자로서 받을 수 있는 증여재산 공제 한도는 6억 원입니다.

처음 사례로 돌아가서, 미성년 손자녀는 아버지뿐만 아니라 할아버지에게도 직계비속에 해당합니다. 그러나 비속으로서 받을 수 있는 증여재산 공제 한도는 2천만 원으로, 할아버지와 아버지 중 한 명만 공제 혜택을 받을 수 있으며, 나머지 증여 금액에 대해서는 증여세가 발생합니다.

증여 순서에 따른
절세 전략

증여세는 증여 순서에 따라 세금 부담이 크게 달라집니다.

먼저 할아버지가 먼저 손자에게 2천만 원을 증여한 후 일주일 뒤 아버지가 증여하는 경우, 손자는 할아버지로부터 증여받을 때 2천만 원의 공제를 받아 세금 부담이 없습니다. 이후 아버지에게서 증여받을 때는 공제한도를 이미 소진했기 때문에, 1억 원까지의 증여 세율 10%를 적용받아 200만 원의 세금이 발생합니다.

그러나 순서가 바뀌어 아버지가 먼저 증여한 후 할아버지가 증여하는 경우, 상황이 달라집니다. 아버지가 먼저 증여할 때는 2천만 원을 공제받을 수 있지만 이후 할아버지가 증여할 때는 공제 적용이 불가능해 세금이 발생합니다. 심지어 세대생략 할증 과세 30%가 적용됩니다.

첫번째 증여	
할아버지	미성년 손자
2,000만 원	
세금 0원	

두번째 증여	
아버지	미성년 손자
2,000만 원	
세금 200만 원	

과세표준 2천만 원 × 10%

첫번째 증여	
아버지	미성년 손자
2,000만 원	
세금 0원	

두번째 증여	
할아버지	미성년 손자
2,000만 원	
세금 260만 원	

과세표준 2천만 원 × 10% × 130%

이렇듯 단순한 증여 순서 변경만으로도 추가 세금이 부과될 수 있습니다. 동일한 4천만 원의 증여에도 불구하고, 60만 원의 추가 세금 차이가 발생하는 것입니다. 단위가 커질수록 할증 과세로 인한 세금 부담은 더욱 증가할 수 있습니다.

• 혼인·출산 증여 공제 •

2024년 1월 1일부터 개정된 세법에 따라 혼인·출산을 원인으로 하는 증여 공제 제도가 신설되었습니다. 혼인하기 전후 2년, 총 4년 이내이거나 출산 후 2년 이내에 직계존속이 증여하는 경우 최대 1억 원까지 증여세 공제가 가능합니다.

여기서 중요한 점은 증여자가 반드시 부모일 필요는 없으며, 할아버지·할머니도 직계존속으로 포함되므로 증여 공제를 활용하는 데 있어 더욱 유리할 수 있습니다.

혼인 시 1억 원 증여 공제를 받고, 출산 후 추가로 1억 원을 공제받을 수 있다고 오해하는 경우도 있지만, 실제로는 그렇지 않습니다. 혼인 또는 출산을 원인으로 한 증여 공제는 평생 단 한 번만 적용되며, 최대 공제 한도는 1억 원입니다. 따라서 혼인 후 1억 원을 공제받았다면, 출산 시에는 추가 공제를 받을 수 없습니다.

혼인·출산 증여 공제는 한 번만 적용되므로, 언제 활용하는 것이 가장 유리할지 신중한 계획이 필요합니다. 또한 부모보다 할아버지·할머니가 증여 공제를 활용하는 것이 절세 전략에서 더욱 효과적이라는 점도 고려해야 합니다.

• 비거주자 절세 전략 •

증여재산 공제는 거주자에게만 적용됩니다. 해외 유학 후 현지에 정착하거나 직업을 구해 거주하는 일이 빈번해지면서, 이를 이유로 증여를 포기해야 하는 것은 아닌지 생각하는 분들도 많습니다. 그러나 증여받는 직계비속이 비거주자라면 증여 공제보다는 연대 납세 의무를 활용하는 것이 더 유리할 수 있습니다.

일반적으로 증여세는 증여받는 사람이 부담해야 하며, 다른 사람이 대신 납부하면 추가적인 증여세가 부과됩니다. 하지만 증여받는 사람이 비거주자인 경우 국가가 과세권을 행사하기 어려워 증여자인 국내 거주자에게도 납세 의무를 부여합니다. 따라서 증여자가 대신 납부해도 추가적인 증여세가 부과되지 않습니다.

| 비거주자 절세전략

구분	거주자	비거주자
증여재산가액	10억 원	10억 원
증여재산공제	5천만 원	0원
증여세과세표준	9억 5천만 원	10억 원
세율	30%(누진공제 6천만 원)	30%(누진공제 6천만 원)
산출세액	2억 2,500만 원	2억 4천만 원
세액공제	675만 원	720만 원
결정세액	2억 1,825만 원	2억 3,280만 원
대납액 계산 후 납부세액	3억 4,860만 원	2억 3,280만 원
세 부담 차이 1억 1,580만 원		

가족 간 금전대차거래
바로 알기

결혼을 앞둔 자녀에게 부족한 전세자금 2억 원을 지원하는 것은 증여세 대상일까요? 상속증여세법에서는 교육비, 생계비 등 사회통념상 인정되는 금품이나 피부양자를 부양하는 부양비에 대해서는 비과세로 규정하고 있습니다. 하지만 금액에 대한 명확한 기준 없이 사회 통념상 인정 가능한 금액으로 정의되어 있어, 상황에 따라 증여세가 과세될 수도 있고 과세되지 않을 수도 있습니다. 그러나 전세자금 보조비는 비과세 항목에 포함되지 않기 때문에 2억 원을 지원하면 증여세 과세 대상이 됩니다.

2억을 빌려주는 건 어떨까요? 그러나 상속증여세법에서는 배우자나 직계존비속 간의 금전 대여나 양도를 원칙적으로 인정하지 않습니다. 다만 객관적인 자료를 통해 실질적인 금전 대차 거래임을 입증할 수 있다면 인정받을 수 있습니다. 이를 위해서는 차용증 작성, 담보 설정, 원금 상환 등의 절차를 거쳐야 하며, 단순한 증여가 아닌 실질적인 대여 거래라는 점을 입증해야 합니다.

중요한 부분은 이자율입니다. 세법상 적정 이자는 4.6%로 규정되어 있으며, 가족 간 금전 거래에서도 이자를 지급해야 합니다. 만약 이자를 지급하지 않거나 지나치게 낮게 책정하면 그 차액이 증여로 간주되어 증여세가 부과될 수 있습니다. 다만 일정 범위 내에서 이자를 덜 받는 것은 허용하고 있습니다. 연간 1천만 원까지는 인정

2025 대한민국 재테크 트렌드

되죠. 이를 역산해보면 증여세 문제가 발생하지 않는 원금 한도는 약 2억 1,700만 원입니다.

I 증여재산가액 계산

구분	내용	과세
2억 1,700만 원, 무이자	217,000,000× 4.6%=9,982,000원	과세 ×
2억 1,800만 원, 무이자	218,000,000× 4.6%=10,028,000원	과세 ○

만약 원금을 2억 1,800만 원으로 설정하고 무이자로 거래한다면, 초과된 이자 2만 8천 원이 발생해 연간 1천만 원을 초과하기 때문에 증여세 과세 대상이 될 수 있습니다. 이 경우 문제가 되는 금액은 초과된 2만 8천 원이 아니라, 증여로 간주되는 전체 금액인 1,002만 8천 원이 됩니다.

따라서 2억 전세자금을 지원하는 과정에서 세금 문제를 최소화하려면 적정 이자율을 찾아 적용해야 하며, 이를 위해서는 최소 2.6% 이상의 이자를 지급해야 합니다. 또한 이자를 받은 부모님은 해당 소득을 종합소득세 신고 대상에 포함시켜야 하며, 이를 누락할 경우 국세청에서 한꺼번에 과세가 이루어질 수 있습니다.

정리하자면 가족 간 금전 거래를 할 때는 두 가지 조건을 충족해야 합니다. 첫째, 해당 거래가 실질적인 금전 대차 거래라는 점을 객관적으로 입증해야 하며, 둘째, 이자율이 세법상 증여세 과세 기준을 초과하지 않는 범위 내에서 설정되어야 합니다.

부동산 증여 이슈
부담부증여

    상속·증여에서 부동산 증여와 관련한 이슈가 자주 발생하는 가운데, 부담부증여가 절세 방법으로 알려지면서 많은 분이 관심을 가지고 있습니다. 예를 들어 시세 20억 원의 아파트를 보증금 10억 원에 전세를 주고 있는 상황에서 이를 아들에게 증여하는 경우를 살펴보겠습니다.

    부담부증여를 활용하면 아들은 시세 20억 원의 아파트를 받지만, 전세 보증금 10억 원을 승계해야 하므로 실질적으로 10억 원짜리 아파트를 증여받는 것이 됩니다. 따라서 아들은 10억 원에 대한 증여세만 납부하면 됩니다.

    부담부증여는 양도소득세와 증여세를 나누어 과세하는 방식이기 때문에 과세표준이 분산되고, 이에 따라 세율이 낮아져 절세 효

ㅣ 증여재산가액 계산

취득가액 10억 원
전세보증금 10억 원
시가 20억 원

母   子

보증금 채무 소멸   (증여재산 −채무액)
양도소득세   증여세

부담부 증여
재산에 설정된 채무를 함께 인계하는 증여
→ 양도 + 증여

양도: 수증자에게 인계한 채무액을 유상양도로 봄, 증여
     자에게 양도소득세 발생

증여: 증여받은 자산의 증여재산가액에서 채무액을 제
     외, 수증자에게 증여세 발생

| 일반증여의 경우(시가 20억 원, 다주택자 부모님으로부터 증여 가정)

조정대상지역

구분	내용	세액계산
증여재산가액	시가(수용, 공매, 감정가액 등)	2,000,000,000원
채무액	증여재산에 설정된 채무	–
과세가액	증여세과세액	2,000,000,000원
증여재산공제	친족공제(10년 합산)	50,000,000원
과세표준	증여과세가액-공제액	1,950,000,000원
세율	누진세율	40%
산출세액	신고세액공제 적용 전	620,000,000원
취득세(증여분)	세율 13.4%	268,000,000원
총 부담세액	증여세+취득세	888,000,000원

비조정대상지역

구분	내용	세액계산
증여재산가액	시가(수용, 공매, 감정가액 등)	2,000,000,000원
채무액	증여재산에 설정된 채무	–
과세가액	증여세과세액	2,000,000,000원
증여재산공제	친족공제(10년 합산)	50,000,000원
과세표준	증여과세가액-공제액	1,950,000,000원
세율	누진세율	40%
산출세액	신고세액공제 적용 전	620,000,000원
취득세(증여분)	세율 4%	80,000,000원
총 부담세액	증여세+취득세	700,000,000원

≫ 세 부담 차이 188,000,000원

과가 발생합니다. 그러나 부담부증여를 무조건 진행하기보다는 시기적 요소를 신중히 고려해야 합니다.

같은 20억 원짜리 아파트라도 조정대상지역과 비조정대상지역에 따라 세금 차이가 발생합니다. 조정대상지역에서 증여하는 경우 아들의 증여세와 취득세를 합한 세금이 약 8억 8,800만 원이며, 비조정대상지역에서는 약 7억 원으로 차이가 큽니다.

부담부증여를 진행할 때는 양도소득세 중과 여부도 반드시 고려해야 합니다. 양도세가 중과되는 경우 가족이 부담하는 총 세액은 6억 9,300만 원까지 증가할 수 있으며, 반면 비조정대상지역이거나 중과세가 배제된 경우 부담 세액은 4억 4,600만 원으로 낮아집니다.

이러한 차이가 발생하는 주된 원인은 조정대상지역 내 취득세율 차이와 양도소득세 중과 여부입니다. 조정대상지역이 해제될 가능

▌부담부증여(다주택자, 10년 보유 가정)

양도세중과*(조정지역)

증여세 子		양도소득세 母	
구분	세액계산	구분	세액계산
증여재산가액	2,000,000,000원	양도가액	1,000,000,000원
채무액	1,000,000,000원	취득가액	500,000,000원
증여세과세가액	1,000,000,000원	양도차익	500,000,000원
증여재산공제	50,000,000원	장기보유공제	–
증여세과세표준	950,000,000원	기본공제	2,500,000원
세율	30%	과세표준	497,500,000원
산출세액	225,000,000원	세율	60%
취득세(증여분)	134,000,000원	양도소득세	272,260,000원
취득세(채무분)	35,000,000원	지방소득세	27,226,000원
총부담세액	394,000,000원	총부담세액	299,816,000원
		가족 전체 부담세액	693,816,000원

양도세중과배제(비조정지역)

증여세 子		양도소득세 母	
구분	세액계산	구분	세액계산
증여재산가액	2,000,000,000원	양도가액	1,000,000,000원
채무액	1,000,000,000원	취득가액	500,000,000원
증여세과세가액	1,000,000,000원	양도차익	500,000,000원
증여재산공제	50,000,000원	장기보유공제	100,000,000원
증여세과세표준	950,000,000원	기본공제	2,500,000원
세율	30%	과세표준	397,500,000원
산출세액	225,000,000원	세율	40%
취득세(증여분)	40,000,000원	양도소득세	133,060,000원
취득세(채무분)	35,000,000원	지방소득세	13,306,000원
총부담세액	300,000,000원	총부담세액	146,366,000원
		가족 전체 부담세액	446,366,000원

*현행 양도소득세 중과세 배제 2025년 5월 9일까지

≫ 세 부담 차이 247,450,000원

성이 있는 경우 해제 이후로 증여 시점을 조정하는 것이 절세에 유리할 수 있습니다.

또한 부담부증여 후 2년이 지나 임차인이 퇴거할 때 아들이 전세 보증금을 상환할 능력이 없는 경우가 많습니다. 이때 부모가 대신 보증금을 상환하면 국세청에서 이를 증여로 간주해 증여세를 부과할 수 있습니다.

결론적으로 부담부증여는 절세 효과가 있는 방법이지만, 양도소득세 중과 여부, 조정대상지역 지정 여부, 그리고 채무 승계 후 실질적인 상환 여부까지 철저히 고려해야 합니다. 증여 이후에도 국세청의 사후 관리를 염두에 두고 계획적으로 진행하는 것이 중요합니다.

증여세 부담으로
증여를 취소한다면?

부동산 증여 후 증여세 납부 능력이 부족해 증여를 취소하려는 경우는 어떻게 될까요? 원칙적으로 증여세는 증여를 취소하면 납부하지 않아도 되지만, 일정한 기한 내에 취소해야 합니다. 증여일이 속한 달의 말일부터 3개월 이내에 증여 취소가 이루어지면 증여받은 사람과 증여한 사람 모두 증여세 부담이 없습니다.

그러나 법정 신고 기간이 지난 후 3개월 이내에 증여를 취소하면, 증여를 받은 사람은 여전히 증여세를 납부해야 하며, 증여를 제공한 사람은 세금 부담이 없습니다. 더 나아가 6개월이 지난 후 증여가 취소되면, 증여를 제공한 사람과 받은 사람 모두 증여세를 납부해야 합니다. 따라서 증여를 취소하려면 법정 신고 기간 내에 결정을 내려야 세금 부담이 발생하지 않습니다.

증여 취소 규정은 현금 증여에는 적용되지 않습니다. 만약 현금을 계좌 이체로 증여한 후 신고하지 않았다가 적발된 후 반환한다고 주장하더라도, 국가가 해당 반환을 확인할 수 없기 때문에 과세가 이루어집니다.

반면 주식의 경우에는 증여 취소 규정이 적용될 수 있습니다. 주식 증여는 증여일 전 2개월과 후 2개월을 포함한 4개월 동안의 종가 평균액을 기준으로 평가되기 때문에, 실질적으로 증여가 확정되는 데 시간이 걸립니다. 예를 들어 특정 주식을 증여한 후 가격이 급

I 증여의 취소

증여재산 반환시기		신고기한 내	신고기한 경과 후 3개월 내	신고기한 경과 후 3개월 후
비현금	당초 증여	증여 ×	증여 ○ (증여세 과세)	증여 ○ (증여세 과세)
	반환(또는 재증여)	증여 ×	증여 ×	증여 ○ (증여세 과세)

2024년 개정세법 심의 결과 및 주요 내용

○ 양도소득세 이월과세* 적용대상 자산에 주식·출자지분을 추가하고 양도일로부터
1년 이내에 배우자 등으로부터 증여받은 주식 등을 양도하는 경우 본래 증여자의
취득가액을 적용하여 양도소득세를 계산함
* (이월과세) 거주자가 배우자·직계존비속으로부터 증여받은 자산을 양도함으로써
양도소득이 발생한 경우 양도차익 계산 시 증여자의 취득가액을 적용하는 제도

[표 14] 양도소득세 이월과세 적용대상 자산 확대 관련 주요 개정 내용

구 분	현 행(2024년)	개 정
이월과세 대상 및 적용기간	토지, 건물, 부동산 취득권 등을 증여일 10년 이내 양도 시 이월과세 적용(증여자의 취득가액 반영)	(추가) 주식·출자지분 등을 이월과세 대상에 추가하고, 증여일 1년 이내 양도 시 적용

등해 예상보다 높은 금액이 과세 대상이 되었다면, 남은 기간 내에
주식을 반환하면 증여 취소 규정을 적용받을 수 있습니다.

부동산을 이용한 절세 전략으로 배우자에게 증여 후 양도하는
방식이 한때 유행했지만, 정부가 이를 방지하기 위해 세법을 개정했
습니다. 실제로 증여 후 증여자가 관련된 양도를 진행했을 때, 양도
소득세를 약 8,700만 원 절세할 수 있었던 방식이 2025년부터는 전
면 금지됩니다. 개정된 세법은 2025년 1월 1일 이후 증여받은 자산
부터 적용되며, 따라서 2024년 12월 31일까지 증여한 경우에는 기

존 과세 방식이 유지되므로 2월 과세를 적용받지 않습니다.

이처럼 부동산과 금융자산 증여를 활용한 절세 전략은 세법 개정에 따라 지속적으로 변화하고 있습니다. 세법 개정 내용을 지속적으로 확인하고, 신중한 계획을 수립하는 것이 중요합니다.

사례를 통해 상속세 바로 알기

· 사례 1 ·

천억 대 재산가인 중소기업 CEO 박 사장님은 최근 불의의 사고를 당해서 안타깝게 사망하셨습니다. 유족으로 아내, 아들, 딸, 그리고 어머니가 있는데요. 유언이 없는 상태에서 박 사장님 재산을 상속받을 권리 누구에게 있을까요?

상속세는 상속세법을 따르지만, 법에서 정하지 않은 사항은 민법을 적용합니다. 상속의 우선순위는 먼저 유언에 따릅니다. 유언이 없으면 협의 상속(유족 간 합의에 따른 분배)이 가능하며, 협의가 이루어지지 않으면 법정 상속 지분에 따라 상속이 진행됩니다. 법정 상속의 우선순위는 1순위가 직계 비속(자녀), 2순위가 직계 존속(부모)이며, 1순위와 2순위가 없을 경우 배우자가 단독 상속을 받습니다. 배우자도 없는 경우 형제·자매가 상속인이 되고, 형제·자매도 없으면 사촌 이내의 방계 혈족이 상속권을 가지게 됩니다.

구분	상속인	비고
1순위	직계비속+배우자	항상 상속인이 된다.
2순위	직계존속+배우자	직계존속은 직계비속이 없는 경우만 상속인이 된다.
3순위	형제자매	1, 2순위가 없는 경우에 상속인이 된다.
4순위	4촌이내 방계혈족	1, 2, 3순위가 없는 경우에 상속인이 된다.

사례에서는 박 사장님의 아내와 아들, 딸이 상속권을 가지며, 어머니는 상속권이 없습니다. 이는 과거 2019년 대한항공 칼기 사고 당시 천억 원대 자산을 보유했던 회장님 가족이 모두 사고로 사망하면서, 국내에 남아 있던 사위가 상속을 받은 사례와 유사합니다. 당시 상속 분쟁이 발생했지만, 결국 민법에 따라 사위가 상속권을 인정받아 재산을 상속받았습니다.

· 사례 2 ·

올해 80세가 되시는 병약한 아버님께서 20년 전에 2억 원에 취득한 부동산을 60억 원에 매각하라는 제안을 받으셨습니다. 이에 부동산을 매각한 후 상속하는 것이 나을지, 그대로 상속하는 것이 나을지 고민에 빠지셨습니다.

세금을 계산해보니, 아버지가 직접 부동산을 매각한 후 상속하는 경우보다 그대로 보유한 채 상속하는 것이 세금 부담을 덜 수 있는 방법이었습니다. 만약 매각 후 상속을 진행하면, 세금 차이가 약 8억 원 증가했습니다.

　이에 대해 "60억 원에 부동산을 팔고, 다 써버렸다고 하면 상속세를 피할 수 있지 않느냐"라는 질문을 하는 경우도 많습니다. 하지만 상속세는 본래의 상속재산뿐만 아니라, 추정 상속재산도 포함해 계산됩니다. 예를 들어 아버지가 돌아가시기 2년 이내에 부동산을 매각하고 현금을 3억 원 인출했다면, 이 금액에 대한 사용처를 소명하지 못하면 상속세 과세 대상이 됩니다. 특히 2년 이내에 부동산을 매각한 경우, 그 매각 대금이 상속 재산으로 간주되어 상속세가 부과될 수 있습니다.

　부동산을 60억 원에 매각하면 양도소득세 약 20억 원을 납부해야 하며, 남은 금액이 상속세 과세 대상이 됩니다. 즉 아버지가 매각

┃ 양도 후 상속 vs. 상속 후 양도

아버지 양도 후 상속의 경우

양도소득세		상속세	
양도가액	6,000,000,000원	총상속재산가액	4,064,071,500원
취득가액	200,000,000원	과세가액공제액	5,000,000원
양도차익	5,800,000,000원	상속세과세가액	4,059,071,500원
장기보유공제	1,740,000,000원	상속공제	500,000,000원
기본공제	2,500,000원	상속세과세표준액	3,599,071,500원
과세표준	4,057,500,000원	세율	50%
세율	45%	세액공제	39,586,070원
양도소득세	1,759,935,000원	상속세부담세액	1,279,949670원
지방소득세	175,993,500원		
총부담세액	1,935,928,500원		

전체 세 부담 약 32억 원

상속 후 상속인 양도

상속세		양도소득세	
총상속재산가액	6,000,000,000원	양도가액	6,000,000,000원
과세가액공제액	5,000,000원	취득가액	6,000,000,000원
상속세과세가액	5,995,000,000원	양도차익	0원
상속공제	500,000,000원	장기보유공제	–
상속세과세표준	5,495,000,000원	기본공제	–
세율	50%	과세표준	–
세액공제	68,652,000원	세율	–
상속세부담세액	2,218,875,000원	양도소득세	–
		지방소득세	–
		총부담세액	–

전체 세 부담(취득세 포함) 약 24억 원

≫ 세 부담 차이 약 8억 원

후 세금을 납부하고 남은 금액을 모두 사용했다고 하더라도, 자녀가 약 38억 원에 대한 상속세를 추가로 부담해야 하는 상황이 발생할 수 있습니다.

이 과정에서 "상속세 계산 시 20%는 감면되지 않느냐"라고 묻겠지만, 실제로는 일괄적으로 20%를 차감하는 것이 아니라, 2억 원과 20% 중 작은 금액만 차감됩니다. 따라서 부동산을 매각한 후 해당 금액을 숨기거나 사용한다고 해서 상속세를 완전히 피할 수 있는 것은 아닙니다.

• 사례 3 •

모친께서 소유한 공시지가 5억 원의 과수원이 실제 거래 가능 가격은 10억 원에 달하는 상황에서, 상속세 신고 시 단순히 낮은 금액으로 신고하면 되는지 질문을 받았습니다. 하지만 상속세 신고 시 무조건 낮은 금액으로 신고하는 것이 유리한 것은 아닙니다. 상속·증여받은 재산을 추후 매각할 경우, 상속세 신고 시 평가된 금액이 취득가액으로 적용된다는 점을 반드시 고려해야 합니다.

예를 들어 어머니가 3억 원에 취득한 과수원의 공시지가가 5억 원이고, 감정평가를 받으면 8억 원 정도로 산정될 수 있습니다. 이 과수원을 10억 원에 매각할 계획이 있다면, 상속세 신고 시 5억 원으로 신고하든 8억 원으로 신고하든, 기본 공제(배우자 및 자녀 포함 10억 원)가 적용되어 상속세 부담은 발생하지 않습니다.

그러나 신고 금액이 낮으면 이후 양도소득세 부담이 커질 수 있

취득가 3억

공시지가 5억
감정가약 8억

양도가액 10억

경우1) 공지지가 5억 → 양도차익 5억(양도세등 약 1억 9천만 원)
경우2) 감정가액 8억 → 양도차익 2억(양도세등 약 6천만 원)

습니다. 상속세 신고 시 5억 원으로 신고하면 추후 매각 시 양도소
득세가 약 1억 9천만 원 발생하는 반면, 감정평가를 받아 8억 원으
로 신고하면 양도소득세는 약 6천만 원으로 줄어듭니다.

2025 대한민국 재테크 트렌드

초판 1쇄 발행 2025년 2월 18일
초판 2쇄 발행 2025년 3월 4일

엮은이 조선일보 경제부
펴낸곳 원앤원북스
펴낸이 오운영
경영총괄 박종명
편집 최윤정 김형욱 이광민
디자인 윤지예 이영재
마케팅 문준영 이지은 박미애
디지털콘텐츠 안태정
등록번호 제2018-000146호(2018년 1월 23일)
주소 04091 서울시 마포구 토정로 222 한국출판콘텐츠센터 319호 (신수동)
전화 (02)719-7735 | **팩스** (02)719-7736
이메일 onobooks2018@naver.com | **블로그** blog.naver.com/onobooks2018
값 23,000원
ISBN 979-11-7043-618-8 03320